Inside McDonald's
Sustainability Journey

《햄버거 하나로 시작한 기업이 어떻게 세계 최대 프랜차이즈로 성장했을까》를 향한 찬사
Praise for *Inside McDonald's Sustainability Journey*

밥 랭거트는 세상에서 가장 큰 패스트푸드 체인, 맥도날드를 지속 가능성 분야의 리더로 탈바꿈시키는 일에 앞장섰다. 이 책은 선망의 직업을 들여다볼 수 있는 즐거운 읽을거리이며, 지속 가능한 비즈니스의 역사적 현장에 서 있던 한 영웅의 여정이기도 하다. 우리는 이 책을 통해 지도자가 되려면 무엇이 필요하고, 역경을 극복하려면 어떻게 해야 하는지 알 수 있다. 경영학을 전공하는 학생과 기업 지도자 모두 이 책에 담긴 교훈에 귀 기울이기 바란다.

_ 조엘 매코워, 그린비즈 그룹(Greenbiz Group) 회장이자 편집 담당 상무

밥 랭거트는 지속 가능성 분야의 선구자이자 타고난 이야기꾼이다. 맥도날드라는 유명 기업이 최고를 향해 가는 흥미진진한 여정이 담긴 이 책은, 21세기 업계 지도자를 위한 새로운 유형의 경영서다. 이 책은 지속 가능성의 전선에서 일어나는 흥미로운 이야기뿐 아니라 전 세계에서 가장 영향력 있는 기업의 막후에서 벌어지는 온갖 사건도 들려준다. 재미있을 뿐 아니라 내용도 알차다!

_ 데이브 스텐스, 캠벨 수프 기업 책임 본부 부회장이자 지속 가능성 최고 책임자

30년 전에 이루어진 맥도날드와 환경보호기금(EDF)의 협력은 기업의 사회적 책임을 바꾸어놓았다. 밥은 그 전선에 있었으며 25년 동안 맥도날드의 수많은 지속 가능성 프로그램을 이끌었다. 그는 이 책에서 흥미롭고 인상적인 이야기들을 1인칭 시점으로 서술한다. 간결한 조언과 원칙이 버무려진 흥미진진한 이야기다. 특히 내·외부 이해관계자와의 복잡한 교류에 관한 밥의 통찰력이 압권이다. 기업 내부에서 어떻게 의미 있는 변화를 이끌어내는지 궁금한 사람이라면 이 책에 흠뻑 빠질 것이다. 실제 사례연구에 해당하는 이야기들을 담고 있는 이 책은 지속 가능성과 관련된 대학 수업의 교재로도 손색없다.

_ 조나단 존슨, 아칸소대학교 샘 월튼 경영대 지속 가능성 분야 교수이자 지속 가능성 협력단,
 더 보드(The Board)의 창립자 겸 회장

1970년대 이후 채식주의자가 된 나는 1988년《그린 소비자 가이드(The Green Consumer Guide)》라는 책 때문에 맥도날드로부터 고소를 당했다. 나는 '맥크루얼티'나 '맥스포트라이트' 같은 슬로건, 세간의 이목을 집중시킨 '맥라이벨' 소송을 좋아했다. 밥 랭거트는 이 같은 사건 이후 맥도날드가 밟은 여정을 설명함으로써 우리 모두에게 큰 교훈을 제시한다. 진정한 역경 끝에 얻은 너겟이다!

_ 존 엘킹턴, '지속 가능성의 대부'로 1987년, 영국 컨설팅 회사 서스테인어빌리티
   (SustainAbility)를 공동 창립, 현재 컨설턴트 업체 볼란스(Volans) 회장이자 최고 매개자

밥 랭거트는 지속 가능성 분야의 진정한 개척자다. 이 책은 브랜드의 힘을 이용해 큰 사안을 해결하는 맥도날드의 노력을 낱낱이 보여준다. 밥의 이야기는 소고기에서부터 동물 복지, 물, 전 세계 노동 조건에 이르기까지 복잡하고 중요한 문제에서 진정한 변화를 꾀하고자 하는 이들에게 큰 교훈이 될 것이다.

_ 아론 크레이머, 미국 BSR(Business for Social Responsibility) 회장이자 CEO

알차고 예리한 이 책은 지난 수십 년 동안 맥도날드가 거쳐 온 지속 가능성의 여정을 보여준다. 밥 랭거트는 맥도날드가 NGO나 전문가들과 협력해 환경, 동물 복지 문제 등을 개선한 과정을 설득력 있게 제시한다. 밥은 그 과정에서 배운 구체적이고 유용한 조언도 잊지 않는다. 학생이나 기업의 지속 가능성에 기여하고 싶은 업계 전문가라면 읽어 볼 것을 권한다.

_ 리즈 모, 비영리 단체 넷임팩트(Net Impact) CEO

햄버거 하나로
시작한 기업이 어떻게

BOB LANGERT

세계 최대
프랜차이즈로
성장했을까?

밥 랭거트 저 이지민 역

Inside
McDonald's
Sustainability
Journey

BM (주)도서출판 성안당

수비에서 공격으로

애매모호한 전략에서 벗어나다

나에게 꿈만 같은 업무가 주어진 것은 2010년 4월이었다. 세상에서 가장 영향력 있는 브랜드, 맥도날드의 미래를 설계하는 일생에 한 번 올까 말까한 기회였다. 당시에는 이인자였지만 곧 맥도날드 CEO가 된 돈 톰슨은 기업의 사회적 책임CSR(Corporate Social Responsibility)과 지속 가능성을 최고 경영진의 안건으로 상정하고 싶어 했다. 그는 창립자 레이 크록이 남긴 "2000년에 우리가 무엇을 팔지 모르겠지만 무엇이든 많이 팔 것이다."라는 말을 트위터에 올리며 본인의 생각을 덧붙였다. "사람들이 우리를 어떻게 생각할지 모르지만, 기업 시민(개인과 마찬가지로 기업 역시 지역사회의 한 구성원으로서 일정한 권리와 책임을 갖는다는 의미로 사용되는 단어. 최근에는 기업의 지속 가능성 경영의 한 요소로 인식된다-옮긴이)으로서의 맥도날드를 좋아하길 바란다. 그 어떤 기업보다 훌륭한 시민으로 말이다."[1] 톰슨은 자신이 구상하는 맥도날드의 모습

[1] 돈 톰슨과의 개인적인 인터뷰, 2017년 6월 2일.

을 제시했는데, 당시 인식과는 거리가 멀었다. 그때만 해도 맥도날드를 사회의 기생충으로 보는 사람이 많았다. 이런 인식을 바꾸기 위해 톰슨은 CSR팀이 과감하고 공격적인 기업의 지속 가능성 전략을 개발해야 한다고 생각했다.

비만 확산, 삼림 파괴, 저임금, 동물 학대 등 수많은 문제가 거론될 때마다 맥도날드는 주범으로 몰렸고, 외부 주주들의 비난에서 자유롭지 못했다. 그렇게 수년 동안 사회로부터 온갖 공격을 받은 끝에 드디어 경영진이 직접 움직인 것이다. 대응 전략을 수립하고 맥도날드가 상징하는 바를 규정하며, 평판을 악화시킨 방어적인 자세에서 벗어나고자 했다. 나는 때가 되었다는 생각에 가슴이 벅찼다.

물론 나는 지난 20년 동안에도 맥도날드의 CSR을 책임졌다. CSR팀은 대중에게 알려진 것보다 많은 성과를 달성했지만, 상당 부분 사회적 압박 때문에 이루어진 수동적 조치였다. 기업 시민이 되기 위한 맥도날드의 노력은 대부분 임시방편이었다. 사회의 요구에 관심을 갖고 해결하려는 훌륭한 직원들의 노력이 있었지만, 적극적인 태도를 보이지는 못했다. 이런 상황에서 내가 기존의 애매모호한 지속 가능성 전략을 가시적인 고도의 전략으로 바꾸는 업무를 맡게 된 것이다.

나는 오래전부터 사회 공헌이 기업의 성장과 발전에 기여한다고 생각해왔다. 이 믿음이 사실임을 입증할 기회였다. 그러나 사회·환경적 목표와 관련하여 전사적인 계획을 수립하는 일은 절대 쉽지 않았다. CSR처럼 수익 및 손실과 직접적인 관련이 없는 무형의 자원을 측정 가능한 하드 전략으로 바꾸는 것은 당시의 보편적인 관행이 아니었다. 맥도날드도 사정은 마찬가지였다.

사회적 충돌의 시작

1955년 레이 크록이 캘리포니아 샌버너디노에 맥도날드를 설립한 후, 맥도날드는 30년 넘게 사회적 요구에 속박되지 않은 황금기를 보냈다. 당시는 경제학자 밀턴 프리드먼의 주장이 업계에서 하나의 통념으로 받아들여지던 시기였다. 밀턴 프리드먼은 "기업에 부여된 사회적 책임은 단 한 가지다. 게임의 법칙을 지키는 범위에서 자원을 활용해 수익을 높이는 것. 즉, 사기 치거나 속임수를 쓰지 않고 개방적이며 자유로운 경쟁에 참여하는 것이다."[2]라고 말했다. 따라서 1950년대 중반에 탄생한 맥도날드는 사회적 요구에서 비교적 자유로웠다. 1960년대 초 쓰레기와 관련된 문제가 제기되었지만, 그리 중요한 것이 아니었다.

하지만 1980년대 중반이 되자 기업들은 더 이상 사회의 요구를 외면할 수 없게 되었다. 시민 단체들은 기업이 단순히 제품과 서비스를 생산하고 수익을 내는 데 그쳐서는 안 된다고 생각했고, 맥도날드 역시 사회의 요구와 충돌하기 시작했다. 비영리 단체와 사회 운동가들은 맥도날드가 고형 폐기물, 열대우림의 황폐화 같은

2
밀턴 프리드먼, "사업의 사회적 책임은 수익을 높이는 것이다.", 〈뉴욕 타임스〉, 1970년 9월 13일. https://www.colorado.edu/studentgroups/liberarians/issues/friedman-soc-resp-business.html.

사안을 해결하는 데 나서지 않는다며 비난의 목소리를 높였다.

사회적 쟁점이 표면화되고 가시화될수록 확실한 대처법을 내놓지 못한 맥도날드는 더욱 전전긍긍했다. 맥도날드는 논쟁을 불러일으키는 주체로 주목받는 데 익숙하지 않았다. 여태껏 맥도날드는 모범적인 기업으로 여겨졌고, 마스코트인 로널드 맥도날드도 긍정적인 상징물이었다. 품질, 서비스, 청결, 가치QSC&V를 제공하는 햄버거 기업이라는 기본적인 사업 모델을 바탕으로 수십 년 동안 온갖 사회 문제에도 끄떡없이 최고의 명성을 구가해 왔다.

그렇게 행복과 즐거움의 상징이었던 맥도날드가 쓰레기의 아이콘으로 추락하는 위기를 맞은 것이다. 수면 위로 드러난 가장 큰 문제는 햄버거 용기였다. 사람들은 빅맥에 사용되는 용기가 많은 쓰레기를 양산한다고 맥도날드를 비난했다. 이들은 로널드 맥도날드를 '로널드 맥톡식Mactoxic'이라 불렀다. 이는 맥도날드를 사회 운동가와 끊이지 않는 전쟁 속으로 몰아넣은 첫 번째 경고 사격이었다.

변화에 앞장서다

맥도날드의 사회 공헌 프로그램과 지속 가능성을 추구하기 위한 여정은 이러한 위기 속에서 출발했다. 사회 공헌 프로젝트는 수년 동안 진화하고 변형을 거듭했으며, 문제의 시작이었던 용기 외에도 수많은 사안이 논의되었다. 로널드 맥톡식이라는 오명을 벗기 위해 온갖 우여곡

절을 경험했다. 그 과정에서 맥도날드는 때로는 자랑스러운 성과물을 내놓았고, 때로는 초라한 실패를 겪기도 했다.

그렇다면 맥도날드는 기업의 행태에 불만을 표하는 사회 운동가들과의 투쟁에 어떻게 대처했을까? 이 책에서 질문에 대한 답을 살펴볼 수 있다. 사회 운동가들은 맥도날드를 비롯한 수많은 기업이 단순히 사업을 하는 것이 아니라 기후 변화, 동물 권리, 비만, 삼림 파괴 등 시대의 큰 쟁점을 해결해야 한다고 말했다. 이처럼 복잡한 사회 문제에 직면한 맥도날드는 변화의 기틀을 마련해야 했다. CSR팀은 맥도날드 내부를 향해 "이러한 사안을 해결할 때는 언제인가?", "이러한 사안과 관련해 어떻게 변화를 이끌 것인가?", "누가 이 대화에 앞장서야 하는가?" 등의 질문을 던졌다.

오늘날 업계 지도자는 자사의 경영 원칙만을 바탕으로 사업을 해서는 안 된다. 사회 문제에 관심을 두고 이에 민감하게 반응할 줄 알아야 하며, 사회 공헌에 힘써야 한다. 이제는 제품과 서비스 공급이 사업의 전부가 아니기 때문이다. 훌륭한 지도자라면 선별적이고 전략적인 '지속 가능성' 프로그램을 통해 효율성은 높고 위험성은 낮으며, 직원과 고객에게 더욱 매력적인 기업을 만들어야 한다. 또한, 사업과 관련된 사회적인 사안을 우선시하는 현명한 전략을 통해 브랜드 명성을 구축해야 한다.

나는 맥도날드에서 일한 지난 33년 동안 막강한 브랜드의 힘뿐 아니라 직원, 공급자, 가맹주로 이루어진 복잡한 시스템을 경험했다. 나에게 주어진 주요 미션 중 하나는 사회 공헌을 중시하는 지도자를 찾는 것이었다. 덕분에 개성과 용기 있는 지도자를 수없이 만났다. 그들 대부분이 기존의 관행에 반해 적극적인 모험을 택했으며, 더 나은 세상을 만들기 위한 혁신적인 방법을 추구했다. 우리는 그 과정에서 기업의 지속 가능성, 사회적 책임 프로그램 등에 대한 통찰력을 가질 수 있었다.

맥도날드 CSR의 진화 과정을 살펴보면 위기에 놓일 때 해야 할 일과 하지 말아야 할 일을 구분할 수 있다. 나는 이 책을 통해 "온갖 종류의 이해 단체가 가하는 외부 압력에 어떻게 대처할까?", "언제 NGO와 협력해야 할까?", "현존하는 문제를 수동적으로 관리하는 체제에서 벗어나 예상되는 문제를 적극적으로 관리하는 체제로 전환하려면 어떻게 해야 할까?" 같은 질문을 해보고자 한다. 이 같은 이야기는 기업이 사회 운동가와 지지단체, 소비자, 나아가 사회 전체와 소통하기 위한 효과적인 전략을 수립하는 데 도움이 될 것이다. 또한, 수수방관하거나 방어적인 자세만 취했던 기업이 적극적이며 성공적인 CSR 프로그램을 도입하는 데 길라잡이가 될 것이다.

역경 끝에 얻은 너겟

나는 아직도 우리 세대의 가장 크고 유명한 브랜드 중 하나인 맥도날드의 CSR이 발전하는 과정에 함께 했다는 사실을 믿을 수 없다. 이 책에서 소개하는 이야기와 교훈은 난해한 이론과는 거리가 멀다. 모두가 현장에서 일어난 수많은 실제 사례를 바탕으로 한다.

나는 이 책의 각 장에서 맥도날드가 겪은 수많은 투쟁을 소개한다. 맥도날드의 경험을 통해 많은 이들이 배울 수 있도록 잘한 일과 잘못한 일을 공유한다. 각 장의 마지막에는 '역경 끝에 얻은 너겟'이라는 핵심 조언을 담았다. '역경 끝에 얻은 너겟'은 맥도날드와 NGO의 협력 과정에서 탄생한 용어로 이 책을 읽는 이들이 더 나은 지도자가 되고, 더 나은 기업 시민이 되는 데 도움이 될 것이다.

이 책에는 맥도날드 직원, 공급자, 맥도날드와 교류한 NGO를 대상으로 한 50건이 넘는 인터뷰도 담겨 있다. 인터뷰를 통해 과거 주요 사건들도 살펴볼 수 있다. 맥도날드가 겪은 투쟁, 온갖 문제와 딜레마, 맥도날드가 환경보호기금EDF(Environmental Defense Fund)과 제휴를 맺기로 한 결정, 동물을 윤리적으로 대하는 사람들PETA(People for the Ethical Treatment of Animals)과는 제휴를 맺지 않기로 한 결정, 아마존 열대우림을 보존하기 위해 그린피스GI(Greenpeace International)와 협력하기로 한 결정 등의 사건을 마치 실제로 그곳에 있는 것처럼 생생하게 경험할 수 있다.

오늘날에는 그 어느 때보다 기업이 현명하고 전략적인 방식으로 사회 문제를 해결할 필요가 있다. 현재 환경은 기회가 큰 만큼 위험도 크다. 기업이 방어적인 태세로 당면한 난제를 피하면 발전은 더뎌지고, 명성에도 수익에 지장을 받을 정도로 큰 타격을 입을 수 있다.

기업의 사회 공헌 양상은 크게 바뀌고 있다. 지난 25년 동안 기업들은 시선을 끌지 않음으로써 위험을 피하는 전략을 고수했다. 즉, 문제를 회피한 것이다. CSR은 부수적인 전략으로 위기가 발생할 때만 중요시되었다. 하지만 이제는 이렇게 안일한 방식으로 문제에 대처해서는 안 된다. 성공적인 기업이 되기 위해서는 CSR을 사업의 중심에 둬야 한다. 번영을 추구하는 한편, 사회 공헌도 할 수 있는 교차점을 찾아야 최고의 기업이 될 수 있다. 물론 교차점을 찾는 일은 쉽지 않다. 따라서 맥도날드의 사례는 중요한 교훈을 제공하는 지침서가 될 것이다. 우리는 위기를 기회로 바꾸는 맥도날드의 지속 가능성 전략과 투쟁의 기록을 통해 기업과 자본주의가 왜 수익 같은 재정적인 이익뿐 아니라 사회 공헌 같은 목적도 중시해야 하는지 확실하게 깨달을 수 있다.

CONENTS
차 례

CONTENTS 차 례

PART 1

The Battle
Against
Waste

쓰레기를 상대로 한 투쟁

McDonald's
First Societal Clash

맥도날드 최초의 사회적 충돌

맥도날드 매장에서 일하는 EDF 직원,
리처드 데니슨과 재키 프린스, 1990년.

출처: 환경보호기금(EDF)

쓰레기와 포장 용기

1980년대 말, 발포폴리스타이렌PSF(Polystyrene Foam) 딜레마가 시작되었다. 다양한 환경 문제가 대두되었고, 전 세계에 산업 및 가정 폐기물이 놀라운 속도로 증가하고 있다는 사실에 사람들은 두려움을 느꼈다. 전문가들은 얼마 안 가 쓰레기를 묻을 공간이 부족할 거라고 주장했다. 기폭제가 된 사건은 쓰레기 바지선이었다. 〈마더보드지〉는[3] 쓰레기 매립지의 위기를 포착한 다음과 같은 기사를 실었다.

> 1987년 봄, 바지선 '모브로 4,000호'가 3천 톤이 넘는 쓰레기를 실은 채 돌아다녔다. 노스캐롤라이나가 수용을 거부한 쓰레기였다.
> 그리하여 현대 역사상 가장 큰 쓰레기 오디세이가 시작되었다. 아무도 원치 않는 쓰레기로 넘쳐흐르는 함대이자 절대 입항하지 못하는 유령선이었다.

[3] A. 파스터낵, "역사상 가장 많은 조회 수를 기록한 쓰레기 바지선", 〈마더보드지〉, 2013년 5월 13일. https://motherboard.vice.com/en_us/article/nzzppg/the-mobro-4000.

기사가 공개된 후 환경 운동가 로이스 깁스가 다시 조명 받았다. 깁스는 자신이 사는 나이아가라 폭포 근처 마을에 오염물질을 배출하는 유독성 쓰레기 매립지가 들어서는 걸 반대하며 유명해진 인물이다. 그녀는 맥도날드의 PSF 사용을 중단시키기 위해 전국적인 풀뿌리 운동, '맥톡식' 캠페인4에 착수했다. 깁스가 이끄는 단체 '유해 폐기물에 관한 시민의 정보교환소CCHW(Citizen's Clearinghouse for Hazardous Wastes)'는 특히 교사, 학생, 언론의 지지를 받았다.

사람들은 단결하고 일어섰다. 패스트푸드 포장, 특히 맥도날드의 일회용 PSF 용기는 쓰레기에 반대하는 캠페인의 주요 사안이 되었다. 맥도날드 임원들을 가장 골치 아프게 만든 것은 학생들의 적극적인 참여였다. CCHW의 부상과 함께 등장한 '오염에 반대하는 아이들KAP(Kids Against Pollution)'이라는 단체는 편지 쓰기 캠페인을 기획해 맥도날드 본사로 수천 통의 편지와 PSF 용기를 보냈다. 그들의 요구는 맥도날드가 스티로폼 사용을 중단하라는 것이었다.

정부 역시 맥도날드 편이 아니었다. 미국 환경보호청EPA(Environmental Protection Agency)은 '고형 폐기물 딜레마'를 선언하며 1989년 초 같은 이름의 보고서를 발표했다. 이 보고서는 "우리 모두 매년 증가하는 쓰레기 더미에 1,300파운드씩 기여하고 있다"고 주장했다. 또한 보고서에 따르면 미국 내 쓰레기 매립지의 1/3이

4
로이스 깁스, 블로그 "맥도날드, 10년 후 모든 곳에서 폼을 제거하다, 건강, 환경 및 정의 센터", http://chej.org/2018/01/11/mcdonalds-decades-later-eliminates-foam-everywhere/.

1991년이면 포화상태에 이를 터였다.[5] 쓰레기 문제의 심각성을 고려해 1990년에는 서퍽 카운티에서부터 뉴욕, 오리건주 포틀랜드에 이르기까지 북동 및 서부 해안 지역 내 수십 개의 커뮤니티가 PSF 금지 조치를 시행하거나 시행을 고려했다.

맥도날드에도 최초의 사회적 충돌을 결정짓는 운명의 순간이 다가오고 있었다. 맥도날드 임원 셸비 야스트로는 PSF 포장 용기 사용을 중단하기 위해 맥도날드 미국 CEO 에드 렌시를 상대로 최종 변론의 내용을 고심 중이었다. 야스트로는 맥도날드의 법률 자문 위원이었다. 그는 PSF가 열 보유, 보존, 수익 면에서 완벽한 기능성 포장 용기라 생각했지만, 기업의 명성에 악영향을 미친다는 사실도 알았다. 쓰레기 매립지를 가득 메우는 PSF가 생산 과정에서 독성물질을 방출한다는 주장이 대중의 반향을 불러일으켰다. 운동가들은 맥도날드와 PSF 용기를 계속해서 공격했다.

야스트로가 고심 중이던 시간 그의 예상치 못한 파트너, 환경보호기금EDF의 회장 프레드 크럽은 그의 쓰레기 전문팀과 함께 뉴욕시에 있었다. 그들은 맥도날드가 PSF의 사용을 중단하도록 장려할 방안에 대해 논의 중이었다.

한편 맥도날드 환경 업무 부사장 마이크 로버트는 본사에서 시행 중인 PSF 재활용 시험 프로그램을 미국 전역 8,500개 매장으로 확대한다는 내용

5
환경보호청, 고형 폐기물 사무국, "고형 폐기물 딜레마: 시립 고형 폐기물 대책 위원회의 활동/최종 보고서 안건", 환경보호청, 고형 폐기물 사무국, 1989년.

의 발표 초안을 작성하고 있었다. 사실 1989년 이후 맥도날드의 재활용 시험 프로그램의 상태는 엉망진창이었다. 그러나 이 사실을 고려하지 않은 로버트의 대담한 계획 때문에 맥도날드는 재활용을 진행하는 방식으로 PSF를 계속 사용할 것인지, EDF가 지지하는 종이 용기를 이용할 것인지 결정을 내려야 하는 상황에 빠졌다. 특히 빅맥 용기가 가장 큰 문제였다. 98%가 공기로 이루어져 무게가 0.01파운드밖에 되지 않는 빅맥 용기가 PSF 쓰레기를 둘러싼 사회 전쟁을 상징하게 되면서 맥도날드의 명성에도 금이 가고 있었다.

야스트로는 PSF 재활용 프로그램에 반대하는 입장이었다. 맥도날드를 쓰레기의 상징으로 보는 대중의 인식 때문에 브랜드 명성은 날이 갈수록 추락하고 있었다. 야스트로는 이 상황에서 벗어나려면 친환경적이고 기능적인 종이 용기를 사용해야 한다고 생각했다.

하지만 렌시와 로버트는 자신들의 주장을 굽히지 않았다. 그들은 PSF 용기가 훌륭하다고 믿었다. PSF는 단열 효과가 뛰어났으며 햄버거를 보관할 만큼 튼튼했고 개당 2페니가 채 되지 않을 정도로 저렴하기까지 했다. 나는 야스트로와 로버트, 두 지도자가 맥도날드를 각기 다른 방향으로 끌고 가려 했기에 매우 혼란스러웠다. 로널드 맥도날드를 '로널드 맥톡식'이라 비꼬는 어떤 잡지의 표지를 본 순간, 걱정도 커졌다. 내 직장이자 존경하는 기업의 이미지가 바닥을 친 것만 같았다.

1955년에 탄생한 맥도날드는 늘 사랑 받는 지역 사업이었다. 주민들은 동네에 문을 여는 맥도날드를 반기고 축하했다. 초기 30년 동안 맥도날드는 인기 있는 체인점이었고, 아치 모양의 상표는 오점 하나 없이 존중 받는 아이콘이었다. 수백만 명의 사람들에게 맥도날드는 오랫동안 '가족들과 깨끗한 식당에서, 저렴한 가격에, 질 좋은 음식을, 즐겁게 먹고 마실 수 있는 장소'로 인식되었다. 그랬기에 쓰레기 스캔들이 헤드라인을 장식할 때에도 맥도날드에는 이런 문제를 해결할 전문가가 없었다. 누구도 이런 상황을 겪거나 대응해본 적이 없었기 때문이다. 하지만 PSF를 둘러싼 충돌은 일시적인 문제로 치부할 수 없는 일이었다.

PSF 용기 구하기

맥도날드는 PSF 용기를 보호하고 유지하기 위해 새로운 활동과 정책, 커뮤니케이션 수단에 투자했다. PSF 용기에 대한 맥도날드의 변론은 모든 패스트푸드 음식 쓰레기가 미국 내 고형 폐기물에서 차지하는 비율은 0.3%도 안된다는 내용이었다. 그러나 기업에서 부정적 사안을 축소하면 문제를 부인하는 것처럼 보여 사실과 상관없이 기업에 악영향을 미친다는 사실을 놓친 대응이었다. 문제에 대한 부인은 기업이 스스로의 임무를 다하지 않는다고 생각하게 만든다. 상황을 더욱 혼란스럽게 만들려는 듯 맥도날드는 종이 용기가 PSF 용기보다 환경에 나은 점이 없다는 주장까지 펼쳤다. 이는 종이가 플라스틱보다 낫다는 당시의 일반적인 생각과 반대되는 것이었다.

부정적 여론에도 맥도날드는 주장을 굽히지 않았다. PSF를 향한 지지를 강화하기 위해 생활주기 평가 컨설팅 회사인, 프랭클린 어소시에이트에 'PSF와 종이 용기가 일평생 환경에 미치는 영향'에 대한 연구를 의뢰했다. 이들은 PSF가 가볍기 때문에 제조 과정에서 오염물질을 덜 방출하며 운송 과정에서 환경에 미치는 영향이 적다는 연구 결과를 발표했다. 종이 용기는 무거울 뿐 아니라 제조와 운송에 더 많은 재료를 필요로 하며, 더러운 제조 공정을 거쳐 탄생한다는 의견을 더했다. 이 내용은 사실적인 연구를 기반으로 한 결과였다. 그러나 운동가나 소비자는 이에 공감하지 않았다. 오히려 그들은 커다란 식탁이나 차량에서 쉽게 볼 수 있는 PSF 용기를 지나친 포장으로 생각했다.

맥도날드는 물러서지 않았다. 쓰레기 매립지에서 수십 년이 지났지만 여전히 읽을 수 있는 신문을 찾아낸 쓰레기 고고학자, 윌리엄 랏제의 연구를 지원했다. 그의 연구 결과에 따르면, 매립지에 버려진 쓰레기는 무엇이 되었든(PSF든 종이든 플라스틱이든) 사라지지 않았다. 나는 랏제와 그의 동료들과 함께 스테이튼 아일랜드의 프레시 킬즈 쓰레기 매립지에 갔다가 온갖 종류의 포장재, 신문, 심지어 음식물 쓰레기가 그대로 남아있는 것을 발견했다. 그 광경은 실로 놀라웠다. 맥도날드 미국 CEO 에드 렌시는 "그의 연구 결과가 대중에게 공개되기를 바랐죠. 랏제는 스테이튼 아일랜드의 프레시 킬즈 쓰레기 매립지에서 1910년 혹은 그보다 더 오래된 신문을 꺼내왔어요. 신문 사이에 있던 핫도그 역시 기존 상태 그대로였습니다."라고 말하며 맥도날드가 랏제의 연구에 부분적으로 자금을 지원한 이유를 이야기했다. 하지만 쓰레기 연구자의 폭로가 있고 난 후 논쟁의 초점은 쓰레기 매립지의 현실로 옮겨갔다. 당시의 쓰레기 매립지는 고형 폐기물의 분해를 막기 위해 설계된 폭탄이나 다름없었다. 그 결과 음식물, 종이, 플라스틱 등 모든 쓰레기가 영구적으로 자리를 차지하게 된 것이었다.

렌시는 PSF를 계속 사용하기 위한 싸움을 포기하고 싶지 않았다. 매립지에서 그 어떤 쓰레기도, 플라스틱이나 종이, 심지어 음식까지도 썩지 않는 것을 본 그는 "결국 과학이 승리할 거라고 생각했어요. 맥도날드가 잘 버티면 대중의 우려 또한 잠잠해질 거라고 믿었죠."라고 말했다. 또한 "사회 운동가나 환경 운동가들은 맥도날드를 싫어하고 맥도날드가 자신들이 원하는 일을 하도록 만드는 데 PSF를 이용하고 있었어요."라는 것이 그의 생각이었다. 그러나 현실적으로 '맥도날드가 미디어와 운동 단체로부터 비난을 사고 있음'을 인정한 렌시는 로버트의 전국적인 PSF 재활용 프로그램이 과연 이 문제를 어떻게 해결할지 궁금해 했다.

패스트푸드 기업이 쓰레기 매립지 확장의 주범이라는 주장이 있었지만, 사실 맥도날드는 환경 문제를 근본적으로 해결하기 위한 구체적인 행동에 나서고 있었다. 가령 1989년 말에는 열대우림 정책을 선언하며 "최근 황폐해진 열대우림에서 생산된 소고기를 산 적이 없으며 앞으로도 그럴 예정"이라고 말했다. 이 정책은 2018년인 지금까지도 지속되고 있다.

그보다 앞선 1987년, 맥도날드는 요식 업체 최초로 프레온가스CFCs

의 사용을 조금씩 줄여나가기 시작했다. CFCs는 단열 성능을 구현하기 위해 PSF의 발포제로 사용되는 물질이다. 1980년대 중반 과학자들의 연구 결과에 따라 CFCs는 오존층에 구멍을 내는 주요 물질로 인식되었다. 대체 발포제가 지구 온난화라는 의도치 않은 결과를 가져온 것이다. 〈내셔널 지오그래픽〉 기사에 따르면 지구 표면 위로 9.3마일에서 18.6마일(15km~30km) 사이에 위치한 오존층은 '오존' 가스를 자연스럽게 발생시키는 지대로 태양이 방출하는 해로운 자외선 BUVB로부터 지구를 보호하는 역할을 한다.[6] 그러나 이러한 조치가 PSF와 관련해 맥도날드가 받는 압박을 덜어주지는 못했다.

이런 고난에도 불구하고 우리의 친환경 프로그램은 계속되었다. 1990년대 초 맥도날드는 '맥리사이클 USA'를 선언했다. 매장을 건설하고 장비를 채우기 위해 1억 달러어치의 재활용 자재를 사겠다는 약속이었다. 연간 건설 예산의 1/4에 해당하는 금액이었다. 맥리사이클 USA는 맥도날드의 대담한 노력이었다. 다양한 산업 분야의 재활용 시장이 활성화되며 효과적인 프로그램으로 부상했다. 하지만 안타깝게도 이러한 활동과 노력은 운동가뿐 아니라 부모와 아이들, 정치인의 비난이라는 거센 폭풍에 저항하는 한낱 깃털에 불과했다.

이 모든 활동은 맥도날드의 PSF 용기 사용을 향한 맹공격이라는 훨씬 더 안 좋은 상황을 낳았다. PSF 용기

6
B. 핸드워크, "오존 구멍에 무슨 일이?", 〈내셔널 지오그래픽스 뉴스〉, 2010년 5월 7일, https://news.nationalgeographic.com/news/2010/05/100505-science-environment-ozone-hole-25-years/.

사용과 관련된 비난을 잠재우기 위해 했던 모든 노력이 실패로 돌아가자 PSF 재활용이 우선 과제로 급부상했다. 이 과제는 매장에서 PSF 재활용을 시험하고 확장하는 데 앞장선 내 책임이 되었다.

그 당시에는 재활용이라는 게 오늘날처럼 쉬운 일이 아니었다. 가정집에서는 재활용을 막 시작했고, 재활용 프로그램에 깊이 관여하는 기업도 얼마 되지 않았다. 맥도날드 역시 크게 다르지 않았다. 하지만 나는 우리가 이 분야에서 차별화를 추구할 수 있다고 확신했다. 매장에서 사용되는 PSF를 재활용하면 소비자가 이를 긍정적인 절충안으로 받아들이고, 우리는 계속해서 완벽한 PSF 포장 용기를 사용할 수 있을 것이라 생각했다.

이를 위해 우선 플라스틱 사업의 지도자들과 협력하기 시작했다. 그들은 플라스틱 포장 용기와 병을 재활용하는 신생 기업에 투자하고 있었다. 1988년 11월, 모빌 케미컬(훗날 엑손 모바일로 합병됨)과 음식 포장 기업인 젠팩 코퍼레이션Genpak Corporation은 매사추세츠 레민스터에서 '플라스틱 어게인Plastics Again'이라는 재활용 사업에 착수했다(이 사업은 훗날 전국폴리스타이렌위원회에 흡수되었다). 그리고 그해 초, 아모코 폼 프로덕츠 컴퍼니Amoco Foam Products Company는 맥도날드와 제휴해 뉴욕, 브루클린에 폴리스타이렌 리사이클링 주식회사Polysterene Recycling Company를 설립했다. 나는 두 프로젝트에 깊이 관여했는데, 둘 다 각기 다른 이유로 실패하고 말았다.

브루클린 재활용 센터에서는 뉴욕시 6개 자치구에 위치한 모든 맥도날드 매장의 쓰레기를 수거해 갔다. 진정한 루브 골드버그(단순한 결과를 얻기 위해 복잡한 과정을 거치는 것-옮긴이)식 과정이었다. 맥도날드 쓰레기 중 5%만이 PSF였다. 하지만 쓰레기 수거 트럭은 냄새나고 썩은 음식물과 포장 용기 등 쓰레기 전부를 가져가 5%를 차지하는 PSF를 찾았다. 헛고생이었고 대중의 우려를 달래기 위한 값비싼 홍보 술책에 불과했다. 이 일을 계기로 다시는 그린워싱(위장환경주의-옮긴이) 따위는 하지 않겠다고 다짐했다.

이와 달리 플라스틱 어게인은 PSF를 재활용하려는 나름의 합리적인 노력이었다. 하지만 난제는 고객들이 쓰레기를 분리하도록 만드는 것이었다. 쓰레기를 제대로 분리해달라고 소비자를 설득하기 위해 의사소통 전문가를 비롯해 여러 홍보 에이전시와 긴밀히 협력했다. 구매 시점에 그래픽을 만들어 고객들에게 재활용 방법을 보여주었다. PSF 포장 용기 크기에 맞춰 쓰레기통에 구멍도 내고 재활용 방법을 설명하는 교육 자료도 작성했다. 여러 노력에도 불구하고 고객들은 혼란스러워했다. 식사를 마친 고객들은 쟁반에 아무렇게나 놓인 포장 용기를 쓰레기통이나 재활용통으로 가져갔다. 그들은 안내 표시를 잠깐 쳐다본 뒤 모두 쓰레기통에 던져버렸다. 얼마나 많은 이들이 매장에 붙어 있는 재활용 지침을 따르는지 살펴보았는데 전체 고객의 1/3만이 제대로 하고 있었다. 그들이 '쓰레기'나 '재활용'을 분리하길 바라는 것은 너무 앞서나가는 행위였다. 맥도날드의 고객들은 패스트푸드의 빠른 서비스를 기대했다. 그들에게 쓰레기 처리에 좀 더 시간을 써서 재활용을 분리해달라고 요청하는 것은 빠른 서비스라는 맥도날드의 사업 모델과 상충했다. 수천 개의 매장에서 재활용 테스트를 하면서, 우리는 맥도날드 고객 대부분이 식사를 마친 후 포장 쓰레기를 분리할 준비도, 의지도, 동기도 없다는 사실을 알게 되었다.

고객들의 이 같은 태도는 재활용 프로그램에 큰 위협이었다. 플라스틱 어게인 트럭은 제대로 분리되지 않아 PSF보다 일반 쓰레기나 음식 쓰레기가 더 많은 수거물을 매사추세츠 레민스터에 위치한 PSF 재활용 공장으로 가져갔다. 악취와 해충은 덤이었다. 재활용 공장은 최선을 다해 PSF를 분리해 세척하고 살균 처리했다. 그리고 PSF는 폴리에스틸렌 합성수지로 다시 태어났다. 재활용 PSF 합성수지 시장은 초기 단계여서 수요가 극히 적었다. 재활용 PSF 합성수지 중 일부는 자, 요요 등을 비롯해 기타 작은 물건을 만드는 데 사용되었다.

대규모 재활용 프로그램을 평가한 나는 이 모든 계획이 미친 짓이라는 것을 알았다. PSF 재활용 프로그램은 형편 없었고, 실패했으며 개선할 방법 역시 찾을 수 없었다. 하지만 마이크 로버트는 이러한 장애물을 무시한 채 변화를 가져올 기회를 엿봤다. 로버트는 카리스마 외에도 확신으로 똘똘 뭉친 사람이었다. 내가 보기에 그는 지나치게 단호했다. 로버트는 재활용 프로그램이 정착하려면 오랜 시간이 걸릴 것이며 많은 파트너의 참여가 필요하다고 했다. 또한, 소비자가 이를 학습하는 데에도 긴 시간이 걸릴 거라는 사실을 알았다. 플라스틱 재활용은 종이 재활용보나 훨씬 뒤처졌기 때문에 큰 추동력이 필요했다. 그럼에도 그는 PSF 재활용 프로그램을 미국 내 모든 맥도날드 매장으로 확대하겠다고 다짐했다. 로버트는 당시를 "우리가 재활용 분야의 지도자가 될 수 있다고 생각했어요. 그래서 쓰레기 처리 업체 웨이스트 매니지먼트 Waste Management를 비롯한 다른 이해당사자들을 모아 우리의 포장 용기를 포함한 모든 플라스틱 제품을 수용하는 전국 플라스틱 재활용 프로그램을 시행하는 데 전력을 쏟았죠."[7]라고 회상했다.

맥도날드 안에서 한쪽은 PSF를 살리기 위해 애쓰고, 다른 쪽은 PSF를 버리기 위해 노력하고 있는 상황이 놀라웠다. 어떻게 한 기업에서 동시에 정반대의 노력이 이루어질 수 있단 말인가? 맥도날드는 비정상적으로 돌아가고 있었던 것일까, 아니면 이것이 정상이었을까?

닭장 속 늑대

야스트로는 날로 늘어나는 감정 소모적 홍보 문제를 해결하기 위해 애써왔다. 하지만 그 어떤 노력도 맥도날드의 명성이 곤두박질하는 속도를 늦추지 못했다. 나와 함께 커피를 마시며 이야기를 나누는 동안, 그는 맥도날드가 프랑스 파리에서 재판에 회부된 때를 회상했다. 소송인은 자신이 주장하는 사실을 입증해줄 독립적인 증인을 찾아야 했고, 맥도날드 직원들은 증인으로 나서지 못했다. 야스트로는 미국 내 쓰레기 위기에 같은 논리를 적용하고, 맥도날드가

7
마이크 로버트와의 개인적인 인터뷰, 2017년 1월 6일.

필요한 것은 회사와 관계가 없으면서 신뢰와 존경을 받는 증인이라는 사실을 깨달았다. 맥도날드의 쓰레기 경감 노력을 설명하거나 최소한 지지할 증인 말이다.

우리는 햄버거를 만드는 사업을 할 뿐 생태 과학에서 특별한 명성을 얻지는 못했습니다. 하지만 저명한 인물에게 우리의 새로운 환경 프로그램을 지지하고 보증해달라고 설득할 수 있지 않을까? 그런 사람이 프로그램을 파악하고 발전시키는 데 도움을 주면 더욱 좋지 않을까 생각했죠.[8]

야스트로는 파이낸셜 뉴스 네트워크(CNBC의 전신)에서 TV 인터뷰를 요청받은 적이 있다. 당시 그와 함께 한 다른 인터뷰 대상은 EDF의 회장, 프레드 크럽이었다. 이전까지 야스트로는 크럽과 그가 하는 훌륭한 일에 대해 잘 알고 있었지만, 실제로 그를 만난 적은 없었다. 인터뷰가 진행되는 동안 크럽은 야스트로의 귓전을 울리는 몇 가지 핵심 사항을 언급했다. 그는 PSF가 무조건 공격해야 하는 적이 아니며 사실은 장점이 많고, 맥도날드는 많은 부분에서 책임감 있는 기업이라고 말했다. 야스트로는 그날을 이렇게 기억했다.

8
셸비 야스트로와의 개인적인 인터뷰, 2016년 9월 30일. 셸비 이야기라는 야스트로의 미공개 기록, 2016년 10월 8일.

그날 밤 프레드는 몇 가지 다른 사항을 이야기했고 덕분에 저는 큰 깨달음을 얻었습니다. 향후 몇 년 동안 제가 의지할 수 있는 것들이었습니다. 그의 주장은 친환경적인 것이 홍보에 좋다는 것처럼 단순하지 않았습니다. 좋은 환경이 좋은 사업이라고 말했습니다. 환경의 3R(줄이기, 재사용하기, 재활용하기)이 기업의 경비를 절약해준다고 주장했죠.

야스트로는 크럽에게서 맥도날드의 해결책을 찾았다. 크럽은 사업가들이 잘 모르는 사실을 알고 있는 과학적이고 대중적인 사상가였다. 환경에 도움이 되는 관행이 결국 기업의 수익을 높여준다는 이야기가 특히 인상적이었다. 사회 공헌에만 호소할 경우 기업인들을 설득하기 힘들겠지만, 환경과 수익이 같은 선상에 있다는 내용은 이 세상 모든 기업인들에게 동기부여가 될 만한 사실이었다. 야스트로는 다음 날 아침 크럽에게 전화해 회의를 잡았다.

크럽은 기업과의 제휴를 통해 환경 운동에 긍정적인 변화가 일어날 것이며, 이는 환경과 기업 모두에게 수익을 안겨줄 거라는 확신이 있었다. 어린 아들들과 함께 맥도날드에서 식사하며 수많은 포장 용기가 쓰레기로 버려지는 것을 본 크럽의 머릿속에는 환경주의의 제3의 물결을 불러일으킬 파트너십 프로젝트가 떠올랐다. EDF의 향후 업무 방향과 동기부여에 변화를 가져오며 '기업은 적'이라는 NGO 환경 커뮤니티 규범에 도전할 프로젝트였다. 크럽은 EDF가 맥도날드의 쓰레기 경감을 돕는다면 무슨 일이 일어날지 궁금했다.

당시 EDF가 맥도날드 같은 기업과 제휴한다는 생각은 상당히 이 례적이었다. 대기업과 NGO가 협력하는 일은 거의 없었다. 사실 EDF 는 초기만 해도 그 어떤 NGO보다 기업에 적대적이었다. '개자식을 고 소하자'가 1960년대 창립자들의 비공식적인 모토였을 정도였다. 하지 만 크럽은 오염 유발자와 기업을 비난하는 대신 예일대학교 찰리 워커 교수의 주장을 실천하고자 했다. 그는 찰리 워커에게서 "목소리를 낮추 면 더 많은 문제를 해결할 수 있다"는 사실을 배웠다.[9]

환경주의 제1의 물결은 야생동물과 황무지 보존으로 이어진 테디 루스벨트의 조치로 출발되었다. 제2의 물결은 살충제 오염과 그것이 인류 건강과 생태계에 미치는 피해를 줄이는 데 초점을 맞춘 레이첼 카슨의 《침묵의 봄(1962)》이 등장하면서 시작되었다. 크럽의 주장에 따 르면 제1의 물결과 제2의 물결은 훌륭한 운동이었지만 '환경 운동가를 향한 반발'을 낳았다. 그는 1986년 〈월스트리트〉 사설란에 이 같은 내 용을 기고했으며 "우리는 기업의 적이자 성장의 적, 일자리 창출에 무 심한 특권 엘리트층으로 여겨졌다."[10]라고 말했다. 크럽이 상상한 환경 주의 제3의 물결은 EDF 같은 NGO와 맥도날드 같은 기업의 관계를 변화시 키는 것이었다. 그는 "제3의 물결은 찰 리 워커의 상상처럼 건설적이어야 한 다. 환경 운동가들은 다른 이들을 비난 하기보다 유연하고 효과적인 해결책을

9
프레드 크럽과의 개인적인 인터뷰, 2017년 6월 24일.

10
프레드 크럽, "새로운 환경주의, 경제적 요구를 고려하다", 〈월스트리트 저널〉, 1986년 11월 20일. https://www.wsj.com/articles/ SB117269353475022375.

찾는 데 동참할 것이다."라고 밝혔다. 그의 논평 기사는 사회·경제적으로 적은 비용을 들이고도 환경·경제적으로 큰 혜택을 누리기 위해 시장 지향적인 인센티브를 사용하자는 언급으로 마무리되었다.

크럽은 이러한 마음으로 맥도날드 미국 회장, 에드 렌시에게 편지를 보냈지만 답장을 받지 못했다. 그 후 파이낸셜 뉴스 네트워크 인터뷰에서 야스트로를 운명적으로 만나게 된 것이다. 그는 야스트로의 초대를 받아들여 맥도날드 본사로 향했다.

야스트로가 결국에는 소설가가 될 거라고 생각 못 했죠. 생각해보면 저는 그날 전형적인 기업인을 만난 게 아니었어요. 상상력이 끝내주는 남자를 만난 거였죠. 맥도날드에 효과적인 해결책을 마련하고 싶다며, 웨지우드 도자기를 사용하라고 강요하지는 않을 거라고 말한 지 5분 만에 그는 맥도날드가 EDF와 협력하는 꿈을 꾸었습니다.

두 남자는 서로를 신뢰했다. 크럽은 그날 맥도날드 본사에서 에드 렌시도 만났다. 그들은 함께 쓰레기 경감Waste Reduction 프로젝트팀을 만드는 데 동의했다. 프로젝트팀은 가맹주, 공급업체, 맥도날드 직원으로 이루어진 맥도날드의 시스템 내에서 쓰레기 경감 방안을 찾는 데 전념할 예정이었다. 거의 1년의 대화 끝에 프로젝트팀이 고려해야 할 사안을 규정하는 서면 동의서와 기본 원칙이 마련되었다. 이들은 동의서에 대한 반대 의견을 예상하고 충돌에 대비해 면책조항을 포함시켰다. 견해 차이를 밝힐 수 있도록 이해당사자의 권리를 보호하고 재정 독립성을 보장하는 항목도 넣었다. 또한, 프로젝트팀이 유지되는 6개월 동안 각 단체가 환경과 관련해 자체적인 홍보를 하거나 지지 안건을 제안할 수 있도록 허락했다. 다만 맥도날드는 EDF의 사전 승인 없이 프로젝트팀을 마케팅 자료에 이용할 수 없었다.

야스트로는 동의서에 주요 조항을 하나 더 추가하자고 주장했다. EDF는 기본적인 패스트푸드 사업 모델을 바꿀 수 없으며 맥도날드를 고급 식당으로 바꿀 수 없다는 조항이었다. 합의서의 또 다른 부분을 보면 야스트로가 투명성과 관련해 시대를 앞서갔음을 알 수 있다. 오늘날에는 인터넷과 소셜미디어 덕분에 클릭 몇 번으로 스마트폰에서 즉시 정보를 찾아볼 수 있지만, 1990년만 해도 그렇지 않았다. 야스트로는 EDF가 맥도날드에 대해 알게 된 모든 것을 외부에 투명하게 공개해야 한다고 주장했으며 이를 공공연하게 강조했다.

(1990년 8월) 제휴를 선언하는 기자회견에서 저는 열리지 않는 문이나 서랍은 없다고 말하며 크럽에게 맥도날드로 향하는 상징적인 열쇠를 건넸습니다. 그와 팀원들에게 모든 것을 열고 탐색하고 질문하고 도전하라고 촉구했습니다. 우리의 확고한 의지를 보여주기 위해 팀은 모든 질문을 수용하고, 성과를 매달 보고하겠다는 약속을 언론에 했습니다.

야스트로와 맥도날드는 EDF와의 공식적인 제휴라는 돌파구를 마련하면서 위험한 도박을 했다. 〈포브스지〉는 맥도날드가 "닭장에 늑대를 끌어들였다."고 논평했다. 크럽과 EDF도 맥도날드와 협력하면서 더 큰 모험을 감수해야 했다. 적대적인 성향의 로이스 깁스 같은 상당수의 NGO 동지들이 맥도날드와 협력하는 방식을 비웃었다. NGO 운동가들은 대부분 EDF를 비난했다. 〈롤링 스톤지〉는 "자본주의자인 적과 대화하려는 크럽의 의지는 환경 운동가들의 저주를 샀다. 환경 운동가들은 그를(보통 비공식적으로) 베네딕트 아널드(미국 독립운동에 참전한 군인. '배신의 대명사'로 취급 받는다-옮긴이)라고 부르며 대기업과 백악관에 아첨한다고 비난했다."[11]라고 말했다. 크럽은 환경 운동의 반역자가 아니라는 사실을 보여주기 위해 많은 것을 증명해야 했다.

구체적인 계약서가 완료되자 야스트로는 나에게 맥도날드팀을 이끌어달라고 요청했다. 어렸을 때부터 세상을 구하고 싶다고 생각했었는데 드디어 배출구를 찾은 기분이었다. 맥도날드가 큰 사회 문제(쓰레기 경감, 재활용을 통한 PSF 구하기 등)를 해결할 방법을 생각하는 일, 환경 운동가와 협력해 맥도날드의 재정과 명성에 크게 기여하는 일은 나에게 넘쳐나는 에너지와 기쁨을 주었다.

EDF와의 제휴는 1990년 8월에 시작되었다. 나는 이 제휴가 맥도날드 시스템 안에서 쓰레기를 줄이겠다는 거대한 목표를 달성하는 데 크게 기여할 거라고 굳게 믿었다. 하지만

11
윌리엄 "빌" 기포드, "맥도날드: 황금 아치의 그리닝", 〈롤링 스톤지〉, 1991년 8월 22일.

PSF 사용에 관련된 맥도날드의 성급한 결정은 어떤 식으로든 안 좋은 결과를 가져올 게 분명했다. 우리가 PSF 포장 용기를 사용하지 않겠다고 결정하면 EDF는 '업무 완료'라고 결론짓고 쓰레기를 줄일 수 있는 모든 방법을 철저히 검토하는 대신 다른 사안으로 넘어갈 수도 있었다. 그렇다고 전국적인 PSF 재활용 프로그램을 선택할 수도 없었다. 그런 경우 EDF는 반대의 뜻으로 제휴를 아예 종료할지도 몰랐다.

환경 운동가, 맥도날드와 만나다

전국적인 PSF 재활용 프로그램 보도자료 초안을 본 나는 갈피를 잡지 못했다. PSF 관련 결정은 내 소관이 아니었다. 하지만 EDF와 함께 개발한 '쓰레기 경감 활동 계획Waste Production Action Plan'은 내 책임이었다. 나는 PSF와 관련된 결정이 공표된 후에도 EDF와의 프로젝트팀이 존속하기를 기도하며 EDF 고형 폐기물팀과의 회의를 준비해야 했다.

1990년 8월 첫 회의에서 EDF팀을 만났을 때 그들은 사업 감각이 없는 전형적이고 열정적인 환경 운동가였다. 서로를 소개하며 대화를 시작했는데, 과연 이 일을 제대로 진행할 수 있을지 의문이 들었다. EDF팀과 우리는 정말 다른 사람들처럼 보였기 때문이다. 맥도날드팀은 두려움에 휩싸였다. EDF가 우리를 잡아먹을지도 모른다고, 대중적인 수사를 이용해 우리에게 변화를 강요할 거라고 생각했다. 우리가 오랫동안 경험한 바에 따르면 이는 수많은 NGO 단체가 기업의 변화를 끌어내기 위해 사용하는 방법이었다.

　나는 우리의 활동이 맥도날드의 쓰레기양이라는 숫자에 가려지고 왜곡되는 것이 최악의 시나리오라고 생각했다. 맥도날드 매장에서는 매주 3/4톤의 쓰레기와 재활용품이 나온다. 이것만 보면 그다지 나빠 보이지 않는 숫자다. 하지만 여기에 미국 내 8,500개 매장을 곱하고 또 52주(1년)를 곱하면 1년 동안 생산하는 쓰레기양은 자그마치 5억 파운드(약 2억 2,700kg)가 넘는다. 물론 맥도날드가 매주 매장마다 평균 2천 명의 사람에게 음식을 제공하고 고객당 1파운드(약 0.5kg)가량의 쓰레기를 발생시킨다는 점을 고려하면 말도 안 되는 양은 아니었다. 하지만 이 사안이 주목받게 된 것은 맥도날드의 쓰레기양 때문이 아니었다. 맥도날드를 전선으로 몰아넣은 것은 쓰레기의 가시성과 PSF 용기의 강력한 상징성이었다.

　이와 반대로 맥도날드와 첫 회의를 하기 전, EDF의 재키 프린스는 단순한 생각을 품고 있었다. "패스트푸드 사업, 그러니까 맥도날드의 사업은 특별히 독창적이지도 그다지 구체적이지도 않을 거로 생각했죠. '얼마나 어렵겠어? 햄버거나 만드는 기업 아닌가?'라며 그리 복잡할 리가 없다고 여겼어요. 하지만 얼마 안 가 그렇지 않다는 사실을 알게 되었죠."[12]

　프린스는 맥도날드의 햄버거 대학교에서 교육 시설의 진지함과 규모를 접하고 난 뒤, 맥도날드의 기업 문화를 인정했으며 그 문화가 얼마나 전문적이고 구체적이며 세심한지 감탄하게 되었다. 그녀는 맥도

날드 직원들이 '혈관에 케첩이 가득한 것'을 자랑스럽게 여긴다는 사실
도 알게 되었다. 프린스는 리처드 데니슨과 함께 매장에서 일하면서 맥
도날드 사업 운영의 복잡성과 깊이를 몸소 체험했다. "우리는 오전 9시
반에 출근했죠. 우선 훈련 영상을 봤어요. 우리에게 허락된 것이라고는
햄버거에 소스를 뿌리는 일뿐이었죠. 처음에는 웃기는 일이라고 생각했
어요."라며 당시의 경험을 설명했다.

> 빅맥일 경우 케첩 두 번, 머스터드 한 번, 피클 세 개, 양파 1개를 정
> 확히 넣어야 해요. 우리는 정해진 법칙을 알아야 했어요. 60초 이후
> 또 다른 주문서가 주방으로 들어왔는데 피시 버거였어요. 피시 버
> 거 소스를 알아야 했죠. 그 다음에는 또 다른 버거의 주문이 들어왔
> 는데, 평범했어요. 케첩 한 번에 머스터드 한 번만 뿌리면 됐죠. 저
> 는 괜찮았는데 데니슨은 엉망이었어요. 그는 허둥지둥 댔죠.
> 저는 친구들에게 분자 생물학과 생물물리학 박사학위가 있는 남자
> 와 맥도날드에서 훈련을 받았다고 말하며 웃었어요. 데니슨은 햄버
> 거 소스를 제대로 뿌리지 못했어요. 신속하게 제대로 일 처리를 하
> 지 못했죠. 햄버거 소스를 뿌리던 날, 소비자가 보지 못하는 주방
> 너머로 얼마나 많은 작업이 이뤄지는
> 지, 고객 접점이나 고객의 경험에 영향
> 을 미치지 않고도 변화를 가져올 수 있
> 는 부분이 얼마나 많은지 깨닫게 되었

재키 프린스와의 개인적인 인터뷰, 2017년 8월
15일.

죠. 사실 맥도날드 쓰레기의 80%가 주방 뒤에서 발생하고 있었어요. 쓰레기 대부분은 운송 포장지, 커피 찌꺼기, 계란 껍데기, 소스 용기 같은 것들이었죠.

프린스와 EDF팀이 맥도날드 운영의 복잡성을 존중하게 된 것처럼 우리 팀 역시 매장에서 일하는 EDF의 노력과 우리의 사업을 이해하고자 하는 그들의 진실한 마음을 받아들였다. 그렇게 우리는 서로 다른 편이 아닌 하나의 팀으로 노력하기 시작했다. 그들을 알게 되면서 나는 최악의 두려움에서 벗어날 수 있었다. EDF팀은 우리를 때려 부술 생각이 없었다. 그들은 인상적인 과대 문구를 만들거나 목소리를 높이는 게 아니라 정말로 쓰레기를 줄이고 싶어 했다. 크럽은 목소리를 높이는 것은 환경 운동에 도움이 되기는커녕 역효과를 가져온다고 생각했다. EDF팀은 긍정적인 태도로 우리를 대했지만, 결코 호락호락한 상대는 아니었다. 그들은 모든 것을 철저히 살펴보고 문제 제기를 하려는 듯 보였다. 우리 팀의 두려움에 정면으로 대응함으로써 자신들의 강인함을 입증해 보이고자 했다.

EDF팀은 우리가 매장에서 일회용품이 아닌 일반 그릇과 컵을 사용하도록 밀어붙였다. 맥도날드의 사업은 속도, 휴대성, 청결이 중요했으며, 일회용 포장 용기는 그런 요구에 잘 부합했다. 일반 제품을 사용하는 것은 꿈도 꿀 수 없었다. 그릇과 컵, 식기 도구를 닦으려면 설거지 장비가 필요했고, 용기들을 수거해서 씻고 저장하기 위해서는 더 많은 공간과 인력이 필요했다. EDF는 사무실에서 사용하는 커피잔, 식료품점에서 사용하는 가방 등 오랫동안 일회용품을 대체할 수 있는 제품을 홍보하고 다녔다. 프린스는 "우리에게 다회용품은 성배나 다름없었죠. 일회용품을 다회용품으로 바꾸는 것이 가장 중요한 전략이었어요. 모든 각도에서 철저히 살펴봐야 해요."라고 말했다.

나는 그들의 주장을 받아들여야 한다고 생각했다. 가능할 거라는 믿음 때문이 아니라 동업자 정신을 유지하기 위해서였다. 프린스와 EDF팀은 어디부터 살펴봐야 할지에 대해 브레인스토밍을 시작했다. 우선 "이 방법은 고객의 경험을 확장해줄 거에요. 고객은 맥도날드 음식을 먹으면서 기분이 좋아질 거예요. 일반 식기가 음식의 품질에 후광 효과를 줄 테니까요."라는 프린스의 생각을 확인하기 위해 다회용품을 쓰는 다른 유명 패스트푸드 매장을 방문하기로 했다. 그녀는 맥도날드가 아닌 다른 패스트푸드 매장의 주방 안에 들어가 본 적이 없었다. 맥도날드팀은 다회용 접시가 매장에서 효과적이면 어떻게 할까 하는 미지의 두려움을 안고 잔뜩 움츠린 채 경쟁자의 매장에 들어갔다. 하지만 전혀 걱정할 필요가 없었다. 주방 안에 들어간 우리는 눈앞의 광경에 입을 다물지 못했다. EDF팀 역시 맥도날드 매장 주방에 여러 번 들어가 보았기 때문에 한눈에 비교가 가능했다. 그 매장의 커다란 식기 세척기 주위가 얼마나 지저분하고 무질서하며 어지럽혀져 있는지 확인하고는 놀라 입을 다물지 못했다.

프린스는 당시의 경험을 떠올리며 "그 정도로 난장판일 거라고는 생각하지 않았어요. 청결하고 잘 정리된 전형적인 맥도날드 매장과는 너무 달랐죠."라고 말했다.

진짜 세상을 보는 것은 늘 최고의 방법이다. 우리의 첫 계획은 분석에서 끝나고 말았다. 사람들은 실제로 일이 어떻게 작동되는지 확인도 하지 않은 채 논쟁하고 가설을 세우느라 지나치게 많은 시간을 낭비한다. 현실을 직접 바라보고 평가하는 것보다 더 나은 방법은 없다. 다회용품을 사용하는 패스트푸드 매장을 방문한 뒤 맥도날드에서 다회용품 사용과 관련된 제안은 거의 사장되었다.

노력은 거품으로 돌아갔지만, EDF팀은 포기하지 않았다. 매장 내에서 최소한 컵만이라도 다회용품을 사용할 수 있을 거라 생각했다. 우리는 고객의 행동을 살펴보기 위해 맥도날드 매장에 모였다. 당시 매장 내에서 주문을 하는 고객은 전체 고객의 30% 였다(대부분 드라이브 스루를 이용했고 그것은 지금도 마찬가지다). 그들의 상당수 역시 음식을 받은 뒤 곧바로 매장을 나섰기에 일회용 컵에 음료를 가져가야 했다. 매장에 꽤 머물렀던 고객도 남은 음료를 가져가고자 했다. 한번 더 현실을 살펴봄으로써 우리는 진실을 확인했다. 맥도날드에서 다회용품을 사용하겠는 생각은 다시 언급되지 않았다.

다회용품을 현실화하지는 못했지만, 그 과정에서 많은 아이디어를 얻었다. 그 중 가장 좋았던 것은 음식을 넣어가는 봉투와 관련된 부분이었다. 우리는 수많은 디자인을 개발했지만, 최종 결정을 내리는 데 골머리를 앓았다. 표백하지 않은 종이로 만든 갈색 봉투, 갈색 재생 봉투, 재생 신문으로 만든 회색 봉투, 폐지로 만든 흰색 봉투, 재생 봉투보다 15% 가벼운 일반 종이 봉투 등을 고려했다. 환경과 사업에 가장 적합한 봉투는 무엇이었을까? EDF팀은 결정에 도움이 되도록 믿을 만한 정보를 제공해주었다. 그들은 원자재 추출에서부터 가공과 제조, 매장으로의 배송과 최종 처분에 이르기까지 봉투의 전 생애에 대해 알려주었다. 이 모든 것을 고려해 우리는 100% 재활용지로 만든 갈색 봉투가 최고의 대안이라고 결론 내렸다.

나는 새로운 봉투를 제작하기 위해 당시 거래하던 공급업체들을 찾아갔다. 하지만 놀랍게도 모두가 그런 봉투를 만들 수 없다고 대답했다. 그들은 비용, 이용 가능성, 성능, 품질 등에 미치는 부정적인 영향을 변명이랍시고 구구절절 늘어놓았다. 결국, 한 번도 거래한 적 없던 외부 업체, 스톤 컨테이너Stone Container를 찾아갔고 그들은 혁신적인 재활용 봉투를 멋지게 만들어냈다. 그러자 갑자기 기존 업체들도 같은 제품을 만들 수 있다고 앞다투어 말했다.

나는 맥도날드에서 여러 분야의 지속 가능성 프로젝트를 진행하며 이와 같은 현상을 계속해서 목격했다. 공급업체들은 변화를 거부하는 경향이 있다. 그들은 현재의 운영 방식에 지장을 받고 싶어 하지 않았다. 누가 그들을 비난할 수 있겠는가? 나는 지난 수년 동안 맥도날드 공급 업체의 연구 개발 책임자들을 십수 명 만나봤다. 그들의 업무와 역할을 생각하면 새롭고 혁신적인 포장 용기를 개발하는 수많은 아인슈타인이 상상됐지만 실제로 만난 연구자들 대부분은 기존 공정의 연장선에서 개선을 추구할 뿐이었다.

혁신을 장려하는 것은 쉬운 일이 아니다. 그럼에도 EDF 같은 NGO 와 일하는 과정에서 수많은 혁신이 탄생했다. 우리가 인터내셔널 페이퍼International Paper나 조지아 퍼시픽Georgia Pacific 같은 거래업체에 방문하면 그곳 직원들은 큰 관심을 보였다. 그들은 우리가 친환경적인 포장 용기를 원한다는 사실을 알았다. 아마 맥도날드 혼자서 그런 변화를 요구했다면 쉽지 않았을 것이다. 하지만 맥도날드와 EDF가 함께 변화를 요청하자 모든 것이 한결 효과적으로 진행되었다. 두 조직의 협력은 강력한 효과를 낳았다.

프린스는 "공급업체를 찾아가 그들과 이야기 나누는 경험은 정말 재미있었어요. 공급자마다 개방성의 정도가 각기 다양했죠."라고 당시 경험에 대해 말하며 "어떤 업체는 우리가 그곳에 찾아가는 것을 싫어했어요. 하지만 호기심을 갖고 열린 마음으로 우리를 받아들이고 더 많은 것을 주고 싶어 하는 업체도 있었죠. 업체를 찾아갈 때의 맥도날드팀을 보면 마치 10대 남자아이가 친구들에게 여자친구를 소개해주는 모습 같았어요. 맥도날드팀이 우리를 공급업체에 데려가서 '맥도날드가 어떠한 변화를 꾀할 수 있을지, 혹은 쓰레기 관리와 관련해 무엇을 할 수 있을지 생각하는 데 EDF가 돕고 있다'고 말하는 것을 보며 그들이 진지하다는 것을 알 수 있었죠."라고 덧붙였다.

그러나 맥도날드와 EDF 합작팀이 쓰레기를 줄이는 다양한 방법을 찾기 위해 협력한 지 3개월 정도 지난 1990년 핼러윈 당시, 우리는 PSF

와 관련된 맥도날드의 결정으로 벼랑 끝에 몰린 상태가 됐다. 로버트가 곧 전국적인 PSF 재활용 프로그램을 발표할 예정이었기 때문이다.

어떻게 해야 할까?

야스트로는 하루빨리 PSF 용기를 포기해야 한다고 생각했다. 그는 훗날 〈롤링 스톤지〉를 통해 "PSF 용기는 모두가 예의주시하고 있는 상징이었습니다. PSF를 제거하는 것이 발톱에서 40개의 가시를 뽑아내는 것과 같을 것이라 생각했습니다."라고 말했다. 그렇기에 야스트로는 PSF와 관련해 새로운 돌파구를 마련하는 데 자신의 기량을 발휘하고자 했다. PSF를 둘러싼 상황도 새로운 선택을 할 수밖에 없도록 변하고 있었다.

그동안 PSF를 둘러싼 논쟁 대부분은 쓰레기에 관한 것이었다. 하지만 이제 PSF에 반대하는 새로운 논쟁이 수면 위로 떠오르고 있었다. 말 그대로 독성이 두각을 나타내기 시작한 것이다. 외부 비평가들은 이제 PSF가 어떻게 발암성 물질인 스티렌으로 만들어지는지를 논했다.

야스트로는 EDF의 독성 화학물질 담당 부사장, 엘렌 실버겔드를 찾아갔다. 실버겔드는 맥도날드와 EDF 합작팀에 합류하지는 않았지만, 재활용 선언에 대한 논의를 위해 진행된 맥도날드 임원과의 화상회의에 참여한 적이 있었다. 그는 "PSF 제품을 수거해 재활용하는 프로그램을 전국적으로 시작하려는 맥도날드의 노력을 인정했죠. 하지만 독성학자로서 제 경험에 비추어볼 때 PSF를 스티렌으로 재가공한 뒤 다른 것으로 만드는 것은 좋은 생각이 아니었죠. 그들에게 진짜 문제는 스티렌이라고 말했어요."라고 밝혔다. 실버겔드는 환경보호청EPA과 세계보건기구가 어떻게 스티렌을 발암물질로 규정했는지도 이야기했다. 덧붙여 "제가 말하는 위험을 누군가 심각하게 받아들일 거라는 기대는 낮았어요. 물론 모두가 제 말을 진지하게 받아들이고 있다는 인상을 받기는 했죠. 맥도날드 경영진과의 토론이 합리적이고 진솔했으며, 화학 분야의 기업과 회의를 할 때처럼 적대적이지도 않았어요. 그렇지만 무언가 바뀌거나 변화가 일어나는 건 어렵다는 사실을 알고 있었죠. 그런데 얼마 후 맥도날드가 PSF를 서서히 줄여나가겠다고 결정한 거예요. 엄청난 성과였죠."라고 전했다.[13]

사실 그 회의는 렌시에게 최후의 결정타나 다름없었다. 렌시는 "다른 문제가 두각을 나타내는 순간(스티렌이 암을 유발한다는 주장) 이대로 내버려 두면 안 되겠다고 결심했죠. 쓰레기 매립지 문제와 아이들이 빅맥을 먹고 암에 걸리는 것은 별개의 문제였기 때문이에요."라고 말했다. 순수하게 판매를 바탕으로 내리는 결정이었다면 렌시는 더 오래 버텼을 것이다. "사실 고객들은 생각보다 PSF 사안에 신경 쓰지 않았습니다. 빅맥이나 쿼터파운더의 판매량은 아무런 변화가 없었죠. 우리가 경제적인 이유로 변화를 추구한 것은 아니었습니다."라고 밝혔다.

맥도날드의 시장 분석가들은 PSF

13
엘렌 실버겔드와의 개인적인 인터뷰, 2016년 10월 20일.

논란이 당장의 판매에 직접적인 영향이 없을 거라고 결론 내렸다. 고객은 논란과 상관없이 맥도날드 매장을 찾았다. 하지만 브랜드와 명성 역시 큰 가치를 지녔고 이는 장기적인 판매에 영향을 미칠 수도 있었다. 수익과 명성 간의 경계는 모호했다. 렌시는 "여론이 좋지 않았다." 고 인정했다. 그는 스티렌이 암을 유발한다는 소동을 납득하지는 않았지만 결국 포장 용기 교체에 동의하며 "스티렌과 관련된 소동이 결국 우리를 조금씩 갉아먹을 것이 분명했기에 햄버거 용기를 골판지 상자로 바꾸었죠."라고 말했다.

맥도날드는 1990년 11월 1일, PSF 포장 용기를 단계적으로 철수하겠다는 결정을 발표했다. 기자회견에서 렌시는 "일부 연구에 따르면 PSF 용기는 친환경 제품입니다. 하지만 고객이 별로 좋아하지 않기 때문에 우리는 바꾸기로 했습니다."[14]라고 말했다.

다양한 분야와 산업 지도자들은 오늘날 이 같은 환경 과학 문제로 골머리를 앓고 있다. 환경 과학은 흑백의 반박 불가능한 결론이라기보다 오히려 회색의 애매한 예술에 가깝다. 과학적 결과는 보통 다양한 방식으로 해석되거나 결론에 이르지 못한다.

나는 종종 기업 지도자들이 사실이나 수치, 자료, 논리를 비롯한 온갖 자연 과학에 지나치게 집착하는 것을 목격한다. 반대로 정서적, 지각적 측면에 관심을 두지 않으며 사회 과학을 경시하곤 한다. 이 문제에 대해 야스트

14
M. 패리시, "맥도날드, 폼 포장 용기의 사용을 중단하다", 〈로스앤젤레스 타임스〉, 1990년 11월 2일. http://articles.latimes.com/1990-11-02/news/mn-3787_1_foam-packages.

로는 "사람들은 가슴으로 생각하지 머리로 생각하지 않는다는 것이 핵심입니다."라고 말했다. 기업들은 보통 공격적인 캠페인에 논리적으로 대처한다. 머리를 써서 상당히 이성적으로 문제를 해결하려 한다. 모든 의사소통은 변호사의 손을 거친다. 사안은 더욱 가다듬어지고 인간적인 감정은 제거된다. 하지만 그들의 반대편에서는 감정과 스토리텔링에 의존한다. 이 대결에서 감정의 승리는 뻔한 결과다.

PSF 산업은 맥도날드의 결정에 즉각 대응했다. 정유 기업의 자회사이자 맥도날드에 PSF 포장 용기를 납품하는 공급업체 아모코 폼 프로덕츠 컴퍼니의 회장, 존 지로는 "패스트푸드 생활양식과 관련 기업을 향한 환경적 공격이다. PSF와는 아무런 상관이 없다."[15]라고 말했다. PSF 산업은 문제의 핵심을 이해하지 못한 채 머리로만 대응한 셈이다.

이와 달리 사실적 결과보다 감정싸움이 맥도날드의 운명을 좌우하게 될 거라고 렌시를 설득하며 야스트로가 취한 전략은 효과적이었다. 마음에 다가가는 전략이었다. 결과적으로 맥도날드는 환경 단체로부터 높은 평가를 받았다. 나는 얼마의 시간이 지난 후 렌시에게 그것이 옳은 결정이었는지 물었다. 그는 "이런 방식의 PR 전쟁에서는 이길 수 없다네. 이길 수가 없지."라며, 옳은 결정이었다고 말했다.

그러나 나는 'PR'이라는 단어가 소비심리에 숨겨진 진짜 의미를 적절

15
J. 호루샤, "포장 용기와 대외적 이미지: 맥도날드, 어려운 길을 가다", 〈뉴욕타임스〉, 1990년 11월 2일, http://www.nytimes.com/1990/11/02/business/packaging-and-public-image-mcdonald-s-fills-a-big-order.html?pagewanted=all.

하게 포현하지 못한다고 생각했다. 이 사안을 단순히 PR 문제로 본다면, PR보다 훨씬 높은 차원에서 직관적인 믿음을 품고 있는 소비자의 감정을 모독하게 된다. 이 직관적인 믿음을 우리는 가치나 윤리라 부를 수 있을 것이다. 기업들은 소비자가 생각하는 가치의 힘을 과소평가하지만, NGO 운동가들은 그들의 합당한 우려에 귀 기울이는 법을 안다.

전국적인 재활용 프로그램이 좌절되자 로버트는 실망감을 감출 수 없었다. 그는 "전국적인, 결국에는 전 세계적인 재활용 운동을 꾀하기 위한 시도에 앞장서려고 했습니다. 우리가 리더가 될 수 있다고 생각했어요."라고 말했다. 하지만 그는 현실주의자였다. PSF 용기를 포기한 덕분에 '맥도날드가 폭풍의 중심에서 벗어났음'을 알았다.

오늘날 이 같은 문제에 직면한 기업들에게 맥도날드의 사례는 어떤 의미일까? 우리는 모든 캠페인에 굴복해야 할까? 물론 아니다. 운동가와의 전쟁에서 승리하는 유일한 방법은 수비가 아니라 공격이다. 위기가 닥칠 때까지 기다리면 너무 늦다. PSF 용기를 재활용하는 대신 아예 사용하지 않겠다는 맥도날드의 결정은 옳은 일이었을까? 당시에 나는 그렇다고 확신했다. PSF 용기는 벤젠이나 스티렌 등 재사용이 불가능한 자원으로 만든 과대 포장이었다. 땅이나 수로에 영원히 쓰레기로 남을 수 있었고 많은 고객이 그 용기를 싫어했다. 우리는 고객이 선호하는 대안을 선택한 것이다. 하지만 로버트와 논의하고 난 뒤 고민이 생겼다. 오늘날에도 플라스틱은 재활용이 제대로 이루어지지 않고 있다. 대부분의 플라스틱은 재활용률이 낮은 편이다. 그렇다면 난제에도 불구하고 맥도날드가 플라스틱 재활용에 앞장설 필요가 있다는 로버트의 주장이 옳았던 것이 아닐까?

일부 연구 결과에 따르면 종이 포장이 PSF보다 제조 과정에서 더 많은 오염원을 방출하며, 밀폐된 매립지에서 썩지 않는 것도 동일하다고 한다. 결국, 과학적으로는 종이나 PSF 둘 중 어느 것이 낫다고 확신할 수 없다. 기업은 자사가 믿는 바를 고수하기 위해 얼마나 오래 싸워야 할까? 만약 고객이 틀렸다면? 고객이 늘 옳다는 기업 문화에서 고객의 뜻에 반하는 것이 가능 할까?

대부분의 복잡하고 다차원적인 사안이 그렇듯, 과학적 사실은 다양한 해석이 가능하다. 그중에 어디에 어떠한 가치를 부여하느냐에 따라 많은 것이 달라진다. 재활용이 불가능한 자원의 사용을 멈춰야 한다는 것에 높은 가치를 부여한다면 PSF에 반대할 것이다. 하지만 전반적인 효율성에 높은 가치를 부여하면 PSF 사용에 찬성할 것이다. 제작하고 운송하고 처분하는 데 재료가 덜 드는 PSF는 종이보다 훨씬 가볍다.

결국 문제되는 사안이 사업에 얼마나 중요한지가 결정을 좌우한다. 우리는 일회용 용기를 사용하는 것이 중요했지 반드시 PSF 용기에 빅맥을 담을 필요는 없었다. 따라서 PSF를 종이라는 대체재로 바꿈으로써 일회용 용기 사용이라는 비즈니스 형태를 유지했다. 서비스 속도나 햄버거 온도가 하강했으며 겉모습이 바뀌었지만, 고객들은 변화를 거의 눈치채지 못했다. 이렇게 사업에 미치는 영향이 거의 없는 무언가를 두고 논쟁을 벌일 필요가 있을까?

이 경험을 바탕으로 타당하고 옳은 의사 결정을 내리는 데 도움이 되는 나만의 공식을 만들었다. 흑백논리처럼 명확하지는 않지만, 대략적인 지침이 되리라 본다.

노력 = 사업에 미치는 영향 × 사회에 미치는 영향 × 변화를 이루는 우리의 역량

이 공식을 시험대에 오르게 한 다른 내용들도 살펴볼 것이다.

평범한 해결책은 그만

맥도날드와 EDF 합동팀은 1991년 4월 보고서를 발표했다. 160페이지에 달하는 '쓰레기 경감 활동 플랜'[16]에는 환경의 3R(줄이기, 재사용하기, 재활용하기)을 실행할 42개의 프로그램이 구체적으로 소개됐다. 공급업체가 매장으로 배송할 때 얇은 용기를 사용하도록 하고(줄이기), 재사용 가능한 운송 용기를 쓰며(재사용하기), 쓰레기를 분리하고 재활용하는(재활용하기) 등 광범위한 노력을 담았다. 종이에 표백제 사용을 피하는 방법, 맥도날드 직원들의 재활용 쓰레기 분리를 돕는 방법, 연료를 줄이기 위해 운송 경로를 바꾸는 방법 등을 찾았으며 그밖에 다음과 같은 변화를 시행했다.

16
E. N. 버그, "맥도날드, 쓰레기를 줄이기로 계획하다", 〈뉴욕 타임스〉, 1991년 4월 17일, http://www.nytimes.com/1991/04/17/ business/mcdonald-s-planning-to-reduce- its-garbage.html.

◆ **1인치의 힘** _ 종이 냅킨의 두께를 1인치 줄였다. 이로 인해 연간 종이 사용량을 300만 파운드 절약했다.

◆ **흰색이 늘 옳은 것은 아니다** _ 이면지나 신문을 재활용해 만든 냅킨을 사용하기 시작했다. 흰색이 밝고 깨끗하며 안전하다는 마케팅 규범에서 벗어나 어두운 점이 찍힌 냅킨을 받아들여야 했다. 쟁반 깔개도 마찬가지였다.

◆ **패스트푸드 쓰레기의 퇴비화** _ 맥도날드의 쓰레기를 수거해 유기물을 퇴비화하는 테스트를 했다. 맥도날드 쓰레기는(그때나 지금이나) 90%가 유기체에서 나온다. 나머지 10%는 컵, 소스 용기 같은 플라스틱이다. 나는 몇 주 동안 산더미처럼 쌓인 맥도날드 쓰레기가 퇴비화 시설에 줄지어 던져지는 광경에 입을 다물지 못했다. 프렌치프라이 용기, 랩, 음식 찌꺼기가 토양 개량제로 분해되며 며칠 내내 증기가 뿜어져 나왔다.
지금은 매장 내 쓰레기의 퇴비화가 시행되지 않지만 나는 이 방법이 효과적이라고 믿는다. 기술이 발전하고 쓰레기 매립비가 증가함에 따라 요식 산업은 머지않아 퇴비화를 적극적으로 시행하게 될 것이다.

우리는 후세대를 위해 맥도날드가 수행해야 하는 역할을 기술한 정책도 수립했다.

◆ 고형 폐기물의 효과적인 관리

◆ 천연자원의 보존 및 보호

◆ 환경적 가치 및 관행 장려

◆ 책임 절차 확보

이런 결과에도 불구하고 잘 휘어지는 종이상자를 프렌치프라이의 새로운 용기로 대체하지 못한 것은 후회가 되는 지점이다. 종이 사용량을 자그마치 80%나 줄일 수 있는 방법이었지만 마케팅 임원을 설득하지 못했다. 모두가 맥도날드의 프렌치프라이를 좋아했다. 프렌치프라이는 맥도날드의 일인자였다. 프렌치프라이가 담긴 맥도날드의 붉은 상자는 특유의 상징성이 있었다. 마케팅팀은 "잘되고 있는 것을 괜히 망치지 말자."고 했다. 고객을 상대로 철저히 실험했음에도(고객 대부분은 포장 용기의 변화를 눈치채지 못했다) 새로운 종이 용기를 전 세계적인 기준으로 만들지 못했다.

맥도날드와 EDF의 제휴는 'EDF 파급 효과'가 가지는 영향에 대해 많은 것을 알려준 경험이었으며, 향후 EDF 프로그램을 위한 토대가 되었다. 재키 프린스는 "맥도날드팀은 햄버거에 토마토를 추가하려면 3개월 전에는 토마토 공급업체에 공지해야 한다는 사실을 알려주었습니다. 우리의 눈을 뜨게 해준 놀라운 경험이었죠. 우리는 그제야 이 산업의 규모를 실감했습니다."라고 회상했다. 제휴가 시작될 때만 해도 이 일이 단순히 하나의 기업에 국한된 것이라고 생각했던 프린스는 "우리는 맥도날드 같은 기업이 수많은 다른 산업과 공급업체에 미치는 영향에 대해 아무것도 몰랐죠."라며 다른 사실을 깨달았다고 밝혔다.

쓰레기 경감 활동 플랜은 식품 산업 전체를 위한 새로운 포장 용기 및 쓰레기 관리 기준으로 거듭났다. 갈색 봉투와 회색빛이 도는 작은 냅킨을 사용하고, 재활용품을 포장 용기로 활용하며, 사용하고 난 기름과 골판지 상자를 재활용하는 관행은 대부분의 요식 산업으로 퍼져나갔다. 수십 년이 지난 뒤 이 프로젝트팀을 돌아본 크럽은 평소의 신중하고 절제된 모습과는 달리 격앙된 목소리로 열정을 담아 "저는 과장하는 것을 별로 좋아하지 않지만, 지금은 그래야 할 것 같네요. EDF와 맥도날드의 제휴가 얼마나 큰 의미를 가지며, 환경주의가 중요한 미래에 얼만큼의 영향을 미칠지 상상조차 할 수 없습니다."라고 제휴를 통해 이룩한 바를 설명했다. 그는 맥도날드에 공을 돌리며 "맥도날드가 EDF의 노력에 마음을 연 덕분에 우리는 기업과 NGO가 협력할 경우 사업과 환경 모두 번성할 수 있다는 사실을 최초로 입증할 수 있었습니다."라고 덧붙였다.

크럽은 지속 가능성을 주류에 편입시키는 길에 앞장섰다. 그는 열정적인 환경주의를 추구할 필요는 없다고 생각했다. "맥도날드의 활동은 평범한 미국인들에게 이 같은 사안으로 전쟁을 할 필요가 없다는 생각을 심어주었습니다. 제가 찰리 파커에게서 배운 교훈과도 같았죠. 목소리를 낮추고 협력하면 해결 가능한 문제였습니다."라며 "이 협력은 한 줄기 희망이었으며 가능성과 잠재력, 이전에는 존재조차 하지 않았던 길의 긍정적인 측면을 보여주었습니다."라고 결론 내렸다.

크럽과 EDF는 퓨자선기금PEW(Pew Charitable Trusts)과 함께 환경혁신 동맹Alliance for Environmental Innovation을 조성했다. 이 동맹을 바탕으로 EDF는 오늘날 다양한 기업과 제휴를 맺었다. 크럽은 "맥도날드가 앞장서지 않았으면 우리는 페덱스, KKR, 월마트를 비롯한 다른 기

업들과 제휴를 맺을 수 없었을 것입니다."라고 말했다. EDF와의 제휴
는 기업 환경에 큰 변화를 가져오는 방법에 관한 MBA 사례연구나 마
찬가지였다. 나는 이런 종류의 일을 더 많이 하고 싶었다.

1991년 11월 29일, PSF를 둘러싼 결정이 내려진 지 거의 1년 만에
야스트로는 나를 환경 업무 담당자로 임명했다. 그는 또 다른 대담한
과제를 내 앞에 던졌다. 다음 장에서 살펴볼 동물 복지 문제였다.

후기 : 3억 파운드를 줄이다

1990년대 내내, 맥도날드-EDF의 쓰레기 경감 계획은 42개의 프로그
램에서 100개가 넘는 프로그램으로 확장되었다. 맥도날드 내에서도, 대
중들 사이에서도 친환경적인 노력에는 돈이 든다는 인식이 팽배했다.
하지만 우리는 이 노력에 단 한 푼도 쓰지 않았다. 그저 더 많은 시간을
쓰고 더 많은 주의를 기울였을 뿐이다. 우리는 3R을 시행하면 재료와
자원을 줄일 수 있을 뿐 아니라 돈도 절약할 수 있다는 사실을 알게 되
었다. 이렇게 절약한 돈 덕분에 재활용 시장 경제가 요동칠 때 재활용
품에 더 많은 돈을 쓸 수 있었다.

맥도날드가 1990년대에 공표한[17]
환경 관련 발전 사항의 대표적인 사례
는 다음과 같다.

17
EDF, "맥도날드와 환경 보존 기금, 10년 째 제휴
중", https://www.edf.org/news/mcdonalds-
environmental-defense-fund-mark-10th-
anniversary-landmark-alliance.

◆ 포장 용기를 15만 톤이나 줄였다. 빨대, 냅킨, 햄버거 용기, 컵, 프렌치프라이 용기를 비롯한 수많은 아이템에 사용되는 재료의 양을 줄이거나 아예 다시 디자인했다.

◆ 맥도날드 매장 건설이나 운영에 사용할 재활용품을 30억 달러 이상 구매했다. 여기에는 건설용 블록, 보조 의자, 탁자, 쟁반, 지붕 타일, 가방을 비롯해 재활용 유리, 고무, 플라스틱, 종이로 만든 기타 고품질의 제품이 포함되었다.

◆ 백만 톤이 넘는 판지를 재활용했다. 판지는 미국 내 12,500개의 맥도날드 매장에 제품을 배송하는 데 사용되는 가장 보편적인 물건으로, 이를 재활용한 결과 매장 내 쓰레기가 30% 감소했다.

**역경 끝에
얻은 너겟
Hard
Knock
Nuggets**

파트너십을 구축하는 법

EDF와의 제휴를 통해 얻은 자신감을 바탕으로 맥도날드는 다양한 사안에 긍정적인 영향을 미치는 파트너십을 25개 넘게 체결했다. 까다로운 문제와 관련해 전세를 뒤엎는 방안을 논의하는 회의에서 사람들은 "EDF 같은 파트너십을 어떻게 체결할 수 있을까?"라고 묻곤 한다. 파트너십을 체결할 때에는 다음과 같은 핵심 질문과 사안을 고려해야 한다.

➡ 고위 경영진의 지원이 있는가?
　의사결정권자의 지지를 받는 것은 중요하다.

➡ 최고의 직원으로 팀을 구성했는가?
　팀 구성원을 홍보 담당 직원으로 국한해서는 안 된다.

➡ 서두르지 마라. 여러분의 기업은 위기에 처해 있을 수 있다.
　이해관계자의 말에 귀 기울이고 그들을 이해하고 살펴보고 공감하기 위해서는 충분한 시간이 필요하다(맥도날드-EDF 프로젝트는 6개월에 걸쳐 진행되었다).

➡ 신뢰할 수 있는 NGO 파트너를 선택해라.
　NGO를 기업의 가장 친한 친구로 만든다.

➜ **확실하고 SMART한 목표를 지니고 있는가?**
Specific(구체적이고), Measurable(측정할 수 있고), Achievable(달성할 수 있고),
Relevant(관련 있고), Time-bound(시간 한정적인) 목표를 세워야 한다.

➜ **프로젝트의 한계를 구체적으로 기술해라.**

➜ **해결책을 찾기 위해 공급업체와 협력하며 그들을 적극 참여시켜라.**

➜ **파트너에게 마음을 열고 자사의 정보를 마음껏 이용하도록 한다.**
다른 수많은 이해관계자에게 투명성을 제공하기 위한 발판이 될 것이다.

파트너 선정 방법

➜ **어수룩한 파트너는 피한다.**
기업에 문제를 제기하는 파트너를 선택한다.

➜ **파트너를 1에서 10으로 평가한다.**
기업 친화적인 파트너는 1, 상당히 급진적인 파트너는 10이다.

➜ **5에서 7 사이의 파트너 중 다음과 같은 파트너를 선택한다.**
신뢰할 만한 독립적인 파트너, 시장의 힘과 사업에 관해 지식이 풍부한 협력적인
파트너, 독단적이지 않으며 현실적인 파트너를 찾는다.

➜ **1에서 4 범위의 파트너는 선택하지 않는다.**
지나치게 '기업 친화적'이기 때문이다.

➜ **8에서 10 범위에 해당하는 파트너도 선택하지 않는다.**
기업을 산산조각 내고 싶어 하는 이들과 협력하는 꼴이다.

➜ **완벽한 통제를 기대하지 않는다.**
사람들이 우리가 달성한 결과를 신뢰하도록 하는 것이 중요하다.

PART 2

The Battle for Farm Animals

농장에 사는 동물을 위한 투쟁

How Animal Welfare Is Transformed

동물 복지가 바뀌는 모습

맥도날드의 동물성 식재료 공급망에 변화를 준 템플 그랜딘 박사.

우리에서 죽어가는 돼지

1997년 가을, 나는 처음으로 도축장을 방문했다. 동물 복지 프로그램에 착수하기 앞서 동물 과학 분야에서 유명한 템플 그랜딘 박사와 함께 돼지 사육장을 찾은 것이다. 관리인은 '헛간'이라 부르는 곳으로 우리를 안내했다. 헛간은 철근과 콘크리트로 만든 축구 경기장만한 시설이었다. 그 안에서는 수천 마리의 돼지가 수많은 우리에 갇혀 사육되고 있었다. 나는 '동물 공장'이라는 용어를 별로 좋아하지 않는다. 현대 농업을 비판하는 사람들이 대형 시설의 어두운 이면을 묘사하기 위해 사용하는 경멸적인 용어라 생각하기 때문이다. 하지만 그날 내가 있었던 곳은 진짜 동물 공장이었다.

헛간에 들어간 지 한 시간쯤 지났을 무렵 지게차 운전사가 통로에 누워 죽어가는 돼지를 밟고 지나가는 장면을 목격했다. 어떻게 그렇게 태연히 돼지 다리를 밟고 지나갈 수 있단 말인가? 그는 돼지를 생명체가 아닌 하나의 장치, 생산의 일부로만 보았던 것일까?

죽어가는 동물을 보는 그랜딘의 눈은 혐오감으로 번뜩였다. 그녀는 마치 가족을 대하듯 재빨리 돼지에게 다가가 그 옆에 무릎을 꿇었다. 그리고는 감독관에게 돼지를 잘 돌봐달라고 힘을 주어 요청했다. 그때 난 여태 만난 리더 중 가장 고무적인 지도자를 만났다는 생각이 들었다. 바닥에 앉아 동물과 하나가 된 그랜딘. 동물을 향한 그녀의 공공연한 사랑과 열정을 목격하고 난 뒤 나는 무언가 특별한 일이 펼쳐지리라 예감했다.

최악의 PR 문제가 변화를 가져오다

내가 그랜딘과 함께한 이유는 셸비 야스트로가 나에게 또 다른 업무를 지시했기 때문이다. 바로 고기 공급업체가 시행할 동물 복지 프로그램을 개발하는 것. 야스트로가 새로운 업무를 맡겼을 때 나는 맥도날드의 환경 업무 부서장으로 포장, 재활용, 에너지 관리에 집중된 업무를 담당하고 있었다.

1장에서 살펴본 것처럼 야스트로는 맥도날드를 환경에 해를 끼치는 악당에서 영웅으로 탈바꿈시켰다. 그는 맥도날드의 환경 프로그램과 명성을 만회하는 데 앞장섰으며 고위 경영진의 신뢰를 한 몸에 받았다. 하지만 1990년대가 되면서 또 다른 사회 문제가 발생했다. 동물 복지였다. 시발점은 세간의 이목을 받은, '맥라이벨McLibel'이라는 길고도 복잡한 소송이었다.

1990년, 맥도날드는 런던 그린피스(국제 환경 단체 그린피스와는 관련이 없다) 캠페인 활동가 두 명을 고소했다. 영양, 쓰레기, 인권, 열대우림, 재활용, 동물 복지와 관련된 맥도날드의 온갖 부당한 행위를 비판하는 내용의 전단을 배포한 이들이었다. 맥도날드 영국 부서장은 런던 그린피스가 맥도날드를 비방하는 것을 막고자 이같은 결정을 내렸다. 그러나 이 결정이 오히려 두 사람에게 공개적인 플랫폼을 제공하는 결과를 낳았다. 1995년, 영국에서 시작된 맥라이벨 재판은 최악의 리얼리티쇼와도 같았다. 재판 과정에서 맥도날드의 온갖 치부가 드러났는데, 닭과 돼지를 철창 우리에 마구 쑤셔 넣는 공급업체의 동물 복지 관행도 그중 하나였다.

영국 전역에 수백만 개의 전단을 뿌린 두 운동가, 헬렌 스틸과 데이브 모리스는 인터넷을 이용하는 데 능숙했다. 맥스포트라이트 MacSpotlight라는 웹사이트를 만들어 '맥도날드는 무엇이 문제인가'에 관한 자신들의 생각을 널리 전파했다. 도입부는 맥도날드에 반대하는 다음과 같은 예리한 진술로 시작한다.

맥도날드는 매년 전 세계적인 홍보에 20억 달러가 넘는 돈을 쓴다. 즐거운 음식을 제공하는 친환경 기업이라는 이미지를 생산하기 위해서다. 아이들은 장난감을 비롯한 기타 홍보 수단에 혹해 부모를 끌고 맥도날드로 향한다. 하지만 로널드 맥도날드의 웃는 얼굴 뒤에 놓인 현실은 이렇다. 맥도날드는 돈에만 관심이 있으며 모든 다국적 기업이 그렇듯 누구에게서든 무엇으로든 수익을 취하려 한다. 맥도날드의 연간 판매액은 현재 400억 달러에 달한다. 이 기업이 전 세계로 계속해서 팽창해가면서 획일성은 높아지고 선택권은 줄어들며 현지 지역사회는 피해를 보고 있다.

오늘날 실시간 정보 공유는 보편적인 현상이다. 하지만 1990년대에는 그렇지 않았다. 맥스포트라이트는 이제 막 등장한 인터넷이라는 새로운 수단으로 전 세계에 정보를 제공했다. 지금은 상상하기 힘들겠지만 불과 몇십 년 전만 해도 인터넷도, 구글도, 페이스북도, 트위터도, 스마트폰도 없었다. 그런 상황에서 맥도날드는 맥스포트라이트의 방식에 대처할 만큼 민첩하지 못했고, 문화적으로도 준비가 되어 있지 않았다. 물론 당시 맥도날드가 인터넷으로 의사소통을 할 수 있었다 하더라도 대대적인 온라인 캠페인의 재앙에서 빠져나오는 방법을 찾을 수 있었을지는 잘 모르겠다.

많은 이들은 유명하지 않은, 두 명의 런던 그린피스 캠페인 활동가를 고소하겠다는 맥도날드 영국의 결정을 '최악의 PR 재앙'으로 보았다.[18] 재판은 맥도날드의 수치였다. 나오미 클레인은 《노 로고No Logo》에서 이 같은 상황을 요약했다.

스틸과 모리스는 재판이 진행되는 동안, 영양 및 환경 전문가의 연구

[18] 가디언 직원, "맥도날드가 거둔 두 번의 승소는 부분적인 승리다", 〈가디언〉, 1999년 3월 31일.

를 활용하며 전단에 실린 주장을 일목요연하게 기술했다. 180명의 증인이 법정에 섰고 식중독, 야근 수당 미지급, 거짓 재활용, 런던 그린피스 직원 틈에 기업 스파이를 잠입시킨 것에 관한 진술이 이어지는 동안 맥도날드는 수치스러운 순간을 여러 번 경험했다. '영양가 있는 식사'를 제공한다는 맥도날드의 주장에 의문을 제기하자 데이비드 그린 마케팅 부사장은 코카-콜라가 '물을 제공하는 균형 잡힌 식사의 일부라 생각하기 때문에' 영양가가 풍부하다는 당혹스러운 의견을 냈다. 맥도날드 임원 에드 오클리 역시 맥도날드의 쓰레기로 매립지를 채우는 것은 모두에게 득이 된다며 그렇지 않으면 미국 전역에 텅 빈 자갈 채취장이 넘쳐날 것이라는 이해 불가능한 설명을 했다.[19]

영국 역사상 가장 길고 비싼 민사 소송은 1997년 중반 드디어 막을 내렸다. 최종 판결은 맥도날드에 유리했지만 법원은 영계, 층층이 쌓인 닭장, 암퇘지 학대와 관련해 맥도날드에 '과실이 있다'고 결론 내렸다.[20] 엄밀히 말해 맥도날드는 승소했지만, PR 전쟁에서는 지고 말았다. '과실이 있다'는 판결을 들은 야스트로는 동물 복지에 관해 가시적인 조치를 해야 할 때라고

19
나오미 클레인, 《노 로고(No Logo)》에서, "아치: 선택을 위한 싸움", 1999년, http://www.mcspotlight/org/media/books/mclibel)excerpt.html.

20
파트리시아 웨 데이비스, "맥도날드에 관한 판사의 진술: 맥도날드는 동물과 아이들, 그들의 이력을 이용한다", 〈UK 인디펜던트〉, 1999년 6월 19일.

생각했다. 구겨진 셔츠를 걸치고 다니는 기민한 동물 운동가와 그가 오랫동안 주고받은 서신이 해결책을 낳았다.

구겨진 셔츠를 입은 운동가, 유명 변호사, 자폐 동물 과학자, 유축농업의 역사를 바꾸다

맥라이벨 사건으로 맥도날드의 방대한 공급 시스템 내에서 자행되고 있는 동물 학대가 세간의 이목이 끌었다. 하지만 맥라이벨뿐이었다면 맥도날드는 동물 복지를 위해 적극적으로 나서지 않았을 것이다.

1990년대 EDF와의 제휴로 맥도날드가 환경 보호에 앞장서는 기업으로 인정받던 당시, 농장에서 사는 동물의 권리와 처우에 관한 새로운 전쟁이 일어나고 있었다. 이 전쟁을 이끈 인물은 국제 동물 권리 협회ISAR(International Society for Animal Rights)의 수장인 헨리 스피라였다. 1980년대, 동물 실험을 거치지 않는 화장품 개발을 위해 미국 화장품 회사 레블론과 성공적인 제휴를 맺은 스피라는 다음 타깃으로 맥도날드를 눈여겨보기 시작했다.

스피라의 지원자이자 협력자는 피터 싱어였다. 동물 권리의 철학과 원칙을 기술한 최초의 서적,《동물 해방》의 저자인 싱어는 스피라의 전략을 잘 알고 있었다. 그는 "스피라의 정책은 기업과 협력해 긍정적인 측면을 이야기하는 것이었습니다. 윈-윈 상황을 좋아했죠. 이는 홍보 차원에서도 긍정적인 영향을 줄 수 있어 맥도날드가 기꺼이 승낙

할 일이었고, 동물과 기업 모두에 이득이 될 것이 분명했습니다.[21]"라고 말했다.

스피라는 1990년대에 여러 번 야스트로를 괴롭혔다. 대부분 서신으로 이루어진 그들의 대화는 수년간 계속됐고 둘 다를 지치게 했다. 1993년에 쓴 편지에서 스피라는 "대화를 시작한 지 4년 반이 지난 지금, 맥도날드에게 인간적인 기준을 시행하고 개선 방안을 촉진하기 위해 명확한 입장을 보이라고 요구하는 것이 지나친 처사인가요?"라고 말했다. 하지만 맥도날드가 의도적으로 관련 조치를 미룬 것은 아니었다. 동물과 관련된 처우는 맥도날드 공급업체의 책임이었다. 맥도날드가 직접적인 거래를 맺고 있지 않은 공급망, 도살장의 문제에 어떻게 개입할 수 있단 말인가?

1993년 편지를 주고받은 뒤 또다시 4년이 지났지만, 맥도날드는 이렇다 할 성과를 내놓지 못했다. 1997년 3월 3일 편지에서 스피라는 "당신은 2월 7일 편지에서 몹시 화난 것처럼 보였습니다. 저에게 떳떳한 승부를 펼치지 않고 있다고 말했죠. 그러나 중요한 것은 맥도날드의 선한 의도가 아닙니다. 문제는 기준이 되는 프로그램의 의도와 현실 간의 극심한 차이입니다."라고 말했다. 야스트로는 이 편지에 보낼 답장을 나에게 보여주었는데, 그의 직설적인 표현에 다소 놀랐다.

1997년 8월, 야스트로는 스피라에게 이렇게 말했다.

피터 싱어와의 개인적인 인터뷰, 2014년 4월 5일.

저는 제가 일구이언했다고 생각하지 않습니다. '질질 끄는' 시나리오를 일부러 계획한 것도 아니고요. 제 의도를 오해할 위험을 각오하고 말하는데, 당신은 이 사안에만 골몰하고 있겠지만 우리에게는 이밖에도 해결해야 할 문제가 수없이 많다는 사실을 명심하기 바랍니다. 이 사안의 중요성을 경시하는 것이 아니라 저에게는 할 일이 아주 많으며 이 사안을 해결하기 위해 다른 책임을 전부 외면할 수 없다는 점을 설명하기 위해 이러한 말씀을 드립니다.

처음에는 놀랐지만 야스트로의 단도직입적이고 솔직한 답변이 좋았다. 그는 현실주의자였으며 신용을 유지하기 위해서는 좋은 소식뿐 아니라 상대편이 듣기 싫은 정보도 공유할 줄 알아야 한다고 믿었다. 동물 복지는 맥도날드 내에서 중요하게 취급되는 사안이 아니었기에 스피라에게 그 사실을 알려야 한다고 생각했다. 야스트로는 스피라의 말에 귀 기울였고 그 사안을 염려했으나 실질적인 조치를 하기란 쉽지 않았다. 맥도날드의 구매력은 생고기를 구매해 햄버거 패티로 바꾸는 업체에 제한되었을 뿐, 동물을 기르고 이송하고 가공하는 시설에 직접적으로 닿지 않았다. 맥도날드는 전 세계 소고기 시장에서 2%의 물량을 소비한다. 요식 업체 중에서는 높은 비율이지만 변화를 강요할 만큼, 특히 모든 공급망에 명령을 내릴 만큼 높지는 않았다.

헨리 스피라와 피터 싱어는 맥도날드에 동물 복지와 관련해 합리적인 방안을 제안하고자 오랫동안 고심했다. 그들은 온갖 난관을 우려했다. 싱어는 "서류상으로는 이런저런 이야기가 많았지만 실제로 변한 것은 아무것도 없어 보였습니다. 우리는 그 점을 염려했어요. 실질적인 변화는 전혀 이루어지지 않은 채 얼렁뚱땅 넘어갈까 봐요."라고 말했다. 싱어는 스피라의 의지가 확고했다고도 했다. 스피라는 레블론이 화장품 산업에서 지도자적인 역할을 하게 만든 것처럼 맥도날드가 식품 산업을 이끌도록 해야 한다고 생각했다. 그리고 '맥도날드가 수많은 동물을 취급하는 공급업체와 거래하기 때문에' 훨씬 큰 파급 효과가 있을 거라고 믿었다.

싱어가 1997년 초 뉴욕에 있는 스피라의 아파트를 방문했을 때 그들은 야스트로가 동물 복지 전문가 템플 그랜딘 박사와 협력하는 방안에 관해 이야기를 나눴다. 작은 아파트에서 탄생한 아이디어가 동물 복지의 역사를 바꾸게 된 셈이다. 싱어는 "스피라는 도살장 회계 감사 때, 야스트로에게 그랜딘 박사와 함께 갈 것을 제안하자고 했어요."라고 말했다. 스피라는 맥도날드가 받아들일만 한 사람을 찾고 있었다. 당장 모든 것을 중단해야 한다고 말하는 채식주의자여서는 안 되었다. 그리고 맥도날드에 쉽게 설득당할 사람이어서도 안 되었다. 그랜딘은 그런 진실성과 강직함을 지닌 적임자였다. 스피라와 싱어는 그랜딘에게 연락을 했다.

1997년 6월, 맥라이벨 판결 결과를 접한 야스트로는 이 사안이 맥도날드에 어떠한 영향을 미칠지 간파했다. 그는 고기 구매를 더는 공급업체에만 맡겨서는 안 된다고 생각했다. 그래서 또 다른 편지를 쓰는 대신 뉴욕에 있는 스피라의 집에서 그를 만나기로 약속했다. 유축농업 내 주요 변화가 시작된 출발점이었다. 야스트로는 이렇게 말했다.

스피라는 우리가 동물 복지 증진에 기여하도록 지난 수년 동안 저를 설득했어요. 한편으로는 신망 높고 적이 없는 인물을 찾고 있었죠. 그리고 저에게 그랜딘에 관해 이야기했습니다. 스피라는 매우 솔직했으며 단도직입적이었어요. 저는 그를 존중했죠.[22]

야스트로는 두 운동가와의 회의에 고무되었다. 드디어 행동할 기회가 온 것이다. 야스트로는 맥도날드 CEO, 마이크 퀸란에게 회사가 동물 복지에 전념해야 하며 그랜딘 박사와 협력해 고기 공급업체를 점검해야 한다고 권고했다. 퀸란은 즉각 승인했다. 야스트로는 그랜딘의 스타일과 솔직함, 창의적인 생각에 금세 매료되었다. '맥도날드 임원과의 회의는 어떨까? 그들에게 무슨 말을 해야 하지?' 같은 질문을 곱씹은 그랜딘 역시 "이 회의는 정말 큰 변화를 가져올 어마어마한 기회가 될 것이다."[23]라고 생각했다.

그랜딘은 "저는 동물 사육과 관련해서 왜 수많은 문제가 발생하는지 설명하기 시작했죠. 아주 안 좋은 시절이었어요. 전국적으로 관련 장비가 형편없었거든요. 많은 사람이 동물을 정말

22
셸비 야스트로와의 개인적인 인터뷰, 2016년 9월 30일.

23
템플 그랜딘과의 개인적인 인터뷰, 2014년 3월 8일.

함부로 다루었죠."라며 동물 처우와 관련된 시급한 문제를 그녀 특유의 스타카토 방식으로 설명했다. 그는 계속해서 1990년대 중반 그녀가 개발한 미국 고기 협회AMI(American Meat Institute, 현재 북미 고기 협회)의 객관적인 채점 시스템을 설명했다.

AMI의 베테랑 지도자이자 홍보 담당 임원인 재닛 릴리는 1991년 AMI에 합류해 동물 복지 위원회를 이끌었다. 당시만 해도 이 사안은 실질적인 문제라기보다는 홍보 사안에 가까웠다. 릴리는 1996년, 고기 공급업체 점검에 관한 그랜딘의 보고서를 인상적으로 읽었다. "그랜딘은 동물 복지를 객관적으로 측정할 수 있다고 말했어요."라고 말하며 그의 주장이 정말 합리적이라고 생각했음을 밝혔다. 그랜딘은 이 객관적인 채점 방법을 AMI의 경영진에게 소개했다. "내부적으로 눈살을 찌푸리는 이들이 많았어요. 누군가는 '당신은 우리가 정말로 기분 나쁜 소의 수를 셀 거라고 생각하나요?'라고 말했고 저는 '네, 그럴 겁니다.'라고 대답했어요."²⁴ 그랜딘과 릴리는 맥도날드와의 첫 미팅이 있기 직전 협력을 시작했다.

그랜딘은 야스트로와 회의하는 동안 자신이 연구 중인 울타리 디자인을 보여주며 변화가 가져올 영향을 설명했다. 야스트로는 그토록 원하던 존경 받고 신뢰할 수 있는 지도자를 드디어 찾은 기분이었다.

그랜딘은 동물 권리 커뮤니티의 사랑을 받으며 동물이 어떻게 생각하고 행동하는지 알지만, 소고기를 좋아하고 즐겨 먹는 사람이었다. 그녀가 육류 산업과 협력해 동물 거주 시설을 설계하는 작업은 목장 주인과 가축업자의 지지를 받고 있었다. 야스트 로는 그랜딘에게 이렇게 말했다.

> 당신은 맥도날드를 도울 수 있어요. 우리는 동물 처우로 비난받고 있어요. 하루에 3천만 명의 고객을(당시는 1997년이었으며, 2018년에는 하루 7천만 명으로 증가했다) 상대하는 기업이라면 그럴 만도 하죠. 나는 우리가 할 수 있는 직접적인 방법이 없다고 말할 수도 있어요. 우리 는 햄버거 패티를 만드는 독립적인 공급업체에서 고기를 사기 때 문이죠. 동물을 직접 취급하는 것은 그들의 거래업체이고요. 하지 만 난 그것으로는 만족하지 않아요. 더욱 구체적인 행동을 취하고 싶습니다.

야스트로는 1990년과 1991년, EDF와 협력해 쓰레기를 성공적으 로 줄였던 성과를 다시 내고 싶었다. 당시 맥도날드는 전문가와 경영진, 포장 용기 공급망 등 기업과 관련된 정보를 EDF에 전부 공개했다. 이 방법은 효과적이었으며, 그의 전략은 1990년대에 3억 파운드의 쓰레기 를 줄이는 데 크게 기여했다. 이 극적인 제휴는 맥도날드 사업에도 큰 도움이 되었다. 맥도날드의 명성이 개선되었을 뿐 아니라(1991년에는 백 악관 선정 환경 우수 업체로 인정받기도 했다) 추가 비용을 들이지 않고도 포장 용기를 바꿀 수 있었다.

EDF의 전략을 반복하기로 한 야스트로는 "개방은 그녀가 실질적인 변화를 일굴 수 있도록 돕는 완벽한 입구라고 생각했죠."라며 그랜딘에게 맥도날드의 모든 정보를 적극적으로 개방하기로 했다. 그랜딘은 세상에서 가장 큰 기업의 영향력을 누리게 될 터였다. 야스트로는 그녀에게 "우리가 어떻게 하고 있는지 말해주세요. 그리고 우리가 해야 하는 일과 잘못하고 있는 일에 대해서도요. 전 세계 어느 곳이든 살펴볼 수 있도록 전권을 제공하겠어요."라고 제안했다. 골든 아치로 향하는 입장권을 부여받은 그랜딘은 흥분했다. 그녀는 동물 행동에 관한 연구와 이론적인 검사 및 측정 시스템을 맥도날드의 광범위한 공급 시스템이라는 실질적인 사업에 적용하는 난제를 기꺼이 받아들였다. "당시에는 독립적인 검사 시스템도 없었고 소비자가 동물 복지에 관해 특정한 요구를 하지도 않았어요. 맥도날드와 회의를 하면서 저는 '황금 아치의 힘을 입게 되었다.'고 생각했죠."라고 설명했다.

야스트로는 바로 이 시점에서 나에게 업무를 일임했다. 나는 1991년 이후 다양한 환경 단체와 협력한 경험을 어떻게 적용하면 좋을지 고심하고 있었다. 나와 함께 일한 NGO 직원들은 전문가였다. 나는 NGO 직원 대부분이 나와 같은 가치를 공유하는 좋은 사람들임을 알았다. EDF팀과 친구가 되었고 국립오듀본협회National Audubon Society, 국립야생동물연합NWF(National Wildlife Federation), 국제보호협회CI(Conservation International) 직원들과도 인연을 맺었다.

내가 다양한 NGO와 튼튼한 관계를 구축했지만 봉물 운동가의 사고방식에는 적잖이 당황했다. 지구를 보호하고 쓰레기를 줄여야 하는 이유는 받아들일 수 있었다. EDF와 함께 추구한 일이 바로 그것이었다. 하지만 이제 동물이 인간과 비슷한 차원의 존재이며, 유사한 권리를 지닌다고 생각하는 사람들과 일하게 된 것이다. 동물의 권리에 관한 피터 싱어의 책을 읽었지만, 나는 더욱 혼란스러워졌다. 1장의 제목, '모든 동물은 동등하다'부터 내 생각과는 거리가 멀었다. 나는 인간이 돼지나 말과 동등하다고 생각하지 않았다.

야스트로는 늘 신뢰를 바탕으로 한 관계를 통해 변화를 이끌 수 있다고 말했다. 그는 그 사실을 몸소 보여주었으며 나에게 계속해서 조언해줬다. "일을 시작하기 전 핵심 인물과 그들의 가족, 관심사를 먼저 파악하라. 상대의 신뢰를 얻어야 일을 할 수 있으며 개인적인 관계를 맺어야 신뢰가 형성된다."라는 그의 만트라(진언)를 떠올렸다. 나는 사회·환경 운동가의 입장에서 생각하려고 최선을 다했다. 그들의 활동이 열정에서 우러나온 진심이라고 여겼다. 그들의 관점을 존중하고 싶어 했고 대화와 타협, 해결책을 꾀하기 위한 열린 마음을 믿었다.

NGO를 상대방이나 적수로만 생각하면 진전 없이 충돌만 양산한다. 그렇기에 '상대편'을 이해하는 것은 매우 중요하다. 상대편 역시 우리의 관점을 이해해야 하는 것처럼 말이다. 한쪽의 주장이 어떻게 100% 정확하다고 할 수 있겠는가? 하지만 동물 권리 문제를 파고들수록 동물 복지(동물을 존중하며 학대하거나 방치하거나 잔인하게 대하지 않는 행위)의 개념을 완전히 이해한다고 해도 그들의 철학에 공감할 수는 없었다. 그래서 나는 동물 복지 문제에 머리가 아닌 마음으로 다가가기로 했다.

템플 그래딘, 맥도날드 공급업체에 지지를 호소하다

동물 복지 프로그램을 시행하는 일은 맥도날드의 공급업체에 달려 있었다. 맥도날드 CEO의 지지를 한 몸에 받은 셸비 야스트로였지만 전략을 구상하는 것과 이를 현실화하는 일은 별개의 문제였다.

나는 10년 전 포장 용기 문제 때문에 맥도날드의 공급망팀과 대대적인 협력 프로그램을 운영했다. 포장 용기는 맥도날드가 영향을 미칠 수 있는 범위 내에 있었다. 맥도날드가 재활용 종이로 포장 용기를 만들고 싶으면 이를 현실화할 수 있는 직접적인 공급업체가 있었다. 그러나 살아 있는 동물과 관련된 문제를 해결하기 위해서는 우리와 거래하는 고기 공급업체 너머로 몇 단계를 더 거쳐야 했다. 그렇기에 우리는 상위 공급업체를 이 사안에 가담시킬 수 있는 창의적인 방법을 생각해야 했다.

맥도날드는 협력을 통해 장기적으로 공급망을 관리할 수 있는 전략을 구축했다. 공급업체들은 맥도날드의 파트너이자 진정한 협력자였다. 신뢰가 가장 중요했다. 안전하고 저렴하며 고품질의 공급 시스템을 확보하기 위해 장기적인 이득을 생각하는 것이 늘 최우선 과제였다.

맥도날드의 창립자, 레이 크록은 프랜차이즈의 성공과 수익에 바탕을 둔 시스템을 구축했다. 이는 공급업체의 경우에도 마찬가지였다. 크록은 독립적인 공급 시스템을 원하지 않았으며 수직 통합을 추구하지도 않았다. 그는 맥도날드 직원이 훌륭한 매장을 운영하길 바랐으며 공급업체가 소고기, 감자, 어류를 비롯한 기타 식자재의 전문가가 되기를 원했다.

맥도날드를 이루는 3각 의자(소유자/운영자, 공급업체, 직원)의 철학은 기업 문화에 깊이 배어 있다. 의자의 각 다리는 앞서 이야기한 것처럼 독립적인 전문성을 갖춘 동시에 소비자에게 품질과 서비스, 청결, 가치 QSC&V를 제공하기 위해 상호 의존적이다. 맥도날드에서 몇 개월만 일해 보면 QSC&V가 맥도날드의 DNA에 녹아 있으며 열렬히 추구되고 엄격하게 준수된다는 사실을 알 수 있다.

맥도날드의 공급망 담당자는 동물 복지 문제가 조달 분야가 아닌 공급망 시스템의 품질 보증QA(Quality Assurance) 분야와 연관된다고 생각했다. 동물 복지 기준이 가축 도살장과 처리 공장의 품질 및 식품 안전 기준을 점검하는 QA의 미션에 꼭 들어맞았기 때문이었다. QA 공급망팀을 이끄는 폴 시먼스가 내 업무 파트너로 임명되었다. 그는 맥도날드 내 식품 안전 시스템을 보호하고 개선하는 데에 중대한 책임을 진 사람이었다. 시먼스가 신중하고 현실적이며 감정에 좌우되지 않는 냉철한 사람이라면, 그랜딘은 황홀경에 빠진 탁발 수도승처럼 의견이나 아이디어를 거침없이 쏟아내는 사람이었다. 하지만 그랜딘은 시먼스를 존중했다. 시먼스는 모든 마찰을 과학적이고 건설적이며 자연적인 토론으로 치부했다. 그의 미션은 현실적으로 입증되지 않은 이론이나 가설을 점검하는 것이었다. 시먼스는 "그랜딘은 훌륭한 시스템을 제안했지만 모든 사람들이 반복적이고 동일한 해석을 내놓기는 어려운 것이었죠. 저는 세 명이 훈련할 경우 그들이 정확히 동일한 방식으로 측정할 방법을 원했습니다."라고 말했다.[25]

시먼스는 동물 복지 기준이 미국 항공 우주국NASA(National Aeronautics and Space Administration)에 뿌리를 두고 있다고 했다. 1960년대 당시 NASA는 우주선에 필요한 식자재 공급을 필스베리Pilsbury에 요청했고, 그 과정에서 식품안전관리인증기준HACCP(Hazard Analysis and Critical Control Points)이 탄생했다. 그의 말에 따르면 HACCP는 원래 식품이 아니라 제약 산업을 위해 계획되었다고 한다. 하지만 1990년대 중반, HACCP는 점차 발전해 맥도날드의 공급망뿐 아니라 미국 내 육류 공급망에 광범위하게 적용되었다. 맥도날드는 육류 산업에 HACCP를 적용하는 데 앞장섰다. 시먼스는 이렇게 말했다.

맥도날드는 HACCP를 고위험 식품 산업인 육류 제품에 적용했으며, 이 기준은 하나의 규제 프로그램으로 만들어졌습니다. 우리는 육류 산업에 HACCP를 가르쳤습니다. 당시만 해도 완전히 생소한 시스템이었습니다. 맥도날드는 포장업체와 주요 공급업체에 식품 안전 관행을 시행하라고 촉구했고, 덕분에 공급업체의 신뢰를 샀죠. 우리가 해결책을 제안한 것입니다.

폴 시먼스와의 개인적인 인터뷰, 2014년 3월 8일.

HACCP는 동물 복지 공정 제어의 선구자 격이다. 이 같은 식품 공정 제어 기준이 시행된 것은 1980년대 말과 1990년대 초였다. 맥도날드가 기존의 점검 방법에서 한 단계 도약하는 데 앞장선 것이다. 시먼스는 "공정의 모든 단계를 측정하고 점검할 경우 최종 결과가 올바를 거라고 확신할 수 있습니다. 최종 결과를 점검한 뒤 샘플이 잘 나오기를 기대하는 대신 말이죠."라고 말했다.

그랜딘이 맥도날드의 공급업체에 요구한 방법은 단순하고 식별 가능하며 측정 가능했다. 한 사람이 1시간 동안 해당 소의 수를 세어 기록한 뒤 총합을 내서 백분율로 환산하는 방식이었다. 측정 대상은 다음과 같았다.(돼지와 닭은 측정 방법이 달랐다.)

◆ 기절시키지 못했거나 절반만 기절한 소(살육하기 전 전기 충격기 같은 장치를 사용한 경우)

◆ 쓰러진 소

◆ 전기 막대기(실제로 소에게 소량의 전기 충격을 주는 지팡이)가 사용된 소

◆ 우는 소

시먼스는 맥도날드의 소고기 패티 공급업체 다섯 곳과 협력하기로 했다. 이들은 미국 전역의 소고기 도살장 예순 곳과 거래하고 있었다. 우선 로페즈 푸드에 그랜딘의 계획을 시행할 방법을 파악해 달라고 요청했다. 로페즈 푸드에는 QA 분야의 노련한 베테랑, 백발의 개리 플랫

이 있었다. 그는 맥도날드 식품 안전팀 소속이자 로페즈 푸드의 식품 안전 담당자였다. 플랫은 그랜딘을 처음 만났을 때 "맙소사, 이 여자는 동물을 정말로 걱정하네. 내가 못 보는 걸 볼 수도 있겠구나. 동물의 삶이 3D로 보인다고 했으니까. 나는 그렇게는 볼 수 없는데."라고 생각했다.

처음에 플랫은 동물 복지가 왜 그렇게 중요한지 의아해했다. 하지만 그랜딘과 일하면서 동물 복지가 사업에 가져올 이득을 파악한 그는 곧바로 동물 복지 옹호가가 되었다. 플랫은 동물이 스트레스를 덜 받으면 양질의 고기를 제공한다는 사실을 알게 되었다. 돼지가 도살당할 때 흥분하지 않으면 고기에 피 뭉침이 적어져 회사에도, 고객에게도 더 좋았다. 플랫은 로페즈 본사에서 공급업체팀 모두가 모인 최초의 회의를 주최했다. 육류 산업에서 그랜딘은 이미 존경받는 인물이었기 때문에 회의에 참석한 모두가 그녀를 록스타처럼 대우했다. 하지만 플랫을 비롯해 QA 소고기 검사팀을 처음 만났을 때 그랜딘은 동물 복지를 QA의 일부로 받아들이려 하지 않는 그들의 태도를 감지했다.

패티 공급업체에서 일하는 맥도날드 측 검사관은 미적지근한 태도로 "이건 전부 헛소리에요."라고 말했어요. 하지만 제가 현재의 안 좋은 상황을 보여주자 태도가 바뀌었죠. 설득하는 과정은 수백 개의 터치다운을 하는 것 같았어요. 힘들지만 보람찬 일이었죠.

동물 복지 실태를 점검하겠다는 조치에 반대하던 태도는 동물 복지가 사업에 미치는 가시적인 이점이 부각되면서 점차 누그러졌다. 동물이 편안함을 느끼면 도축이 더 쉽고 효율적으로 이뤄질 수 있으며 실제 고기의 품질이 향상되기도 했다. 그랜딘은 공급업체의 태도가 어떻게 바뀌었는지 다음과 같이 말했다.

패티 업체의 식품 안전 검사관은 처음에 회의적이었어요. 하지만 일단 일이 진행되기 시작되자 "우와. 우리가 정말로 변화를 가져올 수 있구나."라고 말했죠. 그들은 공장 상태가 얼마나 형편없는지 보았기 때문에 변화에 더욱 적극적으로 나섰어요. 공장이 개선되고 나서 다시 돌아왔을 때 호전된 상태에 한번 더 놀랐고요. 전기 막대기로 감전시키지 않고도 얼마나 조용히 소를 이동시킬 수 있는지 본 거죠.

맥도날드 소고기 HACCP팀의 또 다른 주요 인물로는 맥도날드와 거래하는 가장 큰 소고기 공급업체, 오토 앤드 선즈 인더스트리에서 일하는 에리카 보드그가 있었다. 그녀는 동물 복지 현황을 측정해달라는 맥도날드의 요청에 대해 이렇게 회상했다.

맥도날드가 보낸 편지를 읽었어요. 울거나 기절하는 소, 쓰러지는 소의 마릿수를 센다는 내용이었어요. 그 생각에 납득하지 못했어요. "잠깐만, 우리는 식품 안전을 꾀하는 일을 할뿐인데 이제 동물의 인간적인 취급에 관해 이야기해야 하는 건가? 이해할 수 없군." 이렇게 생각했죠.

보드그는 텍사스에 있는 소고기 공장을 방문하면서 동물 복지 옹호가로 변신했다. 그곳에서는 동물을 도살하기 직전 편안하게 묶어두기 위해 V형 제어 장치를 사용했는데 상태가 형편없었다. 그녀는 이렇게 말했다.

공장에는 오래된 V형 제어 장치가 있었어요. 동물의 요구를 충족하기 위해 설계된 것이 아니었죠. 동물들은 겁에 질려서 밖으로 기어 나오려고 했어요. 그들의 눈에서 무시무시한 공포가 느껴졌죠. 기절시키려고 할 때마다 동물들이 도망가서 다시 작동해야 했어요. 정말 충격적인 경험이었죠. 동물의 입장에서 살육의 순간을 느꼈거든요.

결국, QA 직원들이 동물의 취급 방식에 더 민감해지면서 동물들은 더 이상 하나의 장치로 취급받지 않게 되었다. 그날 밤 그랜딘 박사와 나눈 대화에 대해 보드그는 이렇게 회상했다.

그랜딘 박사에게 말했죠. "이건 우리가 아이들에게 보여주고 싶은 모습이 아니에요. 엄마들이 아이들을 맥도날드에 데려가잖아요.

사람들이 맥도날드의 햄버거를 생각할 때 이러한 모습을 떠올리기를 바라지 않아요."라고. 저는 동물 복지 개선 프로젝트에 참여하기로 했죠.

나는 그랜딘과 함께 수많은 출장길에 올랐으며 그녀가 낙관주의와 통찰력으로 다양한 문제를 해결하는 모습을 목격했다. 재닛 릴리 역시 그랜딘의 재능을 보았고 그녀가 현명한 사람이라며, "때때로 정말로 똑똑하지만 현실 감각은 떨어지는 교수들이 있어요. 하지만 그랜딘은 그렇지 않죠. 그랜딘에게는 동물의 사고방식을 이해하는 능력과 독특한 공감력이 있어요."라고 말했다.

동물 복지 문제에 각기 다른 입장을 갖는 모두가 그랜딘을 존경했다. 논란의 여지가 있는 주제에서 흔치 않은 일이었다. 공급업체와 동물 복지 옹호자 모두 그녀가 공정하고 객관적이라고 생각했다. 그랜딘은 주요 단백질 공급원인 동물의 도축을 받아들였지만, 동물이 존중받기를 원했다. 그녀가 생각하는 존중은 학대하거나 방치하거나 잔인하게 대우하지 않는 것을 의미했다.

나는 그녀의 정의가 옳다고 생각한다. 공급업체에 최소한 그 정도는 요청할 수 있지 않을까. 그럼에도 곳곳에서 어려움이 발생했다. 가장 어려운 결정은 공장이 검사를 아예 거부한다면 우리가 얼마나 강하게 밀어붙여야 하는지 였다. 그들과의 거래를 끝내야 할까? 쉬운 답은 없었다. 그랜딘은 그 사안과 관련해 자기 생각을 전했다.

맥도날드의 공급업체를 점검했을 때 가장 먼저 한 일은 망가진 장
비를 고치는 것이었어요. 일부 공장은 공급업체 목록에서 사라졌고
우리 노력에 점차 가속도가 붙기 시작했죠. 1999년과 2000년 초반,
제가 평생 일하면서 경험한 것보다 더 많은 변화를 목격했죠.……
결과는 바람직했어요. 예전에 공장은 직원들이 하는 일을 모두 알
수 없었어요. 하지만 이제는 직원들을 관리할 뿐 아니라 장비의 유
지 관리에도 신경을 써요. 업계 내에서도 우리가 진지하다는 소문
이 퍼졌죠.

그랜딘과의 협력으로 동물 복지 기준, 훈련 및 검사 기준이 수립되
었고 이는 육류 산업의 새로운 잣대로 자리 잡았다. 그렇게 우리는 동
물 복지를 건전한 사업 운영의 핵심 원칙으로 받아들였다. 크고 작은
수많은 변화가 있었다. 동물 복지에 도움이 된 기술과 하드웨어, 디자인
의 변화도 있었지만 가장 큰 변화는 동물 복지를 염려하는 사람들의 인
식이었다.

그랜딘은 동물 복지 사안과 관련해 육류 공급업체를 일깨워줬다.
그들은 자발적으로 동물 복지 문화를 창조했다. 그랜딘은 동물 취급 개
선 절차가 관리자로부터 시작해 공급업체에서 끝난다고 말했는데, 그
녀의 말이 옳았다. 맥도날드가 EDF와 협력해 쓰레기를 경감시켰던 것
처럼 우리는 맥도날드에 그 어떤 비용도 전가하지 않고 동물 복지에서
큰 변화를 일구었다.

동물이 대우받는 방식에 대한 사람들의 관심이 커지면서 개선 속도도 빨라졌다. 더 많은 사람이 동물을 제대로 다루는 법을 훈련받았으며, 동물 복지가 동물 취급 시설의 직무 기술서에서 큰 부분을 차지하게 되었다. 동물 복지 검사 기준도 긍정적인 결과를 낳았다. 소가 쓰러지는 사례가 줄었고 동물들은 조용하게 시설을 돌아다녔으며 전기 충격기는 잘 관리되었고 적절한 상황에서만 사용되었다.

대부분의 물리적인 변화는 큰 투자의 결과가 아니었다. 가령 동물을 살육장으로 이동시키기 위해 사용된 전기 막대기를 제거하는 데 큰 비용이 들지 않았다. 1988년에서 1989년 사이 공장을 처음 방문했을 때, 동물을 감전시키는 것은 일반적인 관행이었다. 그랜딘은 동물 행동 과학을 이용해 동물을 이동시킬 때 비닐봉지나 깃발을 사용하라고 공급업체를 설득했다. 이 방법은 효과적이었다. 현재 시설은 도서관처럼 조용하고, 동물들은 자연스럽게 이동한다. 가장 훌륭한 점은 이러한 변화가 맥도날드의 공급망에 국한되지 않고 전 세계적으로 온갖 산업의 공급업체로까지 확장되었다는 사실이다.

보드그는 1990년대 말 이후 이 여정에 함께하고 있으며 오늘날에도 육류 공급업체와 일하고 있다. 그녀는 "이제 공장은 정말 평화로워요. 시끄러운 소리가 들리지 않죠. 소가 쓰러지거나 미끄러지는 모습도 볼 수 없고 이중 감전도 없죠. 고기의 품질은 높아지고 멍도 없어요. 긴장한 동물들은 찾아볼 수 없답니다."라고 말했다.

맥도날드가 앞장서지 않았더라면 이런 변화가 일어날 수 있었을까? 물론 언젠가는 바뀌었을 테지만, 맥도날드가 이를 가속하는 데 기여했고 사안의 중대함을 강조했으며 과학에 기반한 원칙이 자리 잡도록 만들었다. 그랜딘은 동물 복지 분야의 변화 정도를 맥도날드가 나서기 전과 후로 나누며 "맥도날드와의 협력 결과, 지난 25년 동안 제가 수행한 업무보다 훨씬 더 큰 변화가 발생했습니다. 맥도날드의 도움으로 저는 강철을 구부렸습니다. 맥도날드가 저를 위해 공급업체를 부드럽게 만들어줬죠."[26]라고 말했다. 릴리 역시 이 말에 동의하며 이렇게 전했다.

맥도날드는 정말로 영향력 있었죠. 사람들은 보통 '크면 나쁘다'고 말합니다. 하지만 반대도 사실일 수 있어요. 크더라도 좋을 수 있습니다. 그리고 크고 좋으면 막대한 영향을 미칠 수 있고요. 동물 복지와 관련된 맥도날드의 활동이 대표적인 사례라고 생각해요. 맥도날드가 나서지 않았더라면 오늘날 세상은 지금과는 전혀 다른 모습이었을 거예요.

26
http://www.cpr.org/news/story/temple-grandin-why-slaughter-houses-have-gotten-so-good.

역경 끝에
얻은 너겟
**Hard
Knock
Nuggets**

3P : 열정, 인내, 끈기

템플 그랜딘 박사는 변화를 이끄는 비결을 몸소 보여주었다. 그녀는 열정과 인내, 끈기 간에 균형을 유지하는 능력을 타고났다. 동물 복지가 동물 산업의 주요 과제로 자리 잡는 데 수많은 우회와 고된 절차가 필요했지만, 그랜딘은 불타는 열정과 뛰어난 인내, 결연한 끈기 간에 균형을 이뤄 업무를 해냈다. 당시 나를 비롯한 다른 이들은 이러한 특징을 공존할 수 없는 힘으로 보았지만, 그랜딘은 이를 동시에 발휘했다. 그녀는 주변 역시 그렇게 하도록 고무시켰고 3P(열정, 인내, 끈기)는 나의 일상적인 만트라가 되었다. 다음은 이 같은 정신 상태에 도달하는 팁이다.

➔ 열정을 연료 삼아 자신의 시스템을 최고의 속도로 운영해라.

단, 전기차처럼 조용히 하기 바란다. 열정을 너무 명백하게 드러내서는 안 된다. 그렇다고 열정을 완화하지도 마라. 열정은 변화를 가능하게 만드는 연료이기 때문이다.

➔ 많은 사람이 지나친 열정에 갇혀 있다.

지나친 열정은 동료를 불쾌하게 만들고 공감하지 못하게 한다. 다른 이들이 목표를 달성하는 데 기여하는 대신 자신에게 중요한 사안을 강요한다. 다른 이들의 참여를 유도하지 못하면 냉소적이거나 염세적이 될 수 있다. 우리에게는 인내가 필요하다.

➜ 인내는 수동성을 의미하지 않는다.

우리가 내·외부 이해당사자와 소통하고, 그들의 의견에 귀 기울이는 시간을 갖지 않는 한 큰 변화를 이룰 수 없다. 인내는 이 사실을 깨닫는 데 도움이 된다.

➜ 소통은 훌륭한 관계와 신뢰를 낳는다.

동료의 신뢰 없이 조직을 이끌 수 없다. 따라서 회의에 참석할 때면 적극적으로 결정하되 타인에게서 무언가를 배우고 타인과 계속해서 관계를 유지하기 위해 노력해야 한다.

➜ 우리는 자주 실패할 것이다. 그러니 실패를 비난하지 마라.

당신과 당신이 소속된 팀의 개선 방안을 파악한 뒤 이를 유념한 상태로 계속해서 목표를 추구하라.

➜ '두 걸음 후퇴'는 좌절하는 동료들에게 늘 하는 말이다.

나는 그렇게 함으로써 장기적으로 세 걸음 내디뎠음을 보여줬다. 즉각적인 실행에만 급급한 이들은 변화를 이끌지 못한다.

➜ 지속 가능성이 사업의 핵심 가치로 통합되려면 수년에 걸친 문화적 변화가 필요하다.

우선은 작은 성과에 기뻐하라. 그 성과가 쌓여 결국 큰 변화를 이룬다.

➡ **끈기는 앞으로 나아가기 위한 필수 덕목이다.**

늦장을 부리며 영원히 기다릴 수만은 없다. 한 상사는 연간 리뷰에서 나에게 내부 심사 업무가 지나치다고 했다. 그는 내가 더 많은 일을 수행하기를 바랐다. 이를 가능하게 하려면 그랜딘 같은 지속적인 끈기가 필요하다.

➡ **마찰을 겪은 뒤 이를 극복해야만 발전할 수 있다.**

온갖 종류의 외부 공격이나 내부 토론에 직면할지도 모른다. 마찰이 발생할 때 끈기를 발휘하기란 정말 힘들다. 그러나 마찰을 기회로 생각해라. 마찰을 안 좋은 힘으로 치부하지 마라. 이는 좋은 힘이자 필요한 힘이다.

➡ **끈기와 인내에는 긍정적이고 낙관적인 마음가짐이 필요하다.**

부정적으로 되기는 쉽다. 좌절감에서 빨리 벗어나 다시 긍정적인 자세로 돌아가라. 사람들은 열정적이고 헌신적인 지도자를 따르고 싶어 한다.

열정, 끈기, 인내라는 3P를 수용하면 자유와 마음의 안정을 경험할 수 있다. 자유와 마음의 안정은 타인에게 영향을 미치는 능력을 한 단계 높이는 데 도움이 된다. 3P는 늘 기업의 사회적 변화를 위한 리더십으로 귀결된다. 3P가 있으면 우리는 현 상황에 이의를 제기하고 현 관행에 질문을 던지며 환경적, 사회적 발전과 돌파구를 추구하는 사람이 될 수 있다.

PART 3

The Battle of Extremism: McCruelty

극단주의 투쟁 :
맥크루얼티

Meat Is Murder

고기는 살인자다

PETA, 추악한 캠페인에 착수하다.

출처: 동물을 윤리적으로 대하는 사람들(PETA)

고기는 살인자다

맥라이벨 민사 재판은 1997년이 되어도 끝날 기미가 보이지 않았고 이무렵 동물을 윤리적으로 대하는 사람들PETA은 맥도날드를 눈여겨보기 시작했다. PETA는 맥크루얼티 해피밀 캠페인을 준비 중이었다.

충격 전술을 펼치는 PETA 때문에 맥도날드는 크게 긴장했다. 1990년대 헨리 스피라와 피터 싱어가 이끈 동물 권리 활동주의 전략에 대응하기도 쉽지 않은 일이었는데, 이제 극단적인 수단을 사용하는 단체를 상대해야 했다. PETA의 시위는 맥도날드가 템플 그랜딘과 협력하기로 한 시기와 맞물렸다. 1997년, PETA는 맥도날드가 다음과 같은 일곱 가지 변화를 시행하도록 요구했다.

❶ 닭에게 최소한 0.13㎡의 공간을 제공한다.

❷ 철제 우리(대형 농장에서 도살하기 전에 암탉을 잠시 가두는 우리-옮긴이)에 가둔 닭이 낳은 달걀을 사용하지 않는다.

❸ 닭 이송 및 도살 기준을 개선한다.

❹ 유전자 변형 가금류의 사용을 중단한다.

❺ 다리 변형으로 고통받는 가금류를 선택하지 않는다.

❻ 암퇘지에게 돌아다닐 외부 공간을 충분히 제공하고, 돼지를 시멘트 우리 안에 가두지 않는 농장과만 거래한다.

❼ 모든 맥도날드 매장에서 채식주의 버거를 판매한다.

PETA는 특히 산란계에 초점을 맞춰 이들의 상태를 다음과 같이 묘사했다.

닭들은 작은 철제 우리에 쑤셔 넣어진다. 가로 45cm, 세로 60cm 정도밖에 되지 않는 곳에 10마리의 닭이 들어간다. 날개 길이가 최대 90cm나 되는 닭은 그 안에서 날개도 제대로 펼 수 없다. 평생을 날개 한쪽 펴지 못한 채 파일 서랍만한 공간에서 살아야 하는 셈이다. 원래 깨끗한 이 동물은 비좁은 곳에 갇힌 채 서로에게 오줌을 지리고 똥을 눈다.[27]

PETA는 현명하게도 산란용 닭에 초점을 맞췄다. 그들은 작은 우리에 마구 쑤셔 넣어진 닭들의 모습이 대중으

[27]
PETA 웹사이트. https://www.peta.org/issues/
animals-used-for-food/factory-farming/
chickes/egg-industry/.

로부터 큰 관심을 받을 거라 생각했고, 예상은 적중했다. 그 사진은 내 관심도 샀다. 상황을 파악하기 위해 산란계 시설을 처음 방문했을 때 나는 PETA의 주장이 옳다는 사실을 알게 되었다. 거대한 창고형 시설의 통로에는 가로 91m 정도 되는 우리가 6m 높이까지 겹겹이 쌓여 있었다. 산란용 닭들은 날개를 펼치거나 몸싸움을 벌이지 않고는 움직일 수 없는 상태로, 말 그대로 찌그러져 있었다. 시설은 한동안 청소를 하지 않은 듯 불결한 화장실 같은 악취가 났으며 강한 암모니아 냄새가 진동했다. 나는 한시라도 빨리 그곳에서 벗어나고 싶었다.

PETA는 맥도날드를 상대로 한 캠페인 속도에 박차를 가하면서 총격전을 펼쳤다. 맥도날드 경영진에게 편지를 보내거나 전화를 하고 자신들의 웹사이트에 맥도날드를 비난하는 메시지를 올렸다. 또한, 맥도날드의 주주총회에 참석해 목소리를 높였고 맥도날드 CEO의 이웃들을 찾아가 전단을 나눠주었다. PETA는 언론에도 연락했고 그들의 캠페인은 인쇄물과 TV를 통해 광범위하게 보도되었다.

당시 나는 시민단체이지만 예의 바르게 행동하고 협력적인 NGO에 익숙했다. 하지만 PETA는 그렇지 않았다. 그들은 온갖 종류의 일을 했다. 페이스북을 처음 시작했을 때 내 프로필과 게시물이 전체 공개로 되어 있었는데, PETA 운동가들은 내 딸과 조카들에게 끔찍한 메시지를 보냈다. 다른 맥도날드 임원들 역시 나와 비슷한 경험을 했기 때문에 PETA의 캠페인을 불안해했다. 이렇게 거친 운동가들이 무슨 일을 저지를지 누가 알겠는가?

PETA와의 대화는 쉽지 않았다. 그들의 제안에 반대해서가 아니었다. 그들의 우려에 상당수 공감했음에도 불구하고, 그들은 노골적인 행동을 취했다. 거들먹거리는 태도로 요구 사항을 제시했다. 우리는 강하게 공격 받는다고 느꼈고 방어적인 태도를 보일 수 밖에 없었다. 2년 동안 맥도날드와 대화를 했지만 답변에 만족하지 못한 PETA는 2000년 여름, '맥크루얼티 언해피밀' 캠페인에 착수했다. 〈USA 투데이〉는 그에 대해 이렇게 발표했다.

…PETA는 피가 뚝뚝 떨어지는 도살업자의 칼을 쥔 로널드 맥도날드 봉제 인형을 선보였다. "우리의 목표는 아이들에게 맥도날드가 기르고 죽이는 동물들에게 실제로 무슨 일이 일어나는지 보여주는 것입니다. 아이들에게 맥도날드 음식을 먹으면 동물들을 잔인하게 취급하는 일에 동참하는 것임을 알려주는 겁니다."

PETA의 동물 권리 및 채식주의 미션은 소고기, 닭고기, 생선, 돼지고기 햄버거를 제공하는 맥도날드의 미션과 상충했다. 이 같은 충돌은 당시 맥도날드 CEO, 잭 그린버그가 2001년 주주총회에서 '우리가 콩과 두부를 팔기 전까지는 PETA가 절대로 만족하지 않을 거라고 선언'하면서 극에 달했다. 상황을 통제하기 위해 우리는 PETA를 좌절시키거나 그들의 힘을 약화시킬 방법을 찾아야 했다.

어떠한 대응 전략을 수립할 수 있을까?

당시, 맥도날드와 소고기 및 닭고기 공급업체와의 협력은 큰 발전을 보였다. 업체들은 자신들이 운영하는 도살장에서 템플 그랜딘의 동물 복지 검사 방법을 실행했다. 이 같은 성공에 힘입어 산란계 같은 다른 동물의 복지 문제에서도 비슷한 협력을 꾀할 생각이었다. 하지만 이 사안은 단기적인 문제가 아니었다. 맥도날드는 PETA 같은 이들이 설정한 안건에 수동적으로 대응하는 대신 자체적인 활동 방안을 수립했다.

맥도날드 미국 공급망 내 나의 파트너는 브루스 페인버그였다. 그는 1997년부터 맥도날드 미국의 품질 시스템을 총괄하고 있었다. 그랜딘과의 협력에 동참한 폴 시먼스는 진행 사항을 페인버그에게 보고했고, 그는 시먼스의 동물 복지 업무를 전적으로 지원했다. 페인버그는 우리에게 꼭 필요한 인물이었다.

페인버그는 맥도날드의 기준을 업계 품질의 기준으로 보았다. 그래서 맥도날드에 입사했을 당시 확실한 동물 복지 방법을 기대했지만 현실은 그렇지 않았다. 그는 "처음에는 조금 놀랐습니다. 많은 부분이 아직 정립되지 않은 상태였죠."라고 말했다. 그러나 페인버그는 자신 앞에 놓인 과제를 직시하며 "다행히 사람들의 의견을 청취하고 초기 프로그램을 구상하기 위한 기회가 활짝 열려 있었어요."[28]라고 덧붙였다.

나는 할 수 있는 한 최선을 다해 페인버그를 지원했다. 우리는 매주 연락을 취해오거나 저항의 목소리를 높이는 PETA의 감정적인 시위와 캠페인 때문에 이 사안이 골칫거리가 되고 있음을 알았다. 중상모략 대회라도 열린 듯 유혈이 낭자한 때였다. 페인버그와 나는 반격을 펼치고 우리의 운명을 결정하기 위해 두 가지 일에 착수하기로 했다.

❶ 동물 복지와 관련된 업무를 이끌 원칙을 수립한다.

❷ 우리에게 조언을 제공할 동물 복지 전문가 위원회를 수립한다.

원칙 개발하기

원칙은 맥도날드와 공급업체, 기타 이해관계자가 함께 해결책을 마련할 수 있게 그들에게 영감과 정보를 제공하는 것이다. 내가 원칙의 초안을 작성했고, 페인버그와 다른 이들이 가다듬었다. 동물 복지와 관련된 맥도날드의 입장을 명시한 원칙이었다.

원칙이 아무런 결과를 낳지 않는다고 비난하는 이들도 있었지만, 그것은 사실이 아니다. 기업은 조직을 이끄는 튼튼한 원칙과 가치, 믿음을 바탕으로 프로젝트에 착수해야 한다. 원칙은 기업이 문제를 해결할 동기를 내제화하는 초석이 된다. 원칙이 없으면 기업과 직원들은 흔들리기 마련이다. 모든 것이 헛수고로 돌아가거나 환경에 의해 좌지우지된다.

맥도날드의 동물 복지 원칙(2000년)	
안전	맥도날드는 고객에게 안전한 식품을 제공하는 것을 최우선으로 한다. 식품 안전은 맥도날드의 최우선 과제다.
품질	맥도날드는 동물을 존중하고 배려하는 것이 전반적인 품질 향상 프로그램의 핵심이라고 생각한다.
동물 취급	맥도날드는 동물이 학대받거나 방치되지 않아야 한다고 생각하며 동물의 공정한 취급을 위해 노력한다.
파트너십	맥도날드는 동물 복지 관행을 검사하기 위해 공급업체와 계속 협력하며, 동물 복지 기준 준수와 지속적인 개선을 위해 힘쓴다.
리더십	맥도날드는 동물 복지 관행과 기술을 개선하기 위해 공급업체나 업계 전문가와 협력함으로써 산업을 이끈다.
성과 측정	맥도날드는 발전 사항을 측정하기 위해 연간 성과 목표를 수립하며, 책임감 있는 구매자로서 동물 복지 개선을 위한 구매 전략을 수립한다.
커뮤니케이션	맥도날드는 동물 복지와 관련된 절차와 프로그램-계획-발전 사항을 공유한다.

일류 위원회 수립

나는 경험상, 우리에게 외부 전문가가 필요하다고 생각했다. 동물 복지 프로그램을 시행했을 때도 외부 전문가를 통해 신용을 얻을 수 있었다. 우리는 EDF라는 외부 전문가와 함께 쓰레기를 줄였고, 템플 그랜딘 박사라는 또 다른 외부 전문가와 획기적인 동물 복지 점검 프로그램을 구축했다. 이제 동물과 관련해 마주한 사안은 돼지, 소, 가금류, 산란계 등 광범위한 부분이었고, 이를 모두 함께할 수 있는 일류 위원회가 필요했다. 비난의 여지 없는 최고 전문가들을 찾아야했다. 더 좋은 전문가들을 찾을수록 변화를 일구고 대중의 신뢰를 얻는 일이 용이했다.

그랜딘은 맥도날드 동물 복지 위원회 회원으로 점찍은 첫 인물이었다. 그녀는 내 제안을 즉각 수락했고 다른 이들을 만날 수 있는 플랫폼을 마련해주었다. 그렇게 다른 전문가를 찾는 동안 동물 복지 분야의 과학자 집단을 알게 되었다. 이들은 달걀 생산자 조합UEP(United Egg Producers)의 자문 역할을 하고 있었다. UEP는 달걀 생산자들을 대변하고 달걀 산업의 정책과 프로그램을 개발하는 단체였다. UEP가 동물 복지 지침과 기준을 수립하기 위해 최고 전문가를 자문위원으로 두고 있었고, 다행히 그들 모두 우리와 일하고 싶어 했다. 그들은 경비만 제공하겠다는(우리는 사례비를 비롯한 다른 비용을 일절 지급하지 않았다) 맥도날드의 제안에 동의했다. 전문가들은 오로지 차이를 좁히는 데에만 관심이 있었고, 나는 그 점을 높이 평가했다. 맥도날드와 협력한다는 이유만으로 동물 권리 옹호가에게 비판을 받았지만 이런 압력에도 불구하고 그들은 망설이거나 주저하지 않았고, 우리를 돕는 데 시간을 아끼지 않았다.

UEP의 과학적 동물 복지 위원회는 제프 암스트롱 박사가 이끌었다. 그는 맥도날드가 그랜딘 박사와 협력했기 때문에 이 위원회에 합류했다며 "맥도날드는 공급업체의 동물 복지 기준을 개선하는 데 앞장서고 있으며 과학을 바탕으로 프로그램을 알맞게 시행하고 있습니다. 학계 전체가 취해야 할 방향이라고 생각해요."[29]라고 말했다. 위원회 구성원 중 한명인 조이 멘치 박사는 산란계 분야의 탁월한 전문가였다. 그녀가 우리에게 산란계에 대한 모든 정보를 제공해준 덕분에 밀집형 닭장이 어떻게 탄생했는지 알게 되었다. 박사의 주장에 따르면 상업적인 닭장은 1930년대에 개발되었지만, 달걀 산업에서 널리 사용되기 시작한 것은 1950년대부터였다고 한다. 나는 닭장이 사용된 이유가 생산성, 즉 더 많은 닭이 알을 낳도록 만들기 위해서라고 생각했는데 멘치 박사의 주장에 따르면 사실이 아니었다. 밀집형 닭장이 탄생한 것은 효율성이 아니라 식품 안전과 닭의 건강 때문이었다.

처음 닭을 닭장에 넣은 것은 질병으로부터 보호하기 위해서였어요. 특히 배설물이 가득한 바닥을 쪼는 과정에서 걸리는 병으로부터요. 닭들이 바닥을 쪼는 동안 기생충이 옮곤 했거든요. 닭장은 포식자로부터 닭을 보호해주기도 했고 달걀을 깨끗하게 유지해주기도 했죠. 게다가 모든 닭이 한 곳에 알을 낳기 때문에 일일이 달걀을 찾으러 다닐 필요도 없었고요.[30]

29
제프 암스트롱 박사와의 개인적인 인터뷰, 2014년 4월 14일.

30
조이 멘치 박사와의 개인적인 인터뷰, 2014년 4월 14일.

멘치 박사를 비롯한 다른 전문가들은 맥도날드 동물 복지 위원회의 업무 범위를 다음과 같이 규정했다.

◆ 맥도날드와 공급업체가 '맥도날드 동물 복지 원칙'에 기술된 목표를 달성하는 데 협조한다.

◆ 밀접한 사안과 관련해 정보와 조언, 전문 지식을 제공한다.

◆ 맥도날드 임원이나 공급업체와 소통한다.

◆ 1년에 두 번 공식적인 회의를 하며 실질적인 프로그램의 진척 상황을 점검하기 위해 공급업체를 방문한다.

첫 위원회의 때 우리는 산란계 문제 해결에 착수했다. UEP 위원회는 이미 1년 넘게 관련 사안에 몰두해 있었다. 그들은 자신들의 관점을 바탕으로 연구 결과를 점검했고 덕분에 강제 환우(달걀을 낳는 닭의 생산 지속 연령을 늘리기 위해 음식이나 물을 7일에서 10일간 금하는 관행)와 관련된 사실을 살펴보기 위한 시간이 단축되었다.

멘치 박사의 주장에 따르면 UEP가 조치에 나선 것은 가금류 관심 협회UPC(United Poultry Concerns) 같은 단체 때문이었다. '닭, 칠면조, 오리를 비롯한 기타 가금류의 온정적이고 존중적인 대우'[31]를 꾀하는 NGO였다. 이 단체는 강제 환우나 부리 제거 같은 관행에도 이의를 제기했다. 부리 제거는 닭이 서로를 쪼는 것

31
가금류 관심협회 웹사이트, http://www.upc-online.org.

을 방지하기 위해 시작된 행위이다. 암스트롱과 멘치 박사는 강제 환우를 해결하고 부리 제거 기준을 수립하기 위한 권고 사항을 제안했다.

UEP는 머지않아 공간 문제에 관한 연구로 넘어갔고 전문 자문위원들은 닭장의 크기를 업계 평균인 산란계 한 마리당 48제곱인치 0.03m^2에서 67제곱인치 0.04m^2로 넓힐 것을 권고했다. 더 많은 닭장을 설치하고 더 큰 시설을 구축하려면 비용이 들기 때문에, 이 문제는 업계에서 가장 민감한 사안이었다. 따라서 UEP는 단계적 도입을 고려했다. 바로 이 시점에서 맥도날드가 개입하기 시작한 것이다. 맥도날드는 한 마리당 더 넓은 공간을 제공해야 할 필요성을 느끼고 동물 복지 위원회의 의견을 바탕으로 닭장의 넓이를 72제곱인치 0.05m^2로 결정했다. 나는 맥도날드가 빠르게 이러한 결정을 내린 것에 놀랐다. 이를 위해 지출해야 할 맥도날드 미국 사업비가 연간 천만 달러가 넘는다는 내부 토론 결과가 있었는데도 말이다. 추가 비용 대부분이 더 많은 닭장과 공간을 수용하는 데서 발생했다. 과거에는 닭장 한 개당 다섯 마리에서 일곱 마리의 산란계를 수용했는데 이제 네 마리까지만 수용이 가능했다.

나는 당시 글로벌 공급망을 이끄는 톰 알브렉트에게 이 사실을 전했다. 그는 조금도 망설이지 않고, 올바른 일이라고 했다. 알브렉트는 닭들에게 너무 밀집된 생활 조건은 인간적이지 못하다고 말했다. 우리는 변화가 필요했고 이에 수반되는 비용을 감당했다. 나는 알브렉트의 태도에 깊은 인상을 받았다.

2000년 8월, 맥도날드는 닭장 내 넓은 공간을 제공하는(평균 72제곱인치) 공급업체에서만 달걀을 살 예정이며, 부리 제거와 관련해서도 새로운 기준을 지지하겠다고 선언했다. 이러한 선언은 유례없는 일이었기에 〈워싱턴 포스트〉의 헤드라인을 장식하기도 했다.

PETA와 맥도날드의 토론에서 협상가로 활약한 스티븐 그로스는 "우리는 맥도날드의 조치를 아주 높이 평가하며 그들이 올바른 일을 하고 있다고 생각한다."라며 "이 분야의 다른 기업들이 꾸물거리고 있는 상황에서 맥도날드의 결정이 그들을 각성시키는데 유익한 효과가 있을 것이다."라고 말했다. [32]

긍정적인 언론 보도와 PETA의 피드백에도 불구하고 산란계 공급업체는 거부 의사를 보였다. 나는 UEP 회원들에게 동기를 설명하고 그들의 지지를 얻기 위해 면대면 회의를 했던 날을 기억한다. UEP 회원들은 우리의 결정이 도가 지나치다며 분개했다. 또한, 기준을 정하는 것은 맥도날드의 역할이 아니라고 했다. 그들은 맥도날드가 닭을 기르지는 않기 때문에 사업이나 동물에게 무엇이 가장 좋은지 모른다고 주장했다. 나는 대화를 나누려고 했지만, 그들은 목에 핏대를 세운 채 열변을 토했다. 감정이 격해진 그들은 화난 목소리로 질문과 의견을 퍼부었다. 공통 기반을

32
M. 카우프만, "맥도날드, 닭 취급 개선 조치를 하다", 〈워싱턴 포스트〉, 2000년 8월 23일, https://www.washingtonpost.com/archive/politics/2000/08/23/mcdonals-tells-farmers-to-treat-chickens-better/e03b291a-d563-4321-b14e-57ec73338952/?utm_term=.cc2d6a1a3fdd.

찾으려는 노력은 수포로 돌아갔다.

맥도날드는 기존 공급업체에 2001년 말까지 새로운 요구 조건의 시행을 요청했다. 하지만 놀랍게도 27개의 달걀 공급업체 모두가 새로운 기준을 거부했다. 그들은 연간 판매량이 15억에서 20억 달러에 달하는 맥도날드와의 거래를 포기했다. 미국 달걀 시장의 2%에 해당하는 양이었다.[33] 맥도날드가 변화에 수반되는 비용을 감당할 예정이었기 때문에 재정적인 문제는 아니었다. 맥도날드가 규제자 역할을 자처하는 것에 거부하기 위한 결정이었다. 결국, 맥도날드는 새로운 달걀 공급업체를 찾아야 했다.

맥도날드의 선언은 업계에 장기적인 영향을 미칠 터였다. 멘치 박사는 맥도날드의 선언이 미치는 영향에 대해 "맥도날드가 새로운 기준을 시행하자 다른 소매업체들도 관심을 보이기 시작했어요. 맥도날드는 정말로 큰 변화를 가져왔죠. 당시에는 농장에서 사는 동물의 처우와 관련된 법이 없었고, 누군가는 나서서 법을 만들어야 했어요."라고 말했다. 시간이 조금 지나자 파급 효과가 나타나기 시작했다. 몇 개월에 걸쳐 맥도날드의 경쟁사 대부분이 비슷한 정책과 기준을 시행하겠다고 선언한 것이다. 가령 버거킹은 일주일 뒤, 닭 한 마리에게 허용되는 공간을 맥도날드보다 높은 75제곱인치로 규정했다. 그들이 왜 3제곱인치를 더 높였는지는 지금도 알 수 없다.

맥도날드는 경쟁우위를 차지하기

33
제니퍼 오르도네즈, "맥도날드의 닭 취급 지침,
달걀 생산자가 높은 비용을 경계하도록 만들다",
〈월스트리트 저널〉, 2000년 8월 24일.

위해 이런 조치를 한 게 아니었기 때문에 다른 업체가 새로운 기준을 채택하는 모습을 환영했다. 그리고 새로운 기준을 채택하면서 산업에 필요한 투자부분에서도 공정한 경쟁이 이뤄지기를 희망했다. 그로부터 5년에서 7년 사이에 이 기준은 업계 표준으로 자리 잡았다. 맥도날드의 선언이 변화의 시작점이 된 것이다. 비용이 발생했지만, 이는 변화에 대한 투자였고 산란계 닭장 크기를 키우는 데 든 비용은 결국 정상화되었다. 이것이 바로 핵심 교훈이다. 시장을 선도하는 기업이 변화하면 다른 이들이 따라와 업계 표준이 되고, 추가 비용은 새로운 투자가 되어 업계 전체에 자연스럽게 자리 잡게 된다는 사실 말이다(내가 2015년 3월에 은퇴한 직후, 맥도날드는 이와 관련해 더 큰 노력을 하겠다고 선언했다. 2025년까지 맥도날드 미국 및 캐나다는 케이지 프리 달걀만을 사용할 예정이다.)[34] 멘치 박사는 이러한 변화가 산란계에 직접적인 이득이 되었다며 좋아했다. 그녀의 말에 따르면 혜택은 다음과 같았다.

◆ 산란계의 사망률이 감소했다.

◆ 달걀 생산량이 증가했다.

◆ 닭들에게 몸을 돌리고 누울 공간이 생겼다.

◆ 암모니아 수치가 낮아져 근로자와 닭, 모두 이득을 보았다.

34
코위트, "케이지 프리 달걀을 이용하겠다는 맥도날드의 대담한 결정", 〈포춘〉, 2016년 8월 18일.

PR 피냐타

PETA 같은 단체에 대응하는 가장 효과적인 방법은 무엇일까? 최대한 시선을 끌지 않으며 사태가 잠잠해질 때까지 기다리는 것일까? 최소한의 제안을 하는 것일까? 아니면 공격적으로 대응하는 것일까?

월트 라이커는 맥도날드의 의사소통 대응 담당자였다. 그는 PETA가 캠페인을 펼치는 방식, 언론이 PETA의 메시지를 확대하는 방식, 맥도날드가 취하는 방어적인 태도 등으로 힘겨운 나날을 보내고 있었다. 라이커는 "PETA는 저렴한 홍보에 집중하고 있어요. 그들은 재빨리 큰 관심을 받는 데 아주 능숙합니다. 기습 공격을 펼치는 거죠. 우리는 PETA 때문에 언론의 공격을 받았습니다. 큰 타격을 입었죠."라고 말했다. 그는 도가 지나친 PETA의 비판에 기가 찼지만 이에 굴하지 않고 공격을 감행하기로 했다. 정치인 밥 돌의 홍보부장으로 일한 라이커는 피냐타(아이들이 생일파티에 막대기로 때리는 인형-옮긴이) 정치 상황에 익숙했다. "13년 동안 메이저 정치권에서 일한 저는 직감적으로 상대만큼이나 세게 나가야겠다고 생각했죠. 맥도날드의 전형적인 대응 방법에서 한 발 나아간 전략을 펼치기로 했습니다."라고 말했다. 그리하여 라이커는 언론을 통해 강경하게 대응하기로 했다.

2000년 6월 15일, 〈더 레이크랜드 레저〉 (플로리다)

"그들이 전하는 메시지는 그들이 만든 거짓 해피밀 박스와 다를 바 없다. '추잡한 왜곡'이다. 게다가 이 캠페인은 거북하고 혐오스러운 방법으로 아이들을 겁주려 한다. 그들PETA이 하는 말은 사실이 아니다. 천박하고 역겹다."[35]

2000년 6월 20일, 〈USA 투데이〉
맥도날드는 이 캠페인이 아이들을 겁에 질리게 만들기 위해 진실을 '추잡하게 왜곡'했다고 말한다. "맥도날드는 동물 복지에 전념하고 있으며 동물 학대를 용인하지 않을 것이다. 우리는 이 분야의 지도자로 계속 발전하고 있다."[36]

라이커는 특히 지역 라디오, 신문사와 수많은 인터뷰를 했다. 그는 "우리에게 닥친 가장 큰 난제는 맥도날드를 비판하는 PETA의 주장이 학계, 비평가, 특별 이익 단체, 심지어 코미디언에게도 100% 신뢰를 받는다는 사실이에요. 사람들이 그들의 말을 전부 믿기 시작하면 우리는 방어 태세를 취할 수밖에 없죠."라고 말하며 맥도날드의 진실한 답변에 귀 기울여줄 청중을 찾아 직접 이야기를 전했다.

라이커는 진창에 빠진 맥도날드를 구해야 했기에 공격적인 대응을 했다. 나는 라이커의 공격적인 방법을 존중했다. 결국, 맥도날드는 산란계 닭장과 관련된 결정으로 큰 신뢰를 얻었다. 라이커는 싸움에 나섰고 승리를 거두었다. 그는 '크면 나쁘다'는 편

[35]
T. 로웨, "PETA, 맥도날드를 공격하다", 〈더 레이크랜드 레저〉, 2000년 6월 15일.

[36]
"맥도날드, '언해피밀' 캠페인으로 공격받다", 〈USA 투데이〉, 2000년 6월 20일.

견을 깼으며 '크면 좋다'는 반대의 성공 스토리를 창조했다. 이 같은 대응은 맥도날드가 선의를 지닌 독립적인 전문가와 협력할 경우 그 누구도 달성하지 못한 규모의 차이를 가져올 수 있음을 보여주었다.

PETA의 공을 인정해야 할까?

맥도날드가 동물 복지에 있어 가시적인 발전을 보이자 PETA는 자신들의 승리를 선언했다. 하지만 라이커는 이에 대해 "PETA는 맥도날드의 조치와 아무런 관련이 없어요. 그들은 2년 전 이 사안에서 발을 뺐으며 우리는 PETA와는 별개로 이러한 조치를 했습니다."[37]라고 말했다. 나 역시 맥도날드가 PETA에게 아첨한다고 생각한 농업 관계자를 상대로 사실이 아니라고 일축했다. PETA가 소비자에게 중요한 사안을 거론하는 데 뛰어나지만 진정한 변화를 가져오는 시작은 고객이다. 페인버그 역시 이에 동의하며 이렇게 말했다.

티핑 포인트는 고객이었다. 고객들은 자신들이 먹는 음식에 무슨 일이 벌어지고 있는지 관심을 갖기 시작했고, 동물이 어떻게 길러지는지 투명한 정보를 요구했다. 그리고 맥도날드가 올바른 일을 시행하기를 기대했다.

37
J. 후드, "완강한 결정, PETA와의 PR 싸움에 도움이 되다", 〈PR 위크〉, 2001년 2월 26일, https://www.prweek.com/article/1238120/ analysis-client-profile-dogged- determination-helps-peta-prjungle-20- years-peta-fought-against-cruel-treatment- animals-julia-hood-reports-how.

하지만 정말로 맥도날드의 결정과 PETA는 아무런 관련이 없었을까? 나는 PETA에 대응하는 일이 거북했고 그들의 전략과 윤리를 불쾌하게 생각했지만 "PETA의 공이 있지 않을까?", "PETA가 변화를 가져오는 데 어느 정도 기여하지 않았을까?" 등의 몇 가지 질문을 던지지 않을 수 없었다. PETA의 주장이 설익은 상태였다면 무시하기 쉬웠을 것이다. 하지만 닭장 속에 쑤셔 넣어진 닭의 모습은 고객을 비롯한 기타 이해관계자에게 진실을 전했다.

활동주의의 장점은 중요한 사안에 이목을 집중시킨다는 것이다. 훌륭한 운동가는 대중의 정서에 영향을 미치고 대중의 마음을 끌어당기는 메시지와 캠페인을 양산한다. 그들은 다른 이들이 해결책을 찾도록 무대를 마련해준다. PETA는 그러한 단체였을까? 아니면 지나치게 극단으로 치우쳐 예의나 법적, 윤리적 한계를 넘어선 단체였을까?

나는 아무리 특이한 운동가일지라도 법적, 윤리적 한계 내에서만 활동한다면 크게 신경 쓰지 않는다. 가령 자신들의 보고서 '아마존을 잠식하다'를 홍보하기 위해 닭 복장 차림으로 맥도날드 영국 매장에 나타난 그린피스(9장 참고)의 경우 현명했다고 생각한다. 그린피스는 매장에 피해를 주지도, 그 누구에게 무례하지도 않았다. 마이클 스펙터는 2003년 '극단주의자'[38]라는 〈뉴요커〉 기사에 PETA의 회장이자 공동창립자인 잉그리드 뉴커크의 프로필을 실었다. 그는 PETA가 동물 권리라는 명목으로 착수한 캠페인의 실질적인 목적을 기술했다.

PETA는 자신들을 '폐지론자 단체'라 부른다. 열 개의 단어로 된 그들의 강령은 단순하지만 대담하다. "모든 동물은 인간이 먹고 입고 실험하거나 오락용으로 사용하는 대상이 아니다." PETA는 갑각류부터 침팬지에 이르기까지 모든 동물은 오직 자신을 위해 태어났다고 주장한다. PETA는 인간이 단지 더 강하고 똑똑하다는 이유로 어떤 방식으로든 다른 동물을 이용하는 것은 이 시대의 도덕적 유린이라 생각한다.

스펙터는 "우리는 언론에서 난잡하게 논다. 그것이 우리의 임무다. 얌전한 태도로 잠잠히 있으면 우리 조직은 아무런 가치가 없을 것이다."라는 뉴커크의 말을 인용하며 "처음부터 PETA는 다른 동물 복지 단체보다 급진적이었다."라고 말했다.

PETA나 미국 동물 애호 협회HSUS(Humane Society of the United States)를 비롯한 기타 동물 권리 단체가 성공적인 활동을 펼칠 수 있었던 것은 기업과 고객을 불편하게 만드는 사안을 언급했기 때문이다. 고객들은 효율성, 고밀도 거주 공간 등에 집중하는 유축농업을 비난했다. 나 역시 현대적인 유축농업을 가리키는 '동물 공장'이라는 경멸적인 용어를 좋아하지 않지만, 이 용어가 어느 정도 사실을 전달한다고 믿는다. 하지만 PETA의 활동에 익숙한 맥도날드의 동물 복지팀 시먼스는 "감정에 기반을

마이클 스펙터, "극단주의자", 〈뉴요커〉, 2003년 4월 14일, https://www.newyorker.com/magazine/2003/04/14/the-extremist.

둔 PETA는 동물을 식품으로 보지 않는다."며 그들이 진실을 왜곡하는 방식을 비난했다.

동물 활동가 단체는 동물들이 쇠고랑에 연결된 채 발길질 당하는 영상을 보도 기관에 가져가 기금조성에 활용합니다. 그들은 "이 동물들이 어떻게 고문당하는지 보세요."라고 말하죠. 이는 좋은 소통 방법은 아니라고 생각해요.[39]

시먼스는 진짜 진실을 밝히고 싶은 쪽은 맥도날드의 동물 복지팀이었다고 말했다. "우리는 열정적이었죠. 사실을 밝히자고 다짐했어요. 안 좋은 정보로 진실이 오염되고 있었으니까요. 이웃과 친구들이 거짓을 전해 듣고 우리에 대해 말하지 않도록 사실을 전해야만 했어요."

극단적인 단체의 공을 인정하기란 쉽지 않다. 스펙터는 극단주의를 비난하며 "PETA의 충격적이고 불쾌한 전략이 스스로 끌어들이고 싶어 했던 사람들의 기분을 상하게 만들지는 않았는지 의문을 던질 수밖에 없다."고 지적했다. 뉴커크와 같은 철학을 공유한 싱어조차도 "홍보는 그들에게 효과적인 전략이다. 뉴커크는 상대를 불쾌하게 만드는 위험을 무릅쓰는데, 그것이 실보다 득이 많다고 생각하는 듯하다."라고 말했다. 그랜딘 역시 스피라 같은 과거 지도자와 비교하며 우려를 표했다. "스피라는 상당히 효과적인 운동가였

39
폴 시먼스와의 개인적인 인터뷰, 2014년 3월 8일.

습니다. 해상노동조합의 협상가였던 그는 언제 앞으로 나아가고 언제 뒤로 물러서야 하는지 잘 알았습니다."[40] 또한 그랜딘은 오늘날의 보편적인 전략, 특히 채식주의 사안을 동물 복지 문제에 얹으려는 전략에 결코 관대한 입장을 갖지 않았다.

오늘날 운동가 단체들은 채식주의자적 접근을 하죠. "육류 산업을 개선하는 게 아니라 무너뜨리기 위해 일하자."는 식이에요. 제가 걱정하는 것은 모든 것이 지나치게 추상적이라는 점입니다. 막 법대를 졸업해 실무 경험이 전무한 이들이 일선에서 활동하죠. 그들이 제기하는 모든 사안은 추상적일 수밖에 없어요. 그들은 현실이 어떤지 모르니까요.

동물 복지 분야 역시 다른 사회 운동이나 문화적 변화처럼 한 명의 지도자나 한 단체만으로는 바뀔 수 없다. 수많은 힘이 융합되어야 한다. 스펙터는 《극단주의자The Extremist》에서 이렇게 말했다.

어떤 사회 운동이든 주류 사회를 뒤집을 만큼 급진적이되 보다 온건하며 영향력이 우세한 사람이 있기 마련이다. 수많은 말콤 X 가운데 마틴 루터 킹이 있고 수많은 안드레아 드워킨 가운데 글로리아 스타이넘이 있다.

템플 그랜딘과의 개인적인 인터뷰, 2014년 3월 8일.

나는 이것이 맥도날드의 경험에 적용된다고 생각한다. PETA가 소음을 양산하지 않았거나 언론이 이 사안에 대해 소식을 전하지 않았다면 산란계의 거주 조건과 관련된 변화가 지금보다 더디게 진행되었을지 모른다. PETA의 공격이 없었더라면 세상을 바꾸고 맥도날드를 비롯한 대기업의 동물 복지 관행을 바꾸기 위한 그랜딘과 멘치 박사의 합리적이고 과학적인 방법이 쉽게 빛을 보지 못했을 것이다.

역경 끝에
얻은 너겟
**Hard
Knock
Nuggets**

극단주의를 중화시키는 방법

➡ 대응 전략을 개발한다.

맥도날드는 경험을 통해 신뢰할 만한 전문가와의 협력이 얼마나 중요한지 알게
되었다. 기업은 두 가지 측면에서 도움을 줄 수 있는 전문가를 찾아야 한다.

- 실질적 문제 해결을 위한 가시적인 활동을 계획하는 데 협조적인 전문가
- 기업의 노력을 지지하는 전문가(기업을 믿는 이들이 많지 않기 때문이다.)

➡ 자문 위원회를 수립한다.

- 위원회를 언제 철수할지 결정한다.
- '비생산적인 회원이 있으면 어떻게 해야 할까?', '상황이 바뀌면 어떻게 해야 할
  까?' 등 위원회의 조건을 규정한다.
- 위원회에 반드시 보상을 제공할 필요는 없다. 가장 좋은 방법은 경비만 부담하
  는 것이다. 이 경우 위원회의 독립성과 신뢰성을 유지할 수 있다. 물론 우리가 창
  설한 위원회 중 일부는 이 방법이 효과적이었으나 모두에게 적용된 것은 아니었
  다. 가령 사례비(2000년대 중반 1인당 연간 7,500달러)를 지급하지 않고는
  전 세계 최고의 영양 전문가를 확보할 수 없었다.

- 위원회에 지불한 비용을 투명하게 공개한다. 외부 비평가는 자금 사용 내역을 숨기는 단체를 경계한다. 기업이 외부 전문가에게 돈을 지급하면 독립성이 훼손된다고 생각하기 때문이다. 그렇다고 사용 내역을 공개하지 않는 것은 더욱더 위험하다.

➜ **완곡한 커뮤니케이션 방법에 안주하지 않는다.**

라이커는 PETA 캠페인을 진압하기 위해 반격을 가했고 강경하게 대응했다. 반드시 적과 대결해야 하는 것은 아니나 일단 전투를 시작했으면 전력을 다해야 한다.

- 눈앞에 닥친 큰 문제를 인정해라.
- 겸손해라. "우리는 완벽하지 않다", "개선할 점이 있다"라고 진심을 담아 말하라.
- 사실에 근거한 독립적인 관점으로 자신의 의견을 주장해라.

PART 4

The Battle to Be Proactive

선제적 대응을 위한 투쟁

Happy Meal Toys and the Ups and Downs of Anticipatory Issues Management

해피밀 장난감과 예상 사안 관리의 성쇠

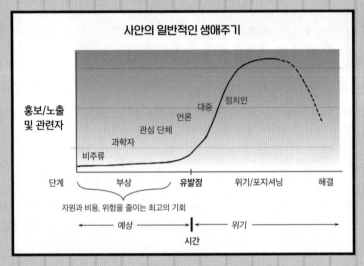

예상 사안 관리 모델은 긴급한 문제에 대응하기 위한 전술을 제공한다.

출처: 데버러 앤더슨 박사

AIM 전도사, 글로벌 안전 규제자를 만나다

2000년 초의 어느 날 밤, 마이크 도나휴는 BBC 뉴스를 시청 중이었다. 뉴스에서는 장난감에 들어 있는 프탈레이트의 위험에 대한 내용이 보도됐다. 프탈레이트[41]는 플라스틱을 잘 휘어지게 만드는 연화제로 아이들에게 영향을 주기 쉬운 내분비계 교란 물질이었다.[42]

화면에서는 걸음마 중인 아기가 고리 모양의 플라스틱 치발기를 빨고 있는 모습이 나왔다. 도나휴는 "저는 바로 프탈레이트를 예상 사안 관리 AIM(Anticipatory Issues Management) 차트에 포함했죠. 해피밀 장난감에 프탈레이트가 들어 있었기 때문에 문제가 될 수 있었거든요."[43]라고 말했다. 그렇게

41
질병 통제 예방 센터, "프탈레이트 자료표", https://www.cdc.gov/biomonitoring/Phthalates_FactSheet.html.

42
브라이언 비엔코우스키, "UN 패널, 호르몬 교란 물질을 '전 세계적인 위협'이라 칭하다", 〈사이언티픽 아메리칸〉, 2013년 2월 19일, https://www.scientificamerican/com/article/united-nations-panel-calls-hormone-dispruptors-global-threat/.

43
마이크 도나휴와의 개인적인 인터뷰, 2017년 4월 4일.

맥도날드의 첫 AIM이 시작되었다.

도나휴가 맥도날드의 주요 로비스트가 된 데에는 이유가 있었다. 맥도날드 브랜드를 열렬히 옹호하고 상대를 설득하는 데 탁월한 그의 역량은 스스로도 자랑스럽게 여길 정도였다. 그는 기업을 괴롭히는 외부 문제에 관해 위기가 닥치기 전에 적극적으로 해결책을 도모해야 한다고 생각했다. 도나휴는 맥도날드 경영진에게 자기 생각을 설득력 있게 제시했다. 그리하여 경영진은 1999년 그가 공공 및 커뮤니티 사안 부서PC&A를 창설하도록 승인했고, 나는 그의 팀원이 되었다. 나의 멘토 셸비 야스트로는 1998년에 은퇴했고, 내 역할도 전 세계적인 공급망 관리로 바뀌었다. 나는 도나휴가 자신의 새로운 팀에 합류해 달라고 했을 때 그 기회를 두 팔 벌려 환영했다. PC&A가 기업의 사회적 책임에 관해 광범위한 플랫폼을 제공해줄 것 같았다. 게다가 방어가 아닌 공격에 나서야 한다는 그의 생각에 완전히 매료되었다.

도나휴는 맥도날드가 공적 문제에 더욱 적극적인 입장을 갖도록 만들고 싶어 했는데, 상황에 맞는 확실한 모델이나 체제가 없었다. 내 역할은 그에게 필요한 모델을 찾는 것이었다. 그러던 중 우연히 프록터 앤드 갬블의 전 임원 데버러 앤더슨이 쓴 기사를 접했다. 그가 개발한 AIM이라는 문제 관리 모델이 나의 눈길을 사로잡았다.[44]

지난 10년 동안 맥도날드는 문제가 발생할 때까지 기다리는 역할을 했

44
데버러 앤더슨 박사, "예방 사안 관리의 주요 개념", 〈기업 환경 전략〉, no1, 5, 1997년 가을, 6-17페이지.

다. 그래서 더 큰 비용을 지불하고 문제를 해결해야 하는 경우들도 많았다. 이런 경험을 하다보니 문제가 될 것이라 예상되는 사안에 대해 선제적 관리가 필요하다는 AMI에 공감이 되었다.

맥도날드는 포장 용기와 PSF가 쓰레기 매립지를 가득 메우고 있다는 주장, 아마존에서 생산된 소고기를 사용한다는 환경 운동가들의 주장, 오존층을 파괴하는 CFCs를 발포 용기에 사용한다는 환경 운동가들의 비난,[45] 동물 학대 관행을 비방하는 PETA의 캠페인, 공중 보건 옹호자로 전환한 필 소코로프의 캠페인(그는 맥도날드를 비롯한 기타 패스트푸드 업체가 "콜레스테롤 함유량이 높은 음식으로 미국을 독살한다"고 주장했다) 등[46] 수많은 문제에 직면해 있었다. 나는 도나휴에게 앤더슨의 기사를 보여주며 AIM 모델을 적용해야 한다고 조언했다.

도나휴는 "저는 기사를 3, 4개월 동안 가방에 넣고 다녔어요. 그러던 중 출장길에 올랐고 드디어 기사를 읽을 시간이 되었지요. 읽는 순간 정말 돌아버렸죠."라고 말했다. 그가 말하는 '돌아버렸다는 것'은 절대적으로 지지하게 되었다는 의미다. 그는 어떤 지도자보다 열정적으로 이 방법을 지지했고, 덕분에 AIM은 사업에 영향을 미칠 사회 문제를 적극적으로 관리하는 맥도날드의 새로운 모델로 자리 잡았다.

45

M. 매리엇, "코흐, 맥도날드 포장 용기를 비난하다", 〈뉴욕 타임스〉, 1987년 12월 30일, http://www.nytimes.com/1987/12/30/nyregion/koch-faults-mcdonald-s-packaging.html.

46

W. 색손, "콜레스테롤에 맞서 싸우던 아흔두 살의 필 소코로프, 사망하다", 〈뉴욕 타임스〉, 2004년 4월 17일, http://www.nytimes.com/2004/04/17/us/phil-sokolof-82-a-crusader-against-cholesterol-is-dead.html.

BBC에서 해피밀 장난감에 들어 있는 프탈레이트 관련 뉴스를 접한 후 도나휴는 이 문제를 해결하는데 최초로 AIM을 적용해보겠다고 결심했다. 그는 글로벌 안전 담당 상무인 조 벡위드를 찾아갔다. 수동적인 문화에서 적극적인 문화로 탈바꿈하기 위해서는 허풍을 떨지 않는 믿을 만한 임원이 필요했고, 적임자가 바로 벡위드였다. 벡위드는 AIM 모델 도입에 앞장설 완벽한 인물이었다. 1969년 매장 수습생으로 시작해 30년간 맥도날드에서 일한 그는 회사 내에서 칭찬과 존경을 한 몸에 받는 존재이기도 했다.

벡위드는 도나휴에게서 AIM에 관한 설명을 들었다. AIM 모델은 공적 사안이 초기 정보만 제공되던 시기를 지나, 비주류 단체나 학계에 인지되는 자연적 진화 과정을 거쳐 유발점(쓰레기를 저장할 곳이 모자라는 위험에 대해 언론이 떠들썩한 보도를 한 모브로 바지선의 사례처럼)에 도달하면 합리적이고 과학적이며, 경제적인 방법으로 문제를 해결할 기회를 잃게 된다고 말한다. 뒤늦은 해결책은 보통 비싸고 비효과적일 수밖에 없다.[47] 따라서 사회 문제가 발생한 후 언론이나 정치인, 변호사가 이를 관리 불가능한 수준으로 만들기 전에 적극적으로 대응해야 한다. 문제가 발생한 시점에 사안을 분석하고 평가하며 해결책을 찾아야 시간과 자원이 충분할 때 적절한 조치를 할 수 있다.

아이들의 치발기가 관심 대상이 되자 장난감 브랜드는 앞다퉈 자신들

[47] 조 백위드와의 개인적인 인터뷰, 2018년 1월 12일.

의 제품에 들어 있는 프탈레이트 문제를 해결하려고 나섰다. 도나휴는 "카메라 기자가 매장에 들이닥쳐서 해피밀 장난감을 입에 넣고 있는 아이들을 촬영하기까지 시간이 얼마나 남아있나요?"라고 물었고, 그의 말에 자극받은 벡위드는 즉시 업무에 착수했다.

벡위드에게는 안전 문제와 관련해 뼈아픈 기억이 있었다. 1999년, 맥도날드는 일부 매장 내 놀이터에서 발생한 상해 사건을 소비자 제품 안전 위원회CPSC(Consumer Product Safety Commission)에 알리지 않은 것과 관련해 400만 달러의 손해배상금을 지불했다. 사고가 발생한 시설은 햄버거처럼 생긴 금속제 플랫폼, 빅맥 클라이머였다.[48] 놀이터 안전과 관련해 온갖 조치를 했지만 형편없는 결과를 맞았던 벡위드는 AIM을 적극적으로 받아들였다. 그는 맥도날드가 내분비계 교란 물질과 관련한 건강 문제에 결부되기 전에 빨리 프탈레이트 사용을 중단해야겠다고 생각했다. 하지만 마케팅팀은 벡위드가 지나치게 민감하게 반응한다며, 그럴 바에야 나무 장난감을 사용하는 게 어떻겠냐고 농담을 던지기까지 했다. 벡위드는 이에 굴하지 않았다. 당시 상황에 대해 도나휴는 이렇게 말했다.

[48]
소비자 제품 안전 위원회 웹사이트, "CPSC, 맥도날드가 4백만 달러의 손해배상금을 지불하겠다고 선언하다", 1999년 6월 29일, https://www.cpsc.gov/content/cpsc-mcdonalds-corp-announce-agreement-for-firm-to-pay-4-million-damage-settlement.

저는 벡위드와 처음으로 AIM 모델을 사용했습니다. 저는 "곧 유발점이 발생할 거예요."라며 치발기와 관련된 언론 보도를 보여주었어요. 2주 만에 벡위드는 공급업체에 명령을 내렸습니다. 업체는 프탈레이트를 사용하지 않으면 장난감은 만들 수 없다고 말했지만, 그는 창의력을 발휘하라고 밀어붙였죠. 결국 그는 정해진 시간 내에 임무를 완수했습니다. 맥도날드가 사회적으로 책임 있는 사안과 관련해 더욱 적극적으로 나서야 함을 분명히 보여주는 시작점이었죠.

벡위드는 글로벌 안전 담당 상무 자리를 제안받았을 때 고위 경영진에게 중요한 안전 사안과 관련해 의견을 무시하지 말아 달라고 솔직하게 말했다. 그는 특정 사안을 제기할 때 경영진이 사실을 더 깊이 파악하고 더 많이 연구하라며 담당자를 돌려보내는 경우를 수없이 목격했다. 경영진은 절대로 '안 된다'고는 말하지 않지만 핑계를 대며 담당자를 쫓아버리곤 했다. 벡위드는 임원들에게 이렇게 말했다.

저는 사소한 것들로 귀찮게 하지는 않을 것이며 반드시 해결책을 제시할 것입니다. 우리는 놀이터 장비, 식품 안전 사안, 직업 안전 건강 관리청OSHA(Occupational Safety and Health Administration) 사안, 환경 문제 등과 관련해 돈이 되지 않거나 수익이 발생하지 않는 활동들을 해야합니다. 그것은 불쾌한 문제일 경우가 많습니다. 저는 골치 아픈 문제를 보고하는 사람이 되겠지요. 하지만 그것이 여러분이 저에게 맡기는 임무입니다.

그린버그를 비롯한 임원들은 그의 말에 동의했고, 벡위드에게 장난감에 변화를 줄 수 있는 재량을 주었다. 벡위드는 현실적이었고 결단력이 있었다. 그의 결단력 덕분에 공급업체와 마케팅팀의 반대에도 맥도날드는 장난감에서 프탈레이트를 없애겠다는 단호한 결정을 내릴 수 있었다. 연구를 통해 안전한 장난감 유연제도 찾아냈다. 다만 소량을 사용해야 했고, 실제 장난감을 만드는 데 사용된 적이 없어 시행착오를 겪어야 했다. 그럼에도 맥도날드는 1년이라는 시간을 들여 대안 유연제를 사용한 장난감을 완성했다.

이후 우리는 AIM 교차 기능팀을 창설했다. 맥도날드 브랜드나 운영, 공급망에 영향을 미칠 수 있는 문제들을 해결하기 위해 힘을 합쳤다. 우선 과제로 삼은 문제들을 긴밀히 살펴보았으며 활동 계획을 수립했다. 공식적인 AIM팀이 창설되며 내부 해결책을 찾기 위한 토론이 더 수월하게 이루어졌다.

AIM의 한계

물론 AIM이 모든 문제의 만병통치약은 아니었다. AIM에는 단점도 존재했다. 첫째, AIM의 시행으로 오히려 급부상하는 문제를 쉽게 놓칠 수 있고 둘째, 맥도날드 내 여러 부서가 그들이 내리는 결정을 체계적이라고 생각하지 않았다.

2006년 여름, 나는 그 어느 때보다도 많은 편지를 받았다. 전부 허머 트럭 모양의 해피밀 장난감을 비난하는 내용이었다. 허머 자동차가 기름을 지나치게 많이 소모하는 것 때문에 문제가 되었기에, 환경 운동 가들이 이 장난감을 불쾌하게 생각했다. 당시 맥도날드는 에너지 효율성 향상을 위해 노력한다는 내용의 홍보 활동을 하고 있어서 그들은 해피밀에 허머 트럭 장난감을 포함한 맥도날드를 위선자로 보았다.

나는 마케팅팀장에게 허머 마케팅의 결과를 생각해봤냐고 물어봤다. 안타깝게도 마케팅팀의 그 누구도 허머의 부정적인 이미지를 생각조차 하지 못했다고 했다. 어떻게 그럴 수 있단 말인가? 그들은 신문도 읽지 않는단 말인가? 자신의 업무에만 근시안적으로 접근할 때 이 같은 일이 발생한다. 다른 연결고리를 보지 못하는 것이다. 나는 내부적으로는 마케팅팀이 이 사실을 고려조차 하지 않았다는 사실에 불만을 표했다. 프로모션을 하려면 비평가들의 생각도 알아야 하고 이에 대응할 계획도 세워야 한다. 하지만 우리에게는 아무런 계획이 없었다. 그럼에도 나는 외부적으로는 맥도날드를 변호하고 나섰다. 허머는 그저 재미있는 장난감일 뿐이라고 말하며, 매주 글을 올리는 CSR 블로그, '오픈 포 디스커션'에서 나의 의견을 구체적으로 표명했다.

나는 자녀가 있거나 있었던 직원들을 대상으로 투표를 진행했다. 그들 중 한 명은 자녀가 허머 자동차 모조품을 그저 장난감으로만 즐긴다고, 다른 장난감 트럭처럼 모델이 무엇이든 상관하지 않는다고 말했다. 그녀는 미니 쿠퍼를 몰고 아이와 장을 보러 가며 주말에는 아이들과 자전거를 탄다. 또 다른 직원은 손주들이 허머 장난감을 정말로 좋아한다고 말했다. 물론 이 투표는 과학적이지 않다. 하지만 나는 투표 결과가 중요한 사실을 말해준다고 본다. 아이들의 관점에서 보면 허머 트럭 장난감은 특정 자동차 브랜드가 아니라 그저 장난감일 뿐이다……[49]

하지만 환경 운동가들은 내 답변을 달가워하지 않았다. 어떤 운동가는 내가 '순진하거나 솔직하지 못하다'고 말했다. 우리가 앞서 생각하지 못함으로써 의도치 않게 브랜드를 훼손시키는 불필요한 사건이 발생한 것이다. 모든 부서에서 AIM을 어떻게 활용해야 하는지 보여주는 사건이었다. 문제가 중대한 사안으로 발전하기 전에 예방한다면 영웅은 존재하지 않아도 된다. 사전 해결책은 위기를 해결할 때와는 달리 대소동이 없다. 부상하는 문제를 위기가 닥치기 전에 해결한 사람은 눈에 띄지 않는다. 백위드는 이러한 현상을 설명했다.

회사 내 누군가가 문제를 앞서 해결한다고 칩시다. 문제는 해결되었는데, 아무도 이 사실을 알지 못합니다. 측정할 방법도 없고요. 그저 해결된 것뿐입니다. 변화를 이끈 사람은 인정받지 못하죠. 이 문제가 얼마나 큰 사안으로 발전할지 아무도 모르기 때문입니다.

49
환경 실무 그룹 웹사이트, "맥도날드, 허머 시위에 대응하다", https://www.ewg.org/enviroblog/2006/09/madonalds-responds-hummer-protest#.WoQwAzaYbdk.

AIM 목록에 포함할 문제를 파악하는 일은 실제 발생한 문제를 해결하는 일보다 쉽다. 그렇다고 부상하는 모든 문제를 다루는 것은 알 수 없는 미래 때문에 불가능하다. 백위드조차 이 사실을 인정했다. 그는 "운영상 모든 사안에 일일이 관여할 수는 없습니다."라면서도 최소한 '만약의 시나리오'는 개발할 수 있다고 조언했다.

위기에서 벗어나 있을 때 우리는 무언가가 자신에게 영향을 미칠지 미치지 않을지 저울질해볼 수 있습니다. 기업에 영향을 미칠 거라 생각되면 최소한 자신이 할 수 있는 계획을 세울 수 있습니다. 사용하지 않을 수도 있겠지만 계획을 세워두면 이 문제가 주요 사안으로 부상할 때 당황하지 않을 수 있습니다.

사안 미리 파악하기

부상하는 사회적, 환경적 사안을 미리 다루지 않는 것은 기업 입장에서 큰 실책이다. 하지만 대부분의 기업은 위기가 닥칠 때까지 기다리고 또 기다린다. 그러다 문제가 발생하면 상부의 명령에 따라 그제야 부랴부랴 움직이기 시작한다. 그때는 촉박한 시간 때문에 과학이 무시된다. 대중의 동요를 진압하기 위해 서두르는 과정에서 발생하는 비용 역시 간과된다. 해결책은 대부분 임시적이고 완벽하지 않으며, 이미 명성에는 타격을 입는다. 어떤 분야의 기업이든 문제가 위기로 확장되고 공황에 빠지기 전, 미리 해결에 나선다면 문제를 효과적으로 진압할 수 있다. 그에 대한 몇 가지 팁을 제공한다.

➡ AIM 레이더 지도를 작성한다.
　　정기적으로 문제를 파악하고 점검하는 교차 기능팀을 창설한다.

➡ 듣고 분석한다.
　　사안과 연루된 외부 이해관계자와의 대화를 통해 사안 기술서(해당 사안에 대한 모든 사람의 의견)를 작성하여 분석한다. 사무실에서 벗어나 외부인과 대화를 나누면 뜻밖의 사실을 알 수 있다.

➜ 전문가에게 묻기를 두려워하지 않는다.

외부 이해관계자와 이야기를 나누면 판도라의 상자를 여는 것 같다고 생각하는 사람들이 있다. 물론 특정 사안에 대한 우려를 표하면, 오히려 기업의 입장에 반대하는 상대를 자극할 수도 있다. 하지만 사안에 갇혀 있는 것보다는 위험하지 않다. 꼼꼼하게 고른 외부 전문가에게 기업의 인간적인 측면을 보여주며 건설적인 대화의 장을 마련한다. 기업의 투명성이 어느 때보다 절실하게 요구되는 오늘날, 어차피 문제를 감출 수도 없다.

➜ 해결책 시나리오를 작성한다.

모든 사안이 사업에 영향을 미치지는 않겠지만 그럴 확률이 높은 사안은 큰일이 발생할 때를 대비해 권고 사항이 담긴 최소한의 사안 평가서를 마련한다.

PART 5

The Battle of the Waistline and Brand Health

허리둘레에 대한 투쟁과 브랜드 건강

The Obesity Dilemma and a Healthier Happy Meal

비만 딜레마와 건강한 해피밀

맥도날드의 해피밀(2018년)

지붕 위의 구멍

2000년대가 되자 과체중이거나 비만인 아이들이 해마다 늘고 있다는 보고서가 연이어 발표되었다. 비난의 대상이 된 맥도날드는 그 소용돌이의 중심에 서 있었다. 비평가들은 해피밀이 아이들을 비만으로 만든다고 주장했다. 아동 비만 딜레마의 주범으로 몰리자 맥도날드 미국 회장 잔 필즈는 마음이 무거웠다.

2010년 11월, 필즈가 새롭게 창설한 브랜드 신뢰팀BTT(Brand Trust Team)이 주관한 회의에서 우리는 해피밀의 방향에 대해 논의했다. 샌프란시스코에서는 해피밀이 건강한 식단으로 바뀌지 않는다면 판매 금지 조치까지 고려하고 있는 상황이었다. 비만율은 나이와 성별을 불문하고 가파르게 상승하고 있었고, 맥도날드 같은 요식 업체들은 영양 성분을 개선하라는 요구에 시달렸다. 이는 생각보다 훨씬 큰 사회 문제였다.

나는 맥노날드에서 일하면서 복잡한 사안을 수없이 다뤘지만, 이번에는 수위가 달랐다. 비만 문제 해결은 맥도날드가 직면한 그 어떤 것보다 복잡했다. 우선, 전문가마다 비만의 원인과 해결책에 관해 다른 의견을 내놓았다. 둘째, 맥도날드 사업 모델에서 건강한 메뉴의 대량 판매는 쉽지 않았다. 마지막으로 쓰레기나 동물 복지(1장~3장) 문제와 달리 맥도날드의 변화가 산업 전체를 바꿀 수 있으리라는 확신이 없었다. 이 문제는 맥도날드 사업에 막대한 영향을 끼칠 것이 분명했다. 어린이와 가족은 맥도날드의 성공을 결정짓는 대표적인 대상이었기 때문에, 해피밀을 향한 공격은 맥도날드 사업의 심장을 겨냥한 미사일이었다.

맥도날드는 '고객이 느끼는 브랜드의 건강 관련 특징'을 매우 상세하게 연구했는데, 장기적인(3년의 수익에 영향을 미치는) 특징 대부분이 CSR 카테고리에 해당했다(윤리적이고 책임감 있는 행동, 가치 있는 자선활동과 지속 가능한 포장 지원, 아이들의 건강과 사회적 사안 염려). 이 같은 브랜드 건강과 관련된 특징들이 맥도날드와 어느 정도 연관성이 있는지에 대해서도 평가를 진행했다. 평가 결과는 맥도날드와의 연관성 정도에 따라 35% 이하는 붉은색으로, 35~65% 사이는 노란색으로, 65% 이상은 녹색으로 표시했다. 맥도날드는 CSR 관련 특징과의 연관성 면에서 대부분 붉은색 존에 위치했다. 이 결과를 통해 맥도날드의 '브랜드 건강'을 개선하기 위한 작업이 필요하다는 사실을 확인할 수 있었다. 나는 여기서 더 나아가 브랜드 건강을 개선하는 과정에서 CSR 전략과 프로그램을 자연적으로 수립할 수 있을 거라 생각했다.

BTT 회의가 진행되는 동안 나는 임원들로 가득한 회의실을 둘러보았다. 매장 운영, 인력, 법률, 공급망, 마케팅, 메뉴, 정부 관계 등 하나같이 맥도날드의 외부 명성에 영향을 미친 인물들이었다. 나는 그들이 CSR 분야와 관련해 더 많은 일을 수행하도록 설득하는 자리에 직접 참석하게 된 것이다.

CSR 책임자의 주된 업무는 다른 이들에게 영향을 미치는 일이다. 오케스트라와 하나가 되어 연주자들에게 동기부여를 하는 지휘자처럼 말이다. 이 회의에서 나는 필즈를 관찰했다. 그녀의 정감 어린 농담과 호기심 넘치는 질문을 유심히 살펴보았다. 그녀는 참으로 대담했다. 팀원들에게 자극을 주고 문제의 핵심을 파고들며 팀을 행동으로 이끄는 방법을 알고 있었다. 필즈는 맥도날드 미국 사업이 지난 수년간 판매량이나 매장 방문객 수와 관련해 큰 실적을 보였지만, 진짜 고객의 피드백을 더 자세히 살펴봐야 한다고 말했다.

판매, 매장 방문객 수, 현금 흐름 모두 긍정적인 양상입니다. 모든 것이 정말 탄탄한 상태죠. 하지만 고객 피드백을 살펴보면 우리가 판매하는 음식과 가치를 둘러싼 진짜 질문이 보입니다. "우리의 음식은 어디에서 오는가?", "동물 복지나 삼림 정책 같은 지속 가능성 관행은 무엇인가?" 같은 질문이죠. 정서적인 브랜드 특징에 있어서 우리의 실적은 낮습니다.[50]

잔 필즈와의 개인적인 인터뷰, 2017년 1월 25일.

필즈는 명성과 관련된 문제가 재정 상태에 영향을 미치기 전에 해결에 나서야겠다고 마음먹었다. 그녀는 AIM(공식적인 체제가 2006년에 완료되었다)의 개념을 적용했다. 그는 "맥도날드 미국 회장이 되면서 태양이 비칠 때 지붕을 고치는 것을 최우선 과제로 삼았습니다. 지붕에 구멍이 난 상태지만 아직 태양이 비치고 있으니 우리 손에서 벗어나지 않은 것들을 하나씩 해결해나가면 됩니다."라고 말했다.

필즈는 브랜드 건강 사안을 사업의 성공과 불가분한 요소로 관리할 예정이었다. 식품 조달, 영양, 환경, 사람, 지역사회 같은 소프트한 사안이 하루 매장 방문객 수, 판매량, 서비스 속도와 정확성 같은 기존의 영업적 기준과 더불어 중요한 자리를 차지하게 되길 바랐다. 필즈는 BTT팀에게 "우리는 아이들에게 더욱 책임 있는 기업이 되기 위해 해피밀 메뉴를 수정해야 합니다."라며 음식과 사람에 집중하라고 명령했다.

해피밀, 집중 공격을 받다

맥도날드의 메뉴 담당자 카렌 웰즈는 BTT팀에게 샌프란시스코 출장에 대한 이야기를 간략히 전했다. 그녀는 해피밀이 칼로리와 설탕, 지방, 소금의 함유량을 낮추지 않으면 해피밀 장난감을 금지한다는 공청회에서 증언을 하고 온 참이었다. 맥도날드 밖에서 그녀는 외로웠다. 맥도날드를 지지하는 이도 없었고 친구도 없었다. 한마디로 건강이나 비만 문제와 관련해 우리는 동지가 없었다.

맥도날드는 1979년 최초로 해피밀을 선보였다. 햄버거나 치즈버거에 프렌치프라이나 쿠키, 청량음료와 함께 장난감을 제공했다. 치킨 너겟은 1983년에 추가되었다. 그 외에는 30년 동안 해피밀 식단에 변화는 없었다. 아이들을 위해 온갖 종류의 건강한 메뉴를 도입해봤지만, 어떤것도 성공하지 못했기 때문이었다.

나는 해피밀이 건강한 메뉴라고 생각해본 적은 없지만 그렇다고 건강하지 않다고 생각한 적도 없었다. 2005년 이사회에 제출한 공개 보고서에는 인기 있는 해피밀 메뉴 두 개의 영양학적 성분이 빠짐없이 기술되어 있다. 한 해피밀 메뉴에는 6살 여자아이의 하루 권장량의 34%에 해당하는 칼로리가 함유되어 있고, 다른 메뉴에는 31%에 해당하는 칼로리가 함유되어 있다. 지방은 26%(햄버거 세트)에서 44%(맥너겟 세트) 사이였다. 내가 보기에 아이들 식단으로 적정한 수준이었다.

무엇보다 아이들은 해피밀의 햄버거와 맥너겟을 좋아했다. 판매량이 하루 7천만 건(2018년 기준)에 달했다. 그러나 이에 대해 주 고객인 부모들은 죄책감에 시달렸다. 죄책감의 이유는 다양하겠지만 아마 해피밀이 아이들에게 좋지 않다고 생각했기 때문일 것이다.

실제 브랜드 건강을 측정하는 주요 방법으로 소비자에게 맥도날드 음식을 먹으면 기분이 좋은지를 묻는데, 결과는 수년 동안 붉은색 존에 머물렀다. 더불어 가장 우려되는 점은 해피밀 판매량의 감소였다. 2011년, 해피밀을 비롯해 기타 아이들을 상대로 한 메뉴의 판매량은

13억 개에서 12억 개로 6% 하락했다.[51]

2001년 - 2010년 맥도날드의 암흑기

2000년대, 맥도날드는 수많은 비난에 시달렸다. 에릭 슐로서의 비평서, 《패스트푸드 네이션Fast Food Nation》에서부터 모건 스펄록의 모큐멘터리(사실 보도 속에 픽션 요소를 가미한 기록물-옮긴이) 〈슈퍼 사이즈 미〉에 이르기까지, 비만과 칼로리 함유량 문제부터 다양한 소송까지, 맥도날드는 수많은 전선에서 싸워야 했다.

특히 비만을 둘러싼 공격과 우리가 거래하는 산업화된 농장과 관련된 사항에서 집중 공격을 받았다. 캠페인, 법안, 책, 영화를 비롯해 다양한 사설란에는 우리에 대한 부정적 사안들이 가득했고 맥도날드는 수 많은 적을 상대해야 했다.

그들에게 맥도날드는 정크푸드와 동일시되었다. 이는 우리를 향한 공격의 핵심이었다. 정크푸드는 영양이나 고품질의 재료가 결여된 음식일 뿐 아니라 직원이나 환경, 동물과 관련된 부정적인 관행과 결부된 식품이기도 했다.

필즈는 대중을 상대로 한 연설에서 "맥도날드는 화장지계의 크리넥스가 되었다. 맥도날드는 안 좋은 음식이나 안 좋은 행동의 상징이다."라고 표현하기도 했다.

51
B. 터틀, "우리는 왜 해피밀을 덜 먹나", 〈타임스〉, 2012년 4월 23일, http://business.time.com/2012/04/23/why-were-eating-fewer-happy-meals/.

2001년 : 패스트푸드 네이션, 패스트푸드의 어두운 측면을 낱낱이 밝히다

≪패스트푸드 네이션≫은 빠르게 <뉴욕 타임스> 베스트셀러에 진입했고 대학생 추천 도서로 자리 잡았다. 이 책은 맥도날드가 산업화된 농장에서 생산한 안전하지 못한 재료로 만든 음식을 팔며, 노동자를 착취하고 환경을 파괴한다는 편견을 심어주었다. 에릭 슐로서는 "나는 사람들이 반짝이는 패스트푸드 산업 아래 무엇이 숨겨져 있는지 알아야 한다고 생각해 이 책을 썼다. 사람들은 맥도날드의 참깨 햄버거빵 사이에 무언가 도사리고 있음을 알아야 한다. 내가 먹는 것이 내가 되는 것이다."라고 기술했다.

2002년 : 비만 10대 두 명, 맥도날드를 고소하다

이 소송은 1990년대의 뜨거운 커피 소송과 비슷했다. 시시한 소송이었지만 놀랍게도 큰 관심을 받았다. 두 명의 10대가 비만이 된 원인을 마케팅 관행, 음식, 영양 성분과 관련된 정보를 공개하지 않은 맥도날드 탓으로 돌렸다. 이 소송은 다음 해 기각되었지만, 맥도날드가 무력한 아이들을 유혹한다는 주장은 담배 광고의 전략과 비슷한 효과가 있었다. 수많은 운동가가 이 가공할만한 서사를 발판으로 삼았다.

2003년 : 의무감, 비만을 유행병으로 명하다

한 보고서가 전국적으로도, 전사적으로도 큰 파문을 일으켰다. 미국 의무감이 날로 증가하는 비만을 공식적인 유행병으로 인정하는 내용이었기 때문이었다. 이로써 맥도날드를 비롯한 요식 기업을 향한 조사가 가속화되었고, 우리는 이 문제를 신속하게 해결해야만 했다. 의무감 리처드 카모라 박사는 2003년 7월, 이렇게 선언했다.[52]

https://www.surgeongeneral.gov/news/
testimoney/obesity07162003.

이 위기는 비만때문이다. 비만은 미국 내에서 빠르게 증가하는 질병 및 사망의 원인이지만 100% 예방이 가능하다.

1. 미국인 2~3명 중 한 명이 과체중이거나 비만이다.
2. 미국인 8명 중 한 명이 과체중이나 비만과 직접 연관된 질병으로 사망한다.

미국 아이들은 신체 활동 부족, 건강하지 못한 식습관으로부터 영향을 받는다. 1960년대에는 6~17세 사이의 아이 중 4%만이 과체중이었지만, 지금은 15%가 넘는다. 게다가 이 문제는 아이들이 성장한 뒤에도 사라지지 않는다. 과체중이었던 아이 4명 중 거의 3명은 성인이 되어서도 과체중이다.

카모라 박사는 미국 내 아동 비만을 근절해야 한다고 선언하며 다음과 같은 행동 방침을 내렸다.

- ◆ 신체 활동 늘리기
- ◆ 건강한 식습관 유지하기
- ◆ 건강 문해력[53] 향상하기

2004년 : 맥도날드의 트랜스지방산TFA(Trans-Fatty Acid) 소송

2002년, 맥도날드는 동맥경화를 일으키는 TFA 식용유를 단계적으로 철수하겠다고 선언했다. 완료 시한을 18개월 후로 설정했지만 안타깝게도 마감 기한을 지키지는 못했다. 우리의 요구를 충족시키려면 주요 공급업체

[53] 건강한 삶을 살아가기 위해 필요한 건강 정보를 정확히 이해하고 해석하는 능력.

가 캐놀라 밭을 추가로 심어야 했는데, 이는 생각보다 쉬운 일이 아니었다. 맥도날드는 2006년이 되어서야 미국 내에서 TFA 식용유를 완전히 철수시킬 수 있었다. 우리의 좋은 의도와는 다르게 집단 소송이 이어졌다. 소송의 핵심은 맥도날드가 2002년 고객에게 TFA 식용유 사용을 줄이겠다고 약속해놓고 지키지 못했다는 사실이었다. 원고는 맥도날드가 식용유를 바꾸지 않았다는 사실을 대중에게 알리지 않았다고 주장했으며, 맥도날드는 결국 850만 달러를 배상하는데 합의해야 했다.[54]

2004년 : <슈퍼 사이즈 미> 영화, 노이즈 마케팅을 낳다

모건 스펄록의 풍자적인 영화 <슈퍼 사이즈 미>가 개봉했다. 그가 30일 동안 맥도날드 음식만 먹은 기록을 영화화한 작품이었다. 하루에 5,000 칼로리 넘게 섭취하는 극단적인 식단이었다. 게다가 스펄록은 한 달 동안 정적인 생활을 했다. 먹기만 하고 움직이지 않은 그의 체중은 증가했고 건강은 안 좋아졌다. 당연한 결과였다. 하루에 5,000 칼로리를 섭취하고 운동을 전혀 하지 않으면 누구라도 건강이 나빠질 것이다. 스펄록의 모큐멘터리는 맥도날드에 대한 부정적인 인식을 양산했다. 이 영화에서 주장하는 내용이 완전히 거짓이라고 생각하는 사람은 없었다.

2005년 : 아동 마케팅 전쟁이 시작되다

2005년, 미국 의학원IOM(Institute of Medicine)은 아동을 겨냥한 식품 광고에 관한 비판적인 평론을 발표했다. 보고서 제목은 '아동 및 청소년을 상대로 한 식품 및 음료 마케팅 현황 : 식단과 건강에 미치는 영향'이었다.[55] 이 보고서는 아이들

54
https://www.nytimes.com/2005/02/12/
business/mcdonalds-settles-trans-fats-lawsuits.
html.

55
http://www.nationalacademies.org/
hmd/~media/Files/Report%20Files/2005/Food-
Marketing to Children and Youth Threat or
Opportunity/KFMOverviewfinal2906.pdf.

을 상대로 한 마케팅이 아이들의 건강을 위태롭게 한다고 주장했다. IOM 의 연구는 맥도날드 사업에 큰 위협이 되었다. 맥도날드는 광고를 통해 아이들과 소통했기 때문에 이에 대한 비판을 받는다면 큰 피해를 볼 수밖에 없었다.

2008년 : 메뉴판 칼로리 표기

2008년 7월부터 뉴욕시의 식당 및 커피 체인점 중 전국에 15개 이상의 매장을 가진 사업장은 메뉴판에 의무적으로 칼로리를 표기해야 했다. 2010 년에는 매장이 20개가 넘는 체인점을 대상으로 메뉴판에 칼로리를 비롯한 기타 영양 정보를 표기하도록 요구하는 법이 의회를 통과했다. 우리는 이러한 투명성이 회사에 미칠 영향에 대해 생각했다. 예를 들어 해피밀이 500 칼로리가 넘는다는 사실에 놀라 고객이 구매를 피할 수도 있었다. 일부는 투명한 정보 공개가 사업의 상황을 악화시킬 거라 여겼지만 또 다른 이들은 이 같은 조치가 고칼로리 음식을 판매하는 다른 체인점과 공평하게 평가받는 기회를 줄 것이라 생각하기도 했다.

2009년 : 국제기업책무기구, 캠페인에 착수하다

2009년, 국제기업책무기구Corporate Accountability International는 '가치 있는 식사 캠페인'을 통해 맥도날드를 다년에 걸쳐 공격했다. 국제기업책무기구는 초국적 기업이 민주주의에 반하고 인권을 짓밟으며 지구를 파괴하는 것을 막는 데 전념하는 소규모 NGO였다. 그들은 맥도날드가 아이들을 상대로 한 마케팅을 중단하고, 공공 보건 정책과 영양학을 조작하지 않으며, 패스트푸드가 건강에 미치는 안 좋은 영향에 대해 정확하고 완전한 정보를 제공할 것을 요구했다. 2010년 4월, 이 단체는 맥도날드의 신망 높은 마스코트가 아동 비만을 촉진한다며 로널드 맥도날드의 은퇴를 촉구하기도 했다.

> **2010년 : 움직이자! 캠페인**
>
> '움직이자!'는 2010년 2월부터 미셸 오바마가 주축이 되어 미국 내에서 진행한 공중 보건 캠페인이었다. 미셸 오바마는 이 캠페인이 학교 내 건강한 식단, 바람직한 식품 표기, 아이들의 신체 활동 증가에 기여할 거라고 말했다. 이 프로그램의 목적은 "아동 비만 문제를 이 세대에서 근절해 아이들이 건강한 성인이 되도록 하는 것"이었다. 2030년까지 아동 비만율을 5%로 낮추는 것이 목표였다.[56]

비만이 유행병처럼 번지기 시작하던 2000년대 초, 상황을 냉정하게 바라본 나는 비만율이 감소할 때까지 맥도날드가 비난의 대상에서 벗어나지 못할 거라고 생각했다. 2003년 의무감의 선언 직후 나는 영양 관련 전략을 수립하기 위해 창설된 팀을 이끌었다. 우리는 이 팀을 '활동적이고 균형 잡힌 생활양식BAL(Balanced Active Lifestyles)'이라는 이름으로 불렀다.

은퇴했던 맥도날드 CEO 짐 캔탈루포가 2002년 복귀하면서 팀의 본격적인 활동이 시작되었다. 당시 맥도날드의 주식은 주당 12달러로 최저치를 경신하고 있었다. 〈블룸버그〉는 우리를 '햄버거 지옥'[57]이라 부르며 맥도날

56
https://letsmove.obamawhitehouse.archives.gov/white-house-task-force-childhood-obesity-report-president.

57
"맥도날드의 햄버거 지옥", 〈블룸버그 비즈니스위크〉, 2003년 3월 3일, https://www.bloomberg.com/news/articles/2003-03-02/mcdonalds-hamburger-hell.

드의 몰락을 그린 기사를 실었다. 맥도날드의 사업은 곧 곤두박질 칠 것처럼 보였다.

그런 상황에서 캔탈루포는 맥도날드의 구세주였다. 몸집 불리기가 아니라 질을 향상하는 데 초점을 맞춤으로써 상황을 타개했다. 그는 치폴레나 프레 타 망제, 보스턴 마켓 같은 파트너 브랜드를 몇 개 매각했다. 더 많은 매장을 구축하거나 프랜차이즈 가맹점에서 대여비와 로열티를 지불받는 기존의 성장 방식에서 탈피한 것이다. 그는 맥도날드 기존 매장의 판매와 수익을 높임으로써 성장하고, 그것으로 더 나은 매장 운영과 질 좋은 식사에 집중해야 한다고 말했다. 그의 전략은 나를 비롯한 우리 팀 모두에게 활력을 불어넣었다.

캔탈루포가 CEO 자리에 오를 때, 해피밀을 상대로 한 공격이 막 시작되고 있었다. BAL 팀원들은 해피밀의 영양 성분을 개선할 방법을 들고 그를 찾아갔다. 캔탈루포는 맥도날드가 아동 비만 문제에 앞장서야 한다고 진심을 담아 말했다. 우리의 핵심 고객인·아이들의 건강을 진심으로 염려하던 그의 모습을 지금도 기억한다.

그는 우리가 방어적인 자세를 취하는 것이 아니라 먼저 나서야 한다고 했다. 캔탈루포는 비만 문제 해결을 위한 전략의 실행을 승인했으며, 내 상사 켄 바룬을 식품 및 영양에 관한 업무 책임자로 임명했다. 나는 그 후 몇 년 동안 영양학을 공부하고, 다음과 같은 BAL팀의 세 가지 주요 업무를 지원하는 데 많은 시간을 할애했다.

◆ 메뉴에 더 많은 선택과 균형을 제공한다.

◆ 고객에게 자신의 선택에 따른 영양학 정보를 교육할 방법을 마련한다.

◆ 신체 운동을 장려한다.

우리는 수많은 대안을 시도했지만, 그 어떤 메뉴도 판매 대상으로 적합하지 않았다. 햄버거/너겟, 프렌치프라이, 청량음료로 이루어진 해피밀 메뉴에서 벗어나기란 쉽지 않은 일이었다. 그 사이 캔탈루포가 심장마비로 사망하고 그의 뒤를 이어 CEO 짐 스키너가 취임했다. 그 역시 다양한 메뉴 선택과 영양학 정보 제공, 신체 활동 추구라는 맥도날드의 노력을 이어갔다. 스키너는 2005년 사회적 책임을 위한 기업 콘퍼런스에서 진심이 담긴 기조연설을 했다. 그는 많은 사람들에게 건강한 음식을 제공하는 일이 쉽지 않음을 겸손하게 인정했다. 노력 면에서는 맥도날드에 A를 주었지만, 결과에 관해서는 C마이너스를 주었다. 나는 스키너의 평가와 솔직함에 큰 인상을 받았다.

언해피밀: 낭떠러지 끝에서 벗어나 사회 친화적 메뉴가 되기까지

스키너는 맥도날드 직원 모두에게 개선 방법을 찾고 제 역할을 다해야 한다고 말했다. 더불어 개인적인 책임도 강조했다. 그는 해피밀 메뉴를 개선하려는 필즈와 BTT팀의 노력을 지원했다. 필즈는 열정적으로 영양 문제를 다뤘다. 몇 년 동안 개인적인 생활양식을 바꾸기까지 했다.

체중을 감량했으며 규칙적으로 달리기를 했고 늘 아몬드를 갖고 다녔다. 해피밀은 우리가 해결해야 할 가장 중요한 문제로 대두되었다.

전략 및 소비자 연구 담당자, 스티브 레비네는 해피밀 판매가 지난 5년 동안 어떻게 매년 5%씩 하락했는지 보여주었다. "낭떠러지 끝에서 떨어지는 것 같았죠."[58]라며 레비네는 해피밀 판매 하락에 대해 네 가지 이유를 꼽았다. 첫째, 지속적인 가격 상승. 둘째, 맥도날드 달러 메뉴 출시로 내부 경쟁 양산. 셋째, 수많은 부모가 파네라 브래드나 스타벅스에 아이들을 데리고 가는 새로운 트렌드. 부모들은 아이들에게 밥을 먹이러 가는 게 아니라 자신들이 즐기러 가는 곳에서 아이들에게 밥을 먹이곤 했다. 마지막 이유는 고객들의 요구 사항 변화였다. 레비네는 엄마들이 "우리는 다른 음식도 필요해요. 더 건강한 메뉴요. 선택권이 더 다양했으면 좋겠어요."라고 말했다고 전했다.

맥도날드 미국의 최고 마케팅 경영자, 닐 골든 역시 쓰나미가 몰려오고 있는 것을 보았다고 하며 "사람들은 맥도날드를 비롯한 기업들이 아이들을 직접 겨냥해 마케팅 활동을 펼치는 것이 올바른 일인지 의문을 제기하기 시작했습니다."[59]라고 말했다. 그의 주장에 따르면 미국 내 키즈 밀 사업의 50%를 차지하고 있는 맥도날드는 아이들을 상대로 한 요식 사업을 점령하다시피 했다. 그렇기 때문에 다른 패스트푸드 기업의 지지를 기대할 수 있는 상황도 아니었다. 따라

[58] 스티브 레비네와의 개인적인 인터뷰, 2017년 2월 2일.

[59] 닐 골든과의 개인적인 인터뷰, 2017년 2월 16일.

서 해피밀 판매 하락이라는 폭풍우를 잠재우려면 영양 전문가가 제시하는 기준이나 부모들의 기대를 충족하도록 해피밀의 영양 성분을 개선해야 했다.

영양과 관련된 맥도날드의 전략은 청량음료만이 아니라 우유나 주스까지 선택의 폭을 넓히는 방법이었다. 그러나 우리는 식품 치안대가 아니었다. 어떻게 사람들에게 특정한 방식으로 먹으라고 강요할 수 있겠는가? 예를 들어, 아이들은 프렌치프라이 대신 얇게 썬 사과를 선택할 수 있다. 하지만 프렌치프라이 냄새가 진동하는 가운데 과연 사과를 선택할 아이가 있을까? 그럼에도 골든은 "엄마들은 특히 밖에서 아이들에게 밥을 사 먹일 때 나쁜 부모가 되고 싶지 않죠."라고 말하며 해결책이 필요하다고 했다. 핵심은 다음과 같았다.

해피밀은 강력한 브랜드다. 하지만 점차 인기가 하락하고 있다. 우리는 아이들이 맛있게 먹을 수 있고 부모들도 기분 좋으며 여론 주도자들이 전적으로 지지할 수 있는 해피밀 메뉴로 개선할 방안을 강구해야 한다.

이를 위해 골든은 다소 과감한 조치를 제안했다. 25년 만에 처음으로 해피밀에 큰 변화가 생길 터였다. 첫째, 사과를 해피밀 메뉴의 기본 식단에 포함해 선택권을 줄인다. 둘째, 해피밀의 프렌치프라이 열량을 240 칼로리에서 100 칼로리로 줄인다. 우리는 그동안 아이들만을 위한 맞춤 음식을 제공한 적이 없었다. 해피밀 역시 햄버거나 맥너겟 등 성인 메뉴를 그대로 사용했다. 이 모든 기준을 바꾸는 극단적인 조치를 계획한 것이다. 셋째, 고객이 음식을 사 먹을 때마다 맥도날드는 로날드 맥도날드 하우스 자선단체RMHC(Ronald McDonald House Charities)에 1페니씩 기부한다.

골든은 "맥도날드를 비판하는 이들이라도 이 같은 조치에 반대할 수 있겠습니까?"라고 물었다. BTT팀 역시 이것이 맥도날드와 고객을 위한 그리고 그들의 건강에 대한 우려를 잠식시킬 수 있는 최고의 방법이라는 데 동의했다. 2011년 7월, 필즈는 〈굿모닝 아메리카〉에 "이제부터 우리는 맥도날드를 찾는 모든 아이에게 과일을 제공할 겁니다. 우리는 아이들의 식단에서 과일이 얼마나 중요한지 알고 있습니다."라며 이 같은 내용을 전했다. CBS 뉴스는 맥도날드의 변화를 다음과 같이 요약했다.[60]

맥도날드는 해피밀에 포함된 프렌치프라이의 양을 2.5온스(70그램)에서 1.1온스(31그램)로 줄이고 애플 슬라이스를 추가할 예정입니다. 그동안 맥도날드는 키즈 밀 고객에게 프렌치프라이나 캐러멜 소스가 곁들여진 과일 중에서 선택하도록 했지만, 이제 고객들은 파

60
R. 아슬로우, "맥도날드, 해피밀 비평가들에게 프렌치프라이의 양을 줄이고 과일을 추가하겠다고 약속하다", 〈CBS 뉴스〉, 2011년 7월 27일, http://www.cbsnews.com/news/mcdonalds-bows-to-happy-meal-critics-cutting-fries-and-adding-fruit/.

인애플이나 오렌지, 건포도, 당근 등 계절 별로 다양한 야채나 과일을 선택할 수 있습니다. 그다지 큰 변화가 아닌 듯 보일 수 있지만, 프렌치프라이 대신 과일을 제공함으로써 해피밀의 열량은 100 칼로리 이상 줄어들 수 있습니다. 가령 590 칼로리였던 햄버거 메뉴는 470 칼로리로 줄어들 예정입니다. 아이들이 무지방 초콜릿 우유보다 청량음료를 주문할 거라는 사실을 고려한 수치입니다.

일부 전문가들은 이 같은 변화를 환영했다. 워싱턴 대학교 비만 연구 센터장인 아담 드레우노우스키 박사는 서면으로 "인기 있는 메뉴의 개선은 공중 보건에 막대한 영향을 미칠 수 있습니다. 소수를 위한 완벽한 해결책을 찾기보다는 수많은 이들의 식단을 개선하는 편이 낫죠."라고 말했다.

필즈는 이를 미셸 오바마와 이끈 '움직이자!' 프로그램의 공으로 돌렸다. 그는 "그녀가 이 사안을 솔직하게 밝힌 점을 존중합니다. 아이들은 비만으로 자라고 있으며 정적인 생활을 하고 있죠. 이는 바뀌어야 합니다."라고 말했고, 미셸 오바마 역시 이 같은 변화에 관해 긍정적으로 화답했다.

맥도날드는 해피밀 메뉴에 과일을 제공하고 칼로리를 낮춤으로써 긍정적인 발전을 보였습니다. 저는 미국을 건강하게 만드는 데 모누가 맡은 역할이 있다고 늘 말했습니다. 맥도날드의 이 같은 조치는 아동 비만 문제를 해결하겠다는 목표를 향한 움직임입니다. 저는 이 같은 조치에 관한 발전뿐 아니라 맥도날드의 지속적인 노력에 대해서도 전해 듣기를 기대합니다.[61]

우리의 노력을 폄하하는 이들도 있었다. 뉴욕대학교 식품영양 전문가 매리언 네슬레는 맥도날드에 공격을 가하며, CBS 뉴스에서 이렇게 말했다.

이는 올바른 방향으로 가기 위한 아주 작은 조치에 불과합니다. 튀겼기 때문에 감자를 조금 덜 제공하겠다는 그들의 조치는 환영합니다. 하지만 저는 부모가 그 내용물을 전혀 걱정하지 않아도 되는 해피밀 메뉴를 기대합니다.[62]

하지만 우리가 던진 가장 큰 질문은 "해피밀 메뉴의 변화가 맥도날드 사업에 이득이 되며 사회에 긍정적인 영향을 미쳤느냐"였다. 골든은 사업적인 측면에서 해피밀의 판매량과 명성 개선에 있어 그렇다고 전했다.

해피밀은 미심쩍은 영양의 상징에서 훌륭함의 상징으로 바뀌었다. 영양

61

D. 잭슨, "미셸 오바마, 맥도날드를 칭찬하다", 〈USA 투데이〉, 2011년 7월 26일, http://content.usatoday.com/communities/the-oval/post/2011/07/michelle-obama-praises-mcdonalds/1#.WQ3MVTaud0t.

62

R. 야슬로우, "맥도날드, 해피밀 비평가들에게 프렌치프라이의 양을 줄이고 과일을 추가하겠다고 약속하다", 〈CBS 뉴스〉, 2011년 7월 27일, http://www.cbsnews.com/news/mcdonalds-bows-to-happy-meal-critics-cutting-fries-and-adding-fruit/.

성분이 훌륭해졌고 전보다 더 균형 잡힌 식단이 되었다. 유일한 반대는 줄어든 프렌치프라이 양이었다. "저는 프렌치프라이 양이 많은 게 좋았어요. 저도 조금 먹었거든요. 이제 제가 먹을 게 별로 없네요."라고 말하는 부모들이 있었다.

사회에 미치는 영향은 측정하기가 훨씬 더 어렵다. 맥도날드는 사업과 관련된 가장 중요한 사회 문제를 해결하고 있었다. 나는 아동 비만 문제가 기후 변화나 지속 가능한 소고기, 재활용 문제보다 훨씬 중요하다고 생각했다. 하지만 맥도날드가 실제로 미칠 수 있는 영향은 미미했다. 사회적 영향을 측정하는 게 가능할 정도로 대규모 변화를 꾀하기에는 한계가 있기 때문이다.

물론 우리는 해피밀의 평균 열량을 20%나 낮췄다. 훌륭한 성과였다. 그리고 아이들에게 과일을 먹일 방법을 마련하며 실질적인 해결책도 찾았다. 하지만 아이들이 맥도날드를 방문하는 횟수는 한 달에 평균 세 번 미만이었고, 맥도날드는 아이들이 한 달 동안 먹는 90끼니 중 3끼만을 책임질 뿐이었다. 쓰레기나 동물 복지, 산란계 문제와 달리 해피밀 식단 변경은 보편적인 식습관의 구조적인 변화로 이어지지 않는다. 맥도날드는 미국 내 수많은 매장(2011년 기준 26,000개)을 운영하지만, 고객이 갈 수 있는 다른 식당 또한 많다. EDF 쓰레기 경감 협력팀처럼 다른 기업이 우리의 조치를 복제해 사용하도록 만들 수도 없다.

궁극적인 해결을 위해서는 정부, 학계, 지역사회, 기업 및 NGO 협력자 등 변화 중개인으로 이루어진 방대한 네트워크가 필요했다. 맥도날드는 이 네트워크의 책임 있는 참여자였지만, 혼자 힘으로는 비만 문제의 전세를 뒤엎을 수 없었다. 게다가 지나치게 많이 먹는 것은 동전의 한 면일 뿐, 잘 움직이지 않고 TV 앞에 앉아 있는 생활방식도 문제였다. 세계보건기구에 따르면 "전 세계 청소년 인구 중 80% 이상은 신체 활동이 부족하다."[63]고 했다.

그런데도 맥도날드는 변화를 꾀하기 위해 열심히 노력했고 또 많은 실패를 했다. 예를 들어 우리는 수많은 샐러드 메뉴를 개발했다. 나에게는 맛있었지만, 이 메뉴를 판매하기란 쉽지 않았다. 영업 담당자는 샐러드가 매장별로 하루 평균 고작 7개밖에 판매되지 않는다고 보고했고, 베지 버거 역시 같은 결과였다. 우리가 만든 맛 좋은 베지 버거는 참담한 판매량을 보였다.

2년 후인 2013년 9월, 맥도날드는 해피밀의 영양 성분을 다시 한번 개선했다. EDF, CI, 템플 그랜딘 박사와 구축한 성공적인 파트너십을 모델 삼아 건강한 세대를 위한 동맹AHG(Alliance for a Healthier Generation)이라는 NGO와 파트너십도 체결했다. 맥도날드는 AHG와의 협력을 통해 다음과 같은 변화에 전념하겠다고 선언했다.

◆ 세트 메뉴에서 프렌치프라이를 대신
할 샐러드, 과일, 야채를 선보인다.
(샐러드, 과일, 야채는 참여 시장별로 각기
다르게 제공된다.)

63
http://www.who.int/mediacentre/factsbeets/fs385/en/.

◆ 메뉴판과 매장 내·외부의 해피밀 광고에서 청량음료가 아니라 물과 우유, 주스만 홍보한다.

◆ 아이들이 과일, 야채, 저지방 유제품, 물을 선택할 수 있도록 해피밀 용기를 혁신적으로 디자인한다.

◆ 해피밀 용기나 봉지를 이용해 아동 친화적인 건강 메시지나 영양 정보를 제공한다.

◆ 아이들을 상대로 한 모든 광고에 아동 친화적인 건강 메시지나 영양 정보를 표기한다.[64]

실로 큰 변화였다. 가장 인상적인 부분은 아이들 메뉴에서 청량음료를 없앤 것이었다. 물론 원한다면 선택할 수 있지만, 명시적인 선택사항이었으며 기본 제공이 아니었다. 매장 내에서 선보이는 선택사항은 주스나 물, 우유였다. 이 같은 조치가 청량음료의 높은 수익률을 포기하는 것이었기에 더 인상 깊었다.

나는 AHG가 맥도날드와 협력하도록 만들었다. 그들은 맥도날드를 영양학적 범죄자로 보는 무리에서 용감하게 벗어났다. AHG는 독립적이었고 우리에게 문제를 제기했으나 유연하고 긍정적인 방법을 취했다. 실질적인 발전도 이루어졌다. 다른 공중 보건

64
클린턴 재단 웹사이트, "맥도날드와 건강한 세대를 위한 동맹, 균형 잡힌 식사와 음료의 선택을 장려하기 위한 프로그램의 발전 사항 공시", 2005년 6월 25일, https://www.clintonfoundation.org/press-releases/mcdonalds-and-alliance-healthier-generation-announce-progress-commitment-promote.

NGO나 학계가 이 같은 방법을 취한다면 우리 사회의 비만율을 낮추는 데 더 크게 기여할 수 있으리라 확신한다.

브랜드 신뢰도의 사망과 부활

잔 필즈가 이끄는 BTT팀과 협력하던 당시는 맥도날드에서 일하면서 가장 즐거웠던 시절 중 하나다. 이 과정에서 CSR과 지속 가능성은 맥도날드 미국 경영진의 관심 주제로 격상되었다. 우리는 맥도날드 브랜드의 신뢰도를 향상하는 데 크게 기여했다. BTT팀은 해피밀 메뉴를 개선한 것 외에 업무 및 홍보 방식을 위한 몇 가지 전략을 수립했다.

◆ 맥너겟에 흰 살 닭고기만 사용

◆ 100% 아라비카 원두로 만든 최고급 로스트 커피 사용

◆ PSF 컵을 종이컵으로 대체

◆ 1년간 십만 명의 직원을 고용하겠다고 약속

◆ 개방성과 투명성을 보여주기 위해 잔 필즈 주최로 전국 귀 기울이기 투어 진행

◆ 맥도날드 미국 내 지속 가능성팀을 새롭게 수립

◆ 에너지, 쓰레기 경감, 재활용, 공급망 문제를 해결하기 위한 환경 전략 승인

나는 BTT팀이 맥도날드 브랜드를 살렸다고 생각한다. 하지만 2년 후인 2012년 초, 맥도날드 미국 사업의 재정 실적이 기대에 못 미치자

경영진은 BTT팀을 해체했다. 스티브 레비네는 단기적인 판매 성과를 내라는 압력이 있었다고 했다. 레비네는 "BTT팀은 즉각적인 성과를 달성하도록 계획된 팀이 아니었습니다. 장기적인 브랜드 건강 프로그램을 위해 만들어진 거죠."라고 말했다. BTT팀의 해체에 가슴이 아팠다.

오늘날까지도 나는 왜 이런 일이 발생했는지 모르겠지만, 필즈는 얼마 안 있어(2012년 11월 중순) 해고되었다. 필즈는 평소의 그녀답게 맥도날드를 떠날 때도 대담했다. 〈포춘지〉와의 인터뷰에서 눈물을 흘리거나 다른 사람들처럼 "가족들과 더 많은 시간을 보내고 싶다."라는 솔직하지 못한 답변 대신 "모두가 엉덩이에 날짜가 찍혀 있기 마련이며, 그 날짜를 못 보는 유일한 사람은 당사자다."라고 말함으로써 내부 소동을 야기하기도 했다. 그녀와 일하는 것이 즐거웠던 이유는 이런 솔직한 모습 덕분이었다. 필즈는 사회적 사안이 사업에 미치는 영향을 몇 광년이나 앞서 이해한 사람이었다.

BTT팀은 해체되었지만 완전히 사라진 것은 아니었다. 맥도날드가 브랜드 야망을 재정립하고 있었기 때문이었다. CEO 돈 톰슨은 맥도날드가 표방하는 핵심 열망을 중심으로 내부 시스템에 활력을 불어넣을 브랜드 야망의 재정립을 원했다. 브랜드 야망팀에 이를 위한 작업을 명하며, 다음과 같이 말했다.

우리가 기능적으로 훌륭한 브랜드임을 보여주는 자료가 충분합니다. 편리함이나 일관성을 입증하는 자료죠. 하지만 우리 브랜드는 소프트한 측면, 즉 감정적인 연결고리로 유명하지는 않습니다. 이런 것들을 측정하기 시작하면 문제가 발생하는 것은 시간 문제입니다.[65]

톰슨은 브랜드 야망팀이 맥도날드의 역사와 풍부한 유산을 통해 시스템에 활기를 불어넣어 주길 기대했다. 이는 꽤 시간이 걸리는 일이었고, 우리는 1년 후 최종 결과물을 얻었다. 바로 '2012년 맥도날드 브랜드 야망'이었다. 나는 그 창조물이 꽤 마음에 들었다. 그것은 실현 가능한 맥도날드의 미래를 포착하고 있었다. '맥도날드 브랜드 야망'은 글로벌 브랜드, 커뮤니케이션, 마케팅, CSR 담당자 모두가 우리니까 할 수 있고 해야만 한다고 동의하는 사항들을 잘 담고 있었다.

2012 McDonald's Brand Ambition
2012년 맥도날드 브랜드 야망

우리의 목표는 판매에 한정되지 않는다.
우리는 긍정적인 힘을 양산하는 데 영향력을 사용한다.
고객을 위해, 사람을 위해, 지역사회를 위해, 세상을 위해.

65
돈 톰슨과의 개인적인 인터뷰, 2017년 6월 28일.

Good Food
좋은 식품

우리는 선택을 장려하며 진짜 재료, 훌륭한 맛, 투명성을 추구한다.

Good People
좋은 사람

우리는 기회를 창출한다. 다양성을 장려한다. 교육을 제공한다.
팀워크를 촉진한다. 성과를 보상한다.

Good Neighbor
좋은 이웃

우리는 아이들의 행복과 건강을 위해 노력한다.
로널드 맥도날드 하우스 자선단체를 통해 가족들이 함께하도록 만든다.
우리의 발자국을 줄이는 데 전념한다.
에너지를 적게 사용한다. 재활용을 늘린다.

톰슨은 새로운 맥도날드 브랜드 야망을 '맥도날드의 기본 가치로의 회귀'라 묘사했다. 그는 "브랜드 야망은 로널드 맥도날드 하우스 자선단체를 통해, 현지 학교와 가정 지원을 통해, 현지인 고용을 통해 좋은 이웃이 되는 것이다. 우리는 잘 훈련받은 경쟁력 있는 이들의 경제적 상승을 원한다."라고 말했다. 물론 우리 사업의 핵심은 음식이었다. 톰슨은 "맥도날드가 미식가들이 찾을 만한 요리를 제공하는 것은 아니지만 훌륭한 농부와 공급업체에서 받은 재료로 음식을 만든다. 우리는 음식의 품질과 생산에 많은 관심을 기울인다."라고도 강조했다.

나는 CEO가 지속 가능성을 맥도날드 브랜드 야망의 핵심으로 언급하는 모습에 열광했다. 톰슨은 "우리는 지속 가능한 세상의 훌륭한 시민이 되는 방법을 논의 중입니다."라고 말했다. 흥미롭고 새로운 브랜드 야망은 반년에 한 번씩 열리는 맥도날드 세계 컨벤션에서 공개되었다. 이 프로젝트는 맥도날드 최초의 지속 가능성 체계(12장 참고)를 구축하기 위한 발판을 마련해주었다. '좋음 음식, 좋은 사람, 좋은 이웃'은 우리가 전하는 메시지, 전시, 홍보 매체, 회의 그리고 우리의 정신에 늘 존재했다.

역경 끝에
얻은 너겟
**Hard
Knock
Nuggets**

불가분하게 연결된 브랜드와 사업

➡ **햇빛이 비칠 때 지붕을 수리한다.**

잔 필즈가 한 말이자 그녀의 믿음이었다. 그녀는 BTT팀을 통해 이 철학을 행동으로 옮겼다. 필즈의 브랜드 신뢰 비전은 올바른 전략이었으나, 안타깝게도 그녀에게 주어진 시간이 충분하지 않았다. 맥도날드의 성장을 돕는 핵심인 BTT팀은 2년만에 해체되었다. 나는 맥도날드의 브랜드 전문가들에게서 브랜드 인식을 바꾸는 데에는 3년에서 4년이 걸린다는 사실을 배웠다.

➡ **판매, 수익, 방문자 수만큼이나 명성을 중요하게 생각한다.**

명성 관리는 기업 내에서 덜 중요한 일로 치부되지만 실은 중요도가 높다. 그러니 담당 팀을 수립하고 판매팀처럼 전략적인 전술과 측정 방법, 책임 요구를 설정해 관리한다.

➡ **사회적인 목적을 위해 일한다.**

대규모 기관 투자자조차 수익 이외의 성과를 원한다. 가장 큰 투자단체 블랙록의

CEO, 래리 핑크는 2018년 1월 자신들의 포트폴리오에 가입한 모든 CEO에게 다음과 같은 말을 전했다.

"주류 투자자가 기업의 목적과 수익을 동일 선상에 놓는 트렌드는 날로 확대되고 있습니다. 공기업이든 사기업이든 사회적 목적을 달성할 것을 요구받고 있습니다. 오래 번성하려면 재정적인 성과뿐 아니라 사회에 긍정적인 기여도 보여줘야 합니다. 기업은 주주, 직원, 고객, 지역사회 등 모든 이해당사자에게 도움을 줘야 합니다."[66]

66
블랙록 웹사이트, "CEO에게 보내는 래리 핑크의 연간 서신: 목적의식", https:// www.blackrock.com/corporate/en-no/ investor-relations/larry-fink-ceo-letter.

PART 6

The Battle for a Sustainable Supply Chain

지속 가능한 공급망 투쟁

From Silence to Sustainable Fish, Less Polluting Hogs, and Better Lives for Tomato Pickers

침묵에서 벗어나 지속 가능한 어류, 덜 오염된 돼지,
토마토 농민의 삶 개선을 이루기까지

필렛오피시 버거: 맥도날드 최초의 지속 가능한 메뉴

두서없는 책임 활동에서 벗어나다

2002년 4월 30일, 플로리다 올랜도. 찌는 듯이 더운 날이었다. 하지만 동굴 같은 회의장 안은 에어컨이 지나치게 가동되는 바람에 몹시 추웠다. 글로벌 품질 관리 부사장, 켄 코지올이 맥도날드 최초의 선언을 하는 동안 나는 회의실 뒤편에 앉아 있었다. 코지올은 연단으로 걸어 올라갔다. 그는 맥도날드의 공급업체를 상대로 지속 가능성 개념을 소개할 예정이었다.

그들은 코지올의 메시지와 요청을 들을 준비가 되어 있었을까? 공급업체는 맥도날드 공급망의 '네 번째 요소'라 일컫는 지속 가능성에 대해 받아들일 수 있을까? 코지올이 말하는 동안 나는 청중에게 집중했다. 맥도날드의 소고기, 닭고기, 감자, 음료 공급망을 책임지는 500명의 담당자와 임원들의 반응을 살펴보기 위해서였다. 코지올은 품질, 서비스, 가치에 이어 맥도날드 공급망의 네 번째 요소로 '지속 가능성'을 이야기하며, 공급업체 커뮤니티 내 문화나 사고방식의 변화를 촉구했다.

지속 가능성을 문화적 사안으로 만듦으로써 그는 공급업체가 사회 문제를 미리미리 해결하도록 부추겼다.

이는 코지올이 큰 그림을 볼 줄 아는 진보적인 지도자였기에 가능한 일이었다. 그는 1990년대에 맥도날드 미국 공급망의 관리 담당자로 맥도날드의 수동적인 관리 방식을 오랜 시간 목격했다. 코지올은 당시 맥도날드가 취한 단순한 전략에 대해 "처음에는 NGO와 신문 보도로 사안을 접하죠. 솔직히 말하면 우리는 해당 사안에 대해 전혀 모르는 상태입니다. 그래서 언론 보도 후 우리가 정말 그 문제에 연루되어 있는지, 사안이 무엇인지부터 살펴보기 시작합니다."[67]라고 말했다.

10년 동안 외부 세력의 공격에 시달린 데다 가시적인 브랜드 명성을 누린 기업이었기에 맥도날드가 사회 문제에 보다 전략적이고 섬세한 접근법을 개발했으리라 생각할지도 모르겠다. 하지만 현실은 그렇지 않았다. 물론 AIM이 개발되고 있기는 했지만(4장 참고), 우리는 맥도날드를 향한 압력이 일시적이라고 생각해왔다. 게다가 공급망에 미치는 영향은 우리의 통제권을 벗어난 일이라고 여겼다.

공급망 책임이 어디에서 시작되고 끝나는지 서둘러 파악하는 일은 맥도날드만의 문제가 아니었다. 우리보다 먼저 문제에 직면한 곳은 나이키였다. 1990년 당시 나이키는 중국을 비롯한 아시아 지역에서 신발과 의류를 만드는 '착취 공장'을 지원한다는 비난을 받았다. 노동자들이 최소한의 임금만 받으며 일하고, 지저

---

[67] 켄 코지올과의 개인적인 인터뷰, 2017년 3월 2일.

분하고 밀집된 집에서 거주한다는 이유 때문이었다.[68] 그러나 당시 나이키는 실질적으로 공장을 소유하고 있는 것이 아닌, 공급업체와 계약해 제조를 일임한 상태였다. 따라서 노동자의 사회적 조건을 관리하는 것은 자신들의 책임이 아니라고 생각했다. 이 같은 외부 압력에 어떻게 대처해야 하는지도 알지 못했다.

나이키에서 맥도날드에 이르기까지 1990년대는 기업의 공급망에 집중적으로 비판이 가해진 새로운 시대였다. 최종 제품에서 몇 단계 떨어진 곳까지 관심의 대상이 되었다. 이전까지 투명성은 중요하지 않았다. 해외에서 제작된 제품에는 본사의 책임이 없다는 것이 일반적인 통념이었다. 그러나 시대가 달라졌다. 공급망 전체에 대해 본사가 책임지려는 노력은 비단 맥도날드만의 투쟁이 아니었다. 다른 주요 기업 역시 같은 투쟁을 하고 있었다. 그러나 맥도날드는 다른 기업보다 더 눈에 띄고 손쉬운 공격 대상이었다.

2000년 코지올은 새로운 자리에 취임하면서 공급망에 영향을 미치는 사회적, 환경적 사안을 다루던 방식을 바꾸겠다고 다짐했다. 기존의 산발적이고 수동적인 접근법에서 공격적이고 직접적인 방법으로의 변화였다. "방어만 하고 싶지 않았어요. 우리는 지금까지 공격을 하지 않았어요. 어디로 가야 할지, 무엇을 해야 할지, 어떻게 생각해야 할지, 어떻게 전략을 수립해야 할지 아무 생각이 없

68

D. 길모어, "방글라데시와 파키스탄 의류 공급망 문제가 수면 위로 떠오르기까지 왜 그렇게 오랜 시간이 걸렸나?", 〈공급망 다이제스트〉, 2013년 6월 18일, http://www.scdigest.com/assets/Experts/13-06-18.php?cid=7160.

었죠."라고 코지올은 평가했다.

지난 10년 동안 내가 앞장서고자 했던 업무는 의미 있었지만 오합지졸이었다. 쓰레기 줄이기와 동물 복지에서 우리가 취한 과감한 조치들은 자랑스러웠지만, 사회적 압력으로 인한 수동적인 조치들이었다. 우리의 업무는 4장에서 설명한 것처럼 선제적이지 않았다.

외부인들은 맥도날드의 싸움과 승리를 단발적인 것으로 여겼다. 일시적으로 관심을 받은 문제에 대한 해결 프로그램들은 청량음료 거품처럼 금세 사라졌고 다음 달 혹은 다음 해가 되면 잊혔다. 산란계 닭장을 확장하겠다는 선언이 대표적인 사례였다. 중대한 선언이었지만 이 사안은 사람들의 관심사에서 빠르게 지워졌다.

당시에는 지속 가능한 식품 공급망이라는 개념이 전무했다. 오늘날조차 대부분의 NGO는 동물 복지나 환경, 인권, 다양성 등 특정한 대의에 초점을 맞춰 활동한다. 그렇기에 사회적, 문화적 사안 전부를 다루는 광범위한 NGO를 찾기란 매우 어려웠다. 그럼에도 우리는 두서없는 사회 문제 해결안에서 벗어나 보다 전략적이고 포괄적인 방법을 채택하는 데 도움을 줄 외부 파트너를 찾고 싶었다.

그러던 중 스웨덴에 둥지를 튼 한 NGO가 생각났다. 맥도날드 스웨덴을 방문했을 때 알게 된 NGO였다. 맥도날드 스웨덴에서는 매츠 레더호젠이 사업의 성공 스토리를 이끌고 있었다. 그는 사회와 환경을 의식하는 운영 및 공급망 프로그램을 이용해 맥도날드 직원에게 동기를 부여하고 보다 많은 고객에게 다가가는 전략으로 현지 사업을 호전시켰다. 나는 그 현상을 내 눈으로 직접 보았다.

다음 단계 : 더 내추럴 스텝

맥도날드 스웨덴 사업을 이끄는 서른 살의 매츠 레더호젠은 맥도날드에서 최초로 기업의 책임 있는 행동이 사업에 미치는 긍정적인 영향을 간파한 지도자였다. 맥도날드 스웨덴의 지속 가능한 공급망은 1990년 초에 구축되었다. 1992년, 레더호젠은 우리를 스웨덴으로 초대해 자신들의 환경 프로그램을 보여주며 더 내추럴 스텝TNS(The Natural Step)이라는 NGO를 소개해주었다. 독창적인 NGO, TNS 덕분에 그는 지속 가능성을 미래 사업이 취해야 할 전략으로 받아들이게 되었다. TNS는 편협한 사안에 집중하는 대신 큰 그림을 강조했다. 이 단체는 업계 지도자들에게 지속 가능성이라는 광범위한 개념과 원칙을 일상적인 의사 결정에 적용하는 방법을 교육했다. 레더호젠은 TNS의 창립자 칼-헨릭 로버트를 만난 경험에 대해 이렇게 말했다.

1990년대 초 TNS를 처음 만났을 때 그들은 저에게 지속 가능성의 의미와 현재 생태계 시스템이 지속될 수 없는 이유를 이해시켰습니다. 오늘날의 경제 시스템은 생태계의 보완 능력보다 빠른 속도로 자원을 사용하고 있습니다. 이는 지구상의 생명을 지탱하는 우리의 능력에 영향을 미치죠.[69]

레더호젠과 일하면서 나는 큰 변화의 길을 걸었다. 레더호젠의 사고방식은 지속 가능성과 관련해 일관된 전략을 추구하는 이들보다 10년, 아니 20년은 앞서갔다. 1992년, 그는 맥도날드 미국 본사 직원들이 환경 문제에 대한 현실을 직시하지 않는다고 말했다. 맥도날드 스웨덴은 프렌치프라이에 사용된 중고 식물성 기름을 회사의 픽업 트럭에 주유해 재사용하는 정책을 시작했다. 재생 가능한 에너지를 사용하는 데 전념했고 항생제 사용을 단계적으로 줄였으며 쓰레기 대부분을 재활용했다(당시는 1990년대 초였다. 그러나 그들이 실천한 것들은 오늘날의 기업이 홍보하는 실적들이다). 맥도날드 스웨덴 고객들은 이 같은 프로그램을 환영했고, 호감을 느꼈으며 판매에도 영향을 주었다. 레더호젠은 이에 대해 말을 이어갔다.

이 경험은 저를 사로잡았습니다. 운 좋게도 사회에 뛰어든 지 얼마 안 되어 '선행'의 힘이 어떻게 문제의 해결책이 되는지 알 수 있었죠. 이 같은 행동이 사람들에게 어떠한 영향을 미치는지, 햄버거를 판매하는 것보다 더 큰 목표가 사람들에게 어떤 활기를 불어넣는지 목격했죠. 맥도날드 직원들은 더 열심히, 더 현명하게 일했으며 고객에게 더 가까이 다가갔습니다. 이런 변화가 전 세계 맥도날드 매장에서도 일어날 수 있을 거라고 생각했어요. 모두가 이기는 전략이니까요. 그때 이후로 이 생각

69 매츠 레더호젠과의 개인적인 인터뷰, 2017년 6월 28일.

은 제게 종교나 다름없는 신념이 되었죠.

그는 지적으로나 영적으로 깨달음에 도달한 것이 아니라, 실질적인 경험 덕분에 이러한 사고방식을 갖게 되었다. "변화에 관해 제가 가장 좋아하는 인용구는 '사람들은 새로운 행동방식에 맞춰 생각하는 대신 새로운 사고방식에 맞춰 행동하는 경향이 있다'는 것입니다."라며 자신이 왜 변하게 되었는지를 설명했다.

맥도날드 스웨덴 사업은 선행과 긴밀히 연결되어 있었고 기존 맥도날드의 전통적이고 보수적인 사업 방식보다 다소 급진적이었다. 그랬기에 맥도날드 본사 직원 대부분은 이를 스웨덴의 문화적 특이성으로 치부했다. 스웨덴은 작은 시장이지만(2016년 기준, 스웨덴에는 220개의 맥도날드 매장이 있었는데, 당시 미국 오클라호마주에만 217개의 맥도날드 매장이 있었다)[70] 나에게는 큰 영향을 미쳤다. 좋은 기업이 되기 위한 전략이 사업 결과에 긍정적인 영향을 미치는 것을 목격했다. 레더호젠은 맥도날드 스웨덴에 지속 가능성을 도입한 혁신가로, 전 세계 맥도날드 매장이 이 같은 사고방식을 채택하기 위한 기반을 마련했다. 맥도날드가 선보인 최고의 아이디어들은 늘 본사가 아닌 혁신적인 프랜차이즈 가맹점에서 탄생했다. 에그 머핀, 필렛오피시 버거, 빅맥처럼 말이다.

70
B. 사워킴, "여러분이 사는 주에 맥도날드 매장이 몇 개나 있는지 보아라", 〈레어〉, 2016년 9월 5일, http://rare.us/rare-life/food-and-drink/see-how-many-mcdonalds-restaurants-are-located-in-your-state/.

칼-헨릭 로버트와 네 가지 시스템 조건

레더호젠은 매장 몇 군데를 보여준 뒤 맥도날드 스웨덴 본사로 안내했다. 그곳에서 만난 칼-헨릭 로버트는 우리에게 TNS의 네 가지 시스템 조건을 설명해주었는데, 매우 매력적이었다. 나는 마침내 특정 사안에 집중하는 대신 큰 그림을 그리는 NGO를 찾은 것 같았다. TNS는 내가 만난 NGO 중 지속 가능성이라는 언어를 사용한 최초의 단체였다.

지속 가능한 사회를 위한 시스템 조건
지속 가능한 사회에서는 다음의 것들이 자연적으로 증가하지 않습니다.

 지구 표면에서 추출한 물질의 농도(중금속, 광물 등)

 사회가 생산한 물질의 농도(항생제, 내분비 교란 물질 등)

 물리적 수단에 의한 훼손(삼림 벌채, 지하수 배수 등)

그리고 이 같은 사회에서는

 사람들의 건강, 영향, 능력, 공정성 및 의미에 구조적 장애물은 없다.

TNS의 네 가지 시스템 조건.
출처: 더 내추럴 스텝(TNS)

로버트는 '백 캐스팅'이라는 흥미로운 용어도 사용했다. 우리가 원하는 미래를 구상한 뒤 현재로 돌아와 이 목표를 위해 어떻게 나아갈지 살펴본다는 생각이 무척 마음에 들었다. TNS 모델의 마지막 요소는 '깔때기'였다. 깔때기는 혁신을 통해 더 나은 세상을 창조할 수 있는 방식을 보여주었다.

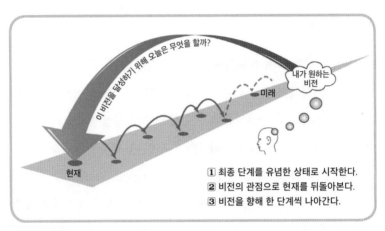

TNS의 백 캐스팅

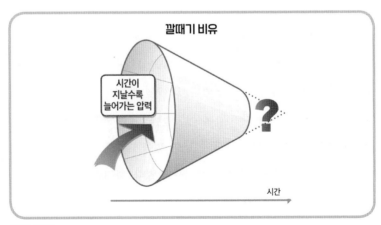

TNS의 깔때기

이는 지속 가능성에 관한 큰 그림이자, 객관적이며 긍정적이고 사업 친화적인 해결책을 수립하기 위한 방법이었다. 이 모든 것이 내게 지적인 자극이 되었다.

무시무시한 침묵 속에 소개된 공급망의 네 번째 요소

하지만 TNS의 전략을 스웨덴 이외의 지역에서 어떻게 적용할지는 미지수였다. 대부분의 기업은 지속 가능성을 수익 향상에 중요하지 않은 박애주의 성격의 주변 요소로 취급했다. 2001년, 코지올은 맥도날드 글로벌 공급망의 품질 확보를 이끌고 있었다. 나는 그를 잘 알고 있었기에 TNS를 맥도날드 본사로 초대해 우리가 무슨 일을 함께할 수 있을지 살펴보고자 했다. 미국에 있던 TNS 수석 과학자, 조지 바질이 맥도날드 본사를 찾았다.

바질은 당시 맥도날드 사업의 핵심을 포착했다. 그것은 품질로 정의되는 식품 안전이었다. 많은 이들이 맥도날드가 업계 내 최고의 식품 품질 기준을 지니고 있다고 믿었다. 1997년에 44명을 죽음으로 이끈 잭 인 더 박스Jack in the Box의 대장균 소동이나 1990년대 중반 유럽을 강타한 BSE 위기(광우병 소동) 등 논란이 있을 때마다 맥도날드는 식품 안전에 집착했고 덕분에 고객의 신뢰를 얻었다. 하지만 식품 안전과 관련된 문제만이 전부는 아니었다.

맥도날드는 대기업치고 비교적 소수의 공급업체와 신뢰를 바탕으로 관계를 맺고 있었다. 햄버거 패티, 빵, 코카-콜라를 만드는 15개의 공급업체가 사업의 80%를 책임지는 구조였다. 단 그들은 최종 제품을 만들뿐 소를 기르고 밀을 경작하거나 설탕을 정제하지 않았다. 그렇기에 1990년대 당시 공급업체는 맥도날드의 관심 밖이었고, 맥도날드는 사람들이 자사를 안 좋게 보는 주된 이유를 이해할 수 없었다.

맥도날드가 마주친 상당수의 지속 가능성 문제가 그들의 통제 영역에서 벗어나 있었다. 직접적인 통제가 불가능한 트랜스지방, 설탕 그리고 환경과 관련된 문제였다. 이러한 문제를 해결하려면 맥도날드는 지금까지 맺어왔던 공급업체와의 관계를 크게 바꿔야 했다. 이는 맥도날드가 표방하는 바를 바꾸라고 요청하는 것이나 다름없었다. 이런 상황에 대해 바질은 이렇게 이야기 했다.

맥도날드 공급망 담당자들은 기업을 향한 사람들의 적대감에 깜짝 놀랐어요. 그들은 "우리는 버거와 프렌치프라이, 코카-콜라를 판매할 뿐 핵무기를 사용하는 테러리스트가 아닌데."라고 말했어요. 그러나 안 좋은 소식은 온갖 곳에서 발생했어요. 이 같은 관점을 이해할 수 있는 렌즈가 없던 맥도날드팀은 운동가들의 미친 행동이 이해되지 않았죠. 닭을 취급하는 방식에 화를 냈어요. 소를 기르는 방식에 분노했죠. 사람들은 맥도널드의 모든 것에 화가 난 상태였어요.

코지올은 TNS 시스템을 완전히 이해했다. 그는 TNS와의 협력이 자신에게 얼마나 큰 영향을 미쳤는지 회상하며 "방어에서 공격으로 전환하는 티핑 포인트였죠. 우리는 온갖 전선에서 방어전을 펼치고 있었어요. 파리를 아무리 많이 때려잡아도 그 수가 너무 많아 미칠 지경이었죠."라고 말했다. TNS와의 회의가 있기 전, 코지올은 지속 가능성에 관해 운동가들이 불가능할 정도로 완벽한 환경을 요구한다고 생각했다. 그러나 회의장을 나선 후 코지올은 완전히 다른 생각을 품게 되었다.

아무것도 만지지 마라. 아무것도 하지 마라. 아침에는 문을 열지 마라. 식물을, 동물을 기르지 마라. 화학물질을 뿌리지 마라. 물을 사용하지 마라. 모든 게 하지 말라는 것이었죠. 그런 식으로는 많은 사람에게 음식을 제공할 수 없어요. 현대 농업과 사업은 그런 식으로 작동할 수 없었습니다. 다른 이들이 제안하는 사안에 대응하는 대신 사업에 이득이 되는 우리만의 이유를 바탕으로 안건을 수립해왔습니다. TNS는 지속적인 개선을 꾀한다는 맥도날드의 사고방식을 지지했죠. '매일 조금씩 개선할 방법이 무엇이 있을까?'를 생각하는 것이 맥도날드의 작업 방식과 문화에 맞았습니다. TNS의 지속 가능성 방법은 우리에게 수단을 제공해주었어요. 상대 가치를 보여주는 렌즈를 통해 우리의 모든 행동을 평가할 방법을 제공해주었죠.

코지올은 TNS의 현실적인 사업 도구, 측정 방법, 채점표 등 그들의 지속 가능성 전략에 흠뻑 빠졌고, 이 같은 새로운 원칙을 공급업체 전체에 어떻게 도입할지 고민하기 시작했다. 그는 2002년 가맹주, 기업 임원, 공급업체 담당자로 이루어진 15,000명 규모의 사람들이 모이는 회의에서 TNS에 배운 사항을 공유하기로 했다.

지속 가능성 같은 개념을 공급업체의 사고방식이나 구조, 보상 시스템에 통합시킨다면 어마어마한 혁신과 해결책이 탄생할 수 있었다. 하지만 코지올과 나는 회의를 준비하면서 청중인 공급업체들이 지속 가능성에 대해 들어본 적이 없다는 사실을 깨달았다. 게다가 그들은 맥도날드를 공격하는 온갖 사회 문제를 성가신 소음으로 여겼다.

바질은 맥도날드와 공급업체를 운영하는 임원들(모두 1960년대나 1970년대에 어린 시절을 보냈다)을 가리켜 "그들은 맥도날드를 향한 공격을 운동가들이 기업에 사회적 책임을 전가하려는 행동에 불과하다고 치부했죠. 맥도날드와 공급업체의 임원진은 '이 또한 지나가리라'라는 사고방식을 지니고 있었습니다."라고 말했다. 코지올 역시 맥도날드를 사회에 부정적인 영향을 미치는 안 좋은 기업으로 몰아세우는 공격에 대해 그들이 알고 있는 역사나 그들이 생각하는 맥도날드의 모습에 부합하지 않는다고 결론 내렸다.

자라던 시절은 우리에게 늘 영향을 미칩니다. 우리가 자란 1960년 대나 1970년대에는 맥도날드가 모두의 사랑을 받았죠. 당시에는 마을에 맥도날드 매장이 문을 열면 주민 모두가 이를 반겼습니다. 하지만 지금은 똑같은 마을에서 맥도날드에 온갖 심술을 부리고 있습니다. 맥도날드의 나이 든 지도자들은 이를 인정하지 못하고 "무슨 얘기를 하는 거지? 모두가 우리를 사랑한다고. 우리는 좋은 기업이야. 우리는 소규모 지역 기업으로, 안전하고 품질이 보장된 저렴한 음식을 판매할 뿐 아니라 깨끗한 매장을 운영하는걸."이라고 말합니다.

이런 장애물에도 불구하고 코지올은 나이 지긋한 공급업체 담당자들에게 맥도날드 공급망의 네 번째 요소, 지속 가능성을 설명했다. 그의 연설 스타일은 과학자가 최근에 발견한 사실을 발표하듯 논리적이었다. 하지만 그가 깔때기와 백 캐스팅, 네 가지 시스템 조건을 설명하는 동안 공급업체들의 분위기는 산만하게 변했다. 그들은 혼란스러운 표정이었다. 코지올이 발표를 마쳤을 때 회의장 안에는 적막이 흘렀다. 예의상 손뼉을 쳐주는 이들조차 없이 그저 차디찬 침묵만 감돌았다. 그러나 코지올은 기대치를 밑도는 공급업체의 피드백과 그의 계획을 즉시 받아들이지 않은 강경한 태도에도 '주사위는 던져졌다'고 말했다. 그는 단호하게 "품질, 서비스, 가격에 더해 이제 네 번째 요소, 지속 가능성이 추가되었습니다."라고 밝혔다.

코지올의 연설은 '그때 그 컨벤션 기억나? 지금 하는 이야기가 바로 그때 말한 그거야.'라고 말할 수 있는 레퍼런스 포인트가 되었다. 그의 목표는 즉각적인 행동이 아니라 지속해서 상대를 일깨우는 것이었다. 맥도날드가 다양한 제품 위원회와 회의를 하고 공급업체팀과 협력해 지속 가능성 안건을 개발할 예정이라고 알리고자 했다. 코지올은 "저는 지속 가능성이 이미 시작되었다는 사실을 전하고 싶었습니다. 사람들은 구석기 시대 사고방식 때문에 이 개념에 반대하는 것이 아니었습니다."라고 말했다. 침묵의 원인은 지속 가능성의 개념이 생소했기 때문이라고 했다. 나는 난제임에도 불구하고 미지의 영역에 발을 디딘 코지올의 용기에 경탄했다. 코지올은 받아들일 준비가 되어 있지 않은 청중에게 지속 가능성이라는 뜨거운 감자를 던졌다. 맥도날드의 지속 가능한 공급망은 그렇게 혁신을 향해 나아가기 시작했다.

결국, 지속 가능성은 맥도날드 공급망 내에 지속적인 가치로 자리 잡게 되었다. 우리는 어떻게 작은 성과를 달성하고 유인력을 얻을 수 있었을까? 어떻게 공급업체는 지속 가능성을 이해하고 받아들이게 되었을까?

지속 가능한 필렛오피시 버거를 만들 수 있을까?

2002년 세계 컨벤션 이후, 맥도날드 어류 담당팀(맥도날드 공급망팀과 전 세계 소수 어류 공급업체)은 어류 구매 과정의 극적인 변화를 위해 한자리에 모였다. 그들은 최근에 개발한 지속 가능성 채점표 시스템을 바탕으로 러시아산 대구의 구매를 중단할지 고민하고 있었다. 러시아산 대구는 자료의 불투명성 때문에 채점 결과가 붉은색(시정이 필요함을 의미)으로 나타났다. 다른 어류로 대체하면 맥도날드 미국과 일본 시장이 재정적으로 큰 타격을 입을 수 있었다. 러시아산 대구는 구매 시 10% 할인율을 받기 때문에 다른 어류로 변경하면 맥도날드 미국에서만 연간 수백만 달러가 넘는 추가 금액이 발생했다.

필렛오피시 버거에 들어갈 생선 구매는 맥도날드 공급망 내에서 선제적으로 지속 가능성이 적용된 최초의 사안이었다. 1986년 이후 맥도날드 내 어류 공급망 담당자는 지속 가능성 분야에서 한참 앞서나간 개리 존슨이었다. 그는 필렛오피시 버거의 단일 재료인 대구가 1980년대 말과 1990년대 초 미국 북동부 뉴잉글랜드에서 남획되는 바람에 어업이 금지되었다는 사실을 간파한 최초의 인물 중 한 명이기도 했다. "미국 동부와 캐나다 동부는 수백 년 동안 어업이 꽤 번성했습니다. 하지만 남획되는 바람에 하룻밤 사이에 막을 내리고 말았죠. 이 사례로 지속 가능성이 실질적인 문제임을 뼈저리게 느끼게 되었습니다."[71]

지속 가능한 어업 영역은 상실되었고, 대구 가격이 미친 듯이 치솟기 시작하는 등 시장은 큰 피해를 입었다. 존슨은 이 과정을 거치며 어류 구매 절차의 핵심 요소가 지속 가능성이라고 보았다. 필렛오피시 버거를 계속해서 메뉴에 포함하기 위해서는 안정적이고 꾸준한 어류 공급 방법이 필요했다. 그는 "구체적으로 무엇이 필요한지 몰랐습니다. 하지만 환경에 피해를 주지 않는 지속 가능

71
개리 존슨과의 개인적인 인터뷰, 2018년 1월 10일과 12일.

한 어류 공급망이 필요하다는 것만은 확실했죠."라고 말했다.

존슨을 돕기 위해서는 신뢰할 만한 제3의 인물이 필요했다. 나는 국제보호협회CI에 손을 뻗자고 제안했다. CI는 NGO를 평가하는 나의 기준(1부터 10까지)에 들어맞았다. 기업 친화적(1-3)이지도 않았고 급진적(8-10)이지도 않았다. 대부분이 과학자로 이루어진 이 조직의 성격은 딱 중간이었다. CI에는 위대한 철학이 있었는데, '머리는 하늘에, 신발은 땅에'였다. 그들은 이상주의적이면서도, 업무 윤리에 따라 소매를 걷어붙이고 현장에서 부딪히며 실용적인 해결책을 강구하고자 했다.

나는 1989년 CI가 설립된 이후로 그들과 긴밀한 관계를 유지하고 있었다. 우리는 1990년대 초 '열대우림 프로그램'이라는 영상을 함께 제작했다. CI는 맥도날드가 아마존 열대우림을 황폐화한다는 거짓 주장에 맞서 싸우는 데 도움을 주었다. 1991년 환경을 주제로 한 해피밀을 최초 개발했을 때에도 CI와 협력했다. '열대우림 발견하기'라는 메뉴에서 아이들에게 책이나 장난감을 선택할 수 있게 했다. 장난감 이외의 것을 선물로 사용한 적은 그때가 처음이었는데, 안타깝게도 그 시도는 실패로 돌아갔다. 아이들은 역시나 책보다는 장난감을 더 좋아했다.

2001년 맥도날드 토론토 피시 포럼에 CI를 초대했다. 맥도날드의 전 세계 어류 공급업체들과 성과를 점검하고 앞으로의 전략에 관해 이야기를 나누는 연례 회의였다. 존슨이 지속 가능성 관련 대화를 나누기 위해 CI가 회의에 참석한다고 하자 어류 공급업체들은 반대했다. 일부 공급업체는 어떻게 급진적인 단체를 회의에 초대하냐며 자신들은 참석하지 않겠다고 협박하기도 했다. 공급업체가 CI를 급진적으로 보다니 정말로 이상했다. 나는 존슨에게 이 일을 위임했고, 그는 망설이지 않았다. 그는 공급업체들에 "당신들은 회의에 참석해야만 합니다. CI도 참석할 거고요. 우리는 대화를 해야 합니다."라고 말했다.

나는 CI를 도와 공급업체를 설득하기 위한 준비에 나섰다. CI 어류 팀의 짐 캐논이 토론토 회의에 참석했다. 그는 유명한 해양 생물학자로 남의 말을 경청할 줄 알았다. NGO 지도자로서 훌륭한 자질이었다. 어류에 대한 지식이 풍부했지만, 결코 자신의 노하우를 뽐내지 않았다. 그는 "듣는 시간이 필요합니다. 저는 문제 해결을 위해 그들의 말을 경청해야 한다고 생각합니다. 그들에게 무엇이 중요한지, 그들이 무엇을 필요로 하는지 듣고 난 뒤 제가 들은 바를 바탕으로 권고 사항을 제시하죠."라고 말했다.

캐논은 토론토에서 많은 것을 들으며 고집 센 어부들의 마음을 샀다. 그는 친한 친구처럼 그들과 함께 술집으로 직행했다. 수많은 어류 공급업체가 마음을 빼앗긴 부분이었다. 대형 수산 기업 씨로드Sealord의 마케팅 담당자로, 토론토 피시 포럼에 참석한 존 세이프티는 당시 회의를 떠올리며 이렇게 말했다.

캐논에게서 받은 첫인상은 추상적으로 말하지 않는다는 거였어요. 솔직히 말했고 허튼소리는 일절 하지 않았죠. 신선했어요. 발표를 마친 후 그는 우리와 저녁 식사 겸 술자리를 가졌어요. 그는 사람들과 어울리는 것도 좋아했어요. 특히 어업에 종사하는 사람들과요.[72]

당시만 해도 그 회의가 어떠한 결과를 낳을지 알지 못했지만, 우선은 지속 가능성 사안에 대한 인식을 높여야 했다. 캐논은 전 세계 흰 물고기의 상태에 대해 발표했고, 피시 포럼 지도자들은 어류의 지속 가능성 채점표를 개발하기 위한 프로젝트팀을 창설한다는 데 동의했다.

존슨은 맥도날드의 주요 어류 공급업체 에스퍼슨Espersen의 CEO 클라우스 닐슨과 또 다른 주요 공급업체 고튼Gorton의 관련 팀에게도 어업 지속 가능성의 실질적인 정의를 규정해 달라고 요청했다. 존슨은 아이슬란드에서 진행된 닐슨과의 회의에 캐논을 참석시켰다. 그는 "캐논을 닐슨에게 소개해준 뒤 둘이 협력하라고 했어요. 맥도날드 시스템에 적용 가능하며 둘 다 동의하는 어류 지속 가능성 채점표를 마련하지 않는 한 돌아오지 말라고 했죠."라고 말했다. 존슨은 '정지등' 평가 방법을 제안했고, 캐논과 공급업체는 1년 안에 어류 채점표의 맵핑과 지침서, 존슨이 제안한 '정지등' 방법론을 개발했다. 붉은색(문제 있는), 노란색(문제가 발생 중인), 녹색(바람직하거나 수용할만한) 등으로 이루어진 이 평가 방법은 다음과 같은 세 가지 기준으로 점수가 매겨졌다.

존 세이프티와의 이메일 서신, 2017년 1월 10일.

◆ **물고기의 생물총량**(남획된 지역인가?)

◆ **어업관리**(그들이 모범사례를 사용했나?)

◆ **자료의 투명성**(어업 정보 공개)은 믿을 만한가?

맥도날드 미국과 일본에서 주로 사용되는 어류인 러시아산 대구는 점수가 낮았다. 자료의 투명성이 붉은색이었다. 캐논은 어류 공급업체를 맥도날드 공급망에서 쫓아내기보다 개선할 기회를 주고 싶어 했다. 만약 맥도날드가 구매를 중단한다면 결국 다른 기업과 일하게 될 테고, 그들의 문제점은 개선되지 않을 게 뻔했기 때문이다. 맥도날드팀은 이 공급업체에 개선 계획을 실행하도록 3년이라는 시간을 주었다. 하지만 상황은 전혀 나아지지 않았다. 이에 존슨은 그 원인을 문제 개선에 대한 인센티브가 없었기 때문이라고 판단했다. 업체는 굳이 문제를 개선하지 않아도 저렴한 가격으로 다른 곳에 대구를 판매할 수 있기 때문에 문제 개선을 위해 노력해야 할 동기가 낮았다.

결국 다른 방법을 찾아야 했다. 이에 존슨은 맥도날드 미국 사업의 어류 공급망을 이끄는 단 고스키와 이야기를 나눴다. 고스키는 투명한 자료의 결여가 문제라는 데 동의했고 10% 이상의 가격 상승에도 불구하고 러시아산 대구를 포기하기로 했다. 이 소식을 접했을 때 내가 몸담은 기업이 정말 자랑스러웠다. 맥도날드는 수익 대신 지속 가능성이라는 목표를 선택했다. 러시아산 대구를 포기하기로 한 이후 맥도날드 유럽은 발트해에서 잡히는 어류에도 비슷한 조치를 했다. 발트해 어류 역시 어류 채점표에서 평가가 좋지 못했다. 맥도날드는 거래를 종료하며 지속 가능성 점수를 개선할 경우 다시 거래하겠다고 약속했고, 3년 후 이는 현실이 되었다. 맥도날드 공급망은 비용과 품질, 가치 그리고 네 번째 요소로 자리 잡은 지속 가능성이 균형을 이룬 결과 최고의 힘과 영향력을 발휘하게 되었다.

2013년, 맥도날드는 지속 가능한 어류에 있어 다시 한번 큰 발전을 보였다. 미국 내 매장 중 최초로 음식에 사용되는 모든 어류가 해양관리협의회MSC(Marine Stewardship Council) 기준을 충족한 것이다. MSC는 1996년 세계 자연 기금WWF(World Wildlife Fund)과 유니레버가 만든 비영리 단체로, 지속 가능한 어류의 기준을 수립하는 데 전념한 곳이다. MSC는 지속 가능한 어류를 위한 에코 라벨도 만들었다. 소비자에게 정보를 제공하고 그들이 지속 가능한 어류를 구매하도록 장려하기 위해서다. 맥도날드 미국의 상무로 승진해 공급망을 총괄하던 고스키는 보도자료에서 이렇게 말했다.

맥도날드가 MSC와 협력한 것은 공급망 내에서 환경적, 경제적으로 긍정적인 관행을 개진하기 위한 여정의 일환입니다. 이 같은 결정으로 고객은 계속해서 맛 좋고 품질 좋은 어류를 즐기는 한편, 그들이 먹는 어류가 MSC의 엄격한 지속 가능성 기준을 준수하는 어장에서 왔다고 믿을 수 있게 될 것입니다. 정말 자랑스러운 사실이 아닐 수 없습니다.[3]

　　머지않아 MSC 기준을 충족한 어류로 만든 제품이 전 세계적으로 판매되었다. 맥도날드는 피시 버거 포장 용기에 MSC 로고를 표기했고 마케팅 부서는 광고에 이를 활용하기 시작했다. 그리하여 맥도날드의 피시 버거는 기업 최초로 지속 가능성을 인증받은 제품이 되었다. 지금도 동료에게서 맥도날드의 지속 가능한 피시 버거가 실린 버스정류장 광고 사진을 문자로 받았을 때의 기분을 잊지 못한다. 사진 옆에는 '지속 가능한 어류, 지속 가능한 가격'이라는 광고 문구가 실려 있었다.

돼지 공급업체 바꾸기

나는 맥도날드 본사 카페테리아(맥도날드 매장)에 로버트 케네디 주니어와 앉아 있었다. 그는 맥도날드 음식을 정말로 좋아한다며, 쿼터파운드를 빠른 속도로 먹어 치웠다. 먹는 모습이 잠시도 가만히 있지 못하는 그의 성격과도 비슷했다. 내 어린 시절 우상이었던 케네디의 아들과 마주 앉아 있다는 사실을 믿을 수 없었다. 점심 식사를 마친 뒤 우리는 유리로 둘러싸인 회의실로 자리를 옮겼다. 케네디는 맥도날드에 스미스필드와의 거래 중단을 간곡하게 요청하기 위해 찾아온 것이었다.

　　물 보호 NGO, 워터키퍼 얼라이언스Waterkeeper Alliance를 이끄는 케네

73
해양관리협의회, "맥도날드 미국, 모든 매장에서 MSC의 인증을 받은 지속 가능한 어류를 제공하는 국내 최초의 체인점", 2013년 1월 24일, https://www.msc.org/newsroom/news/mcdonalds-usa-first-restaurant-chain-to-serve-msc-certified-sustainable-fish-nationawide.

디는 스미스필드에 반대하는 데 앞장섰다. 그는 스미스필드를 환경 오염의 주범으로 보았다. 그의 주장에 따르면 스미스필드가 운영하는 사방이 꽉 막힌 거대한 돼지우리는 통제 불가능한 상태이고 오수 처리용 인공 못은 쓰레기를 토해내고 있었다. 이 못에서 새어 나오거나 넘쳐흐르는 오수는 질산염을 비롯한 기타 독성물질로 인근 강을 오염시켰다. 케네디의 주장은 2003년 10월 폴란드 신문에 실린 가차 없는 비난 기사와도 비슷했다(스미스필드는 폴란드로의 확장을 계획중이었다). 그 기사는 다음과 같았다.

스미스필드는 가축업을 전통적인 농장 형태에서 공장 방식으로 바꾼 대기업 중 하나다. 전 세계에서 가장 큰 돼지고기 생산업체로 미국 돼지고기 시장의 30%를 장악하고 있다. 스미스필드의 산업적인 돼지고기 생산 방식은 대기 오염의 주범이자 미국 내 수질 오염의 가장 큰 원인일 것이다. 스미스필드는 수만 명의 농가를 땅에서 몰아내고 시골 지역사회를 산산조각냈다. 미국 수로를 수천 마일이나 오염시켰고 농부뿐 아니라 수천 명의 어부에게서 일자리를 앗아갔으며 시골 거주민들을 병들게 했다. 또한, 수억 마리의 가축을 이루 말할 수 없을 정도로 잔인하게 취급했다. 정치인들의 지지에 힘입어 스미스필드는 노스캐롤라이나 블레이든 카운티에 전 세계에서 가장 큰 도축장을 세웠다. 그곳에서는 하루에 3만 마리의 돼지를 도축한다.

스미스필드는 축구 경기장만한 공장식 우리를 지어 수천 마리의 유전자 조작 돼지를 작은 금속 상자에 쑤셔 넣는다. 돼지들은 햇볕도 쬐지 못하고 움직이지도 못하며 깔고 누울 지푸라기나 파헤칠 흙, 사회교류의 기회를 박탈당한 채 살아간다. 돼지는 개만큼이나 똑똑하고 민감한 동물이다. 이 같은 밀집된 거주 조건에서 그들은 항생제나 중금속을 끊임없이 투여받아야만 살 수 있다. 항생제에 내성이 있는 박테리아나 기타 첨가물의 잔여물은 결국 그들의 배설물로 배출된다.

돼지는 인간보다 10배나 많은 배설물을 배출하기 때문에 한 곳의 돼지 공장에서 폴란드의 수도 바르샤바에서보다 더 많은 배설물을 양산할 수 있다. 유타주에 있는 스미스필드 공장은 85만 마리의 돼지를 기르며 850만 명의 뉴욕시 인구가 배출하는 것보다 더 많은 배설물을 배출한다. 나무 바닥을 통해 지하로 흘러간 돼지 배설물은 정기적으로 오수 처리용 인공 못이라는 거대한 옥외 웅덩이로 쏟아진다. 스미스필드의 공장은 오수를 액체 비료로 처리하지 않은 채 들판에 버린다. 들판은 금세 오수로 가득 차게 되고, 이렇게 버려진 배설물은 지하수에 스며들거나 빗물에 휩쓸려 인근 천이나 강가로 흘러 들어간다.[74]

[74]
R. 린드세이, "스미스필드의 돼지 공장에 관한 로버트 F. 케네디 주니어의 진술", 〈비하인드 하이브로우〉, 2009년 5월 7일, https://robertlindsay.wordpress.com/2009/05/07/robert-f-kennedy-jr-statement-on-smithfields-pig-factories/.

스미스필드는 에그 맥머핀 같은 메뉴에 사용되는 베이컨, 소시지, 햄을 제공하는 가장 큰 공급업체 중 하나였다. 나는 스미스필드를 향한 케네디의 공격에 공감했다. 하지만 그가 한 말이 전부 사실일 거라고는 생각하지 않았다. 회의가 끝난 뒤 스미스필드가 미국 환경보호청 EPA과 어떤 관계를 맺고 있는지 자체 조사를 했다. 스미스필드는 정기적으로 벌금을 내고 있었는데, 일 년에 천 건이 넘었다. 우리가 공급업체의 운영 행태를 수수방관했다는 사실이 의아했다. 당장 스미스필드를 찾아가 로버트 케네디 주니어의 주장처럼 정말로 그렇게 나쁜 기업인지 아니면 거짓이 들어가 있는지 직접 살펴봐야 했다. 맥도날드 미국 사업의 돼지고기와 소고기를 책임지는 존 헤이즈가 함께 가겠다고 했다. 품질 확보 담당자인 브루스 페인버그도 나섰다. 구매 담당자, 품질 담당자, 기업의 사회적 책임 담당자로 이루어진 이상적인 팀이 탄생했다.

지금까지 나의 일은 문제를 탐구하고 평가하기 위해 내부적으로 소란을 일으키는 것이었다. 질문을 먼저 던진 뒤, 문제 해결을 위한 행동에 동참하도록 다른 이들을 설득하곤 했다. 하지만 이번에는 질문 대신 직접 가서 보고 듣고, 배우고 협력하는 행동을 먼저 취해야 했다. 그 사실을 염두에 둔 채 우리는 노스캐롤라이나로 향했다. 헤이즈는 스미스필드 공장에서 들은 사실에 분노했다.

우리는 동물을 어떻게 대하고 있는지 물었지만, 그들은 농물과는 전혀 관계없는 것들만 보여주었습니다. 동물들을 빠르게 살찌우는 방법이라든지, 재정 수익을 늘리도록 동물을 취급하는 방식 등 효율성으로 우리에게 깊은 인상을 주려고 했죠.[75]

나와 헤이즈, 페인버그는 공장을 견학시켜주던 스미스필드팀과 계속해서 언쟁을 벌였다. 우리는 환경이나 동물 복지 관련 문제를 살펴보고 싶었지만 스미스필드는 생산성에만 관심이 있는 듯 보였다. 난생처음 겪는 소란스러운 회의였다. 보통 공급업체와의 회의는 전문가들 간의 토론답게 모욕적인 말이나 고성이 오가지 않는다. 하지만 이번에는 달랐다. 열띤 논쟁이 펼쳐졌다. 헤이즈는 "스미스필드는 우리에게 효율성이 중요하지 않다는 사실을 전혀 몰랐습니다. 우리는 환경이나 동물 복지 측면에서 그들의 운영 현황을 살펴보러 간 거였는데 말이죠."라고 그때를 기억했다. 그곳을 떠나며 헤이즈는 나와 페인버그에게 "이 사람들은 자신들이 무슨 문제에 처해 있는지 전혀 모르는 것 같군."이라고 덧붙였다.

정말로 그랬다. 헤이즈는 맥도날드 본사로 돌아가자마자 노스 사이드 푸즈North Side Foods의 전 소유주 로비 호프만과 전화 통화를 나눴다. 노스 사이드 푸즈는 베이컨 같은 돼지고기 완제품을 맥도날드에 공급하는 업체로 최근 스미스필드에 매각되었다. 호프만은 스미스필드의 이사진 중 한 명이었다. 헤이즈는 그에게

[75]
존 헤이즈와의 개인적인 인터뷰, 2017년 4월 4일.

우리가 동물 복지나 환경에 무감한 스미스필드에 얼마나 실망했는지 늘어놓았다. 호프만이 어떤 마술을 부렸는지 몰라도 업체는 우리가 원하는 모습으로 바뀌었다. 맥도날드와 장기적으로 거래해 온 호프만이 우리의 문화나 역사를 그 누구보다도 잘 알았기에 가능한 일이었다.

몇 주 만에 스미스필드의 래리 팝은 맥도날드를 방문해 문제를 시정하겠다고 말했다. 팝은 2001년 조 루터를 대신해 스미스필드의 회장이자 최고운영책임자로 임명되었다. 그는 유축농업의 성패가 전적으로 효율성 관리에 달려 있다는 조 루터의 구식 사고방식과 다른 생각을 가진 인물로 보였다.

지속 가능성의 선수

육류 산업은 악마로 비난받고 있지만, 현실적으로 고기와 이를 통해 섭취하는 단백질은 수많은 식단의 필수 요소다. 육류 산업은 무생물이 아니라 살아 있는 동물을 취급한다는 특징도 있다. 따라서 효율성을 최대 목표로 관리할지, 아니면 동물의 자연스러운 행동을 보존하는 가운데 효율성을 유지할지 균형을 잡는 일이 관건이다. 동물의 자연스러운 행동을 정의하는 데 있어 많은 단체가 1960년대 중반 영국 농장 동물 복지위원회가 개발한 다섯 가지를 기준으로 삼는다.[76]

76
T. 콘클린, "다섯 가지 자유에 관한 동물 복지 역사의 교훈", 〈미시간 주립 대학교 익스텐션〉, 2014년, 2월 25일, https://msue.anr.msu.edu.news/an animal welfare history_lesson_on_the_five_freedoms.

❶ 굶주림이나 목마름에서 해방될 자유

건강과 활기를 유지하기 위해 언제든 신선한 물과 음식을 섭취할 수 있도록 한다.

❷ 불편함에서 해방될 자유

안식처, 편안한 휴식 공간 등 적절한 환경을 제공한다.

❸ 고통이나 부상, 질병에서 해방될 자유

질병 예방, 빠른 진단과 치료를 보장한다.

❹ 일상적인 행동을 표출할 자유

충분한 공간과 적절한 시설, 동종 동물을 제공한다.

❺ 두려움이나 스트레스에서 벗어날 자유

정신적 고통을 주지 않는 조건과 대우를 보장한다.

그러나 상당수의 축산업에서 가축의 수용 강도를 높이는 상황을 고려할 때, 위의 기준을 지키는 것이 쉽지 않다. 때문에 일부 비판가들은 현대 축산업이 동물과 환경, 노동자에게 좋지 않다고 소리 높여 말한다. 축산업이 19세기 소규모 시골농장의 형태로 바뀌기를 바라는 이들도 있다. 하지만 그때는 전 세계 인구가 20억 명이 조금 넘었고, 지금은 72억 명에 이른다. 현대적인 축산업이 없으면 저렴한 고기를 충분히 생산할 수 없다. 따라서 많은 사람에게 안전하고 저렴한 방식으로 고기를 제공하기 위해서는 훨씬 크고 '바람직한' 생산 시스템이 필요하다. 내가 지속 가능한 해결책을 찾는 업무에 빠진 것은 바로 이 같은 수많은 난제 때문이다. 크다고 반드시 나쁜 것은 아니며 작다고 반드시 좋은 것도 아니다. 조직의 규모와 상관없이 좋은 관행과 나쁜 관행이 중요하다.

나는 스미스필드의 래리 팝에게 기업을 감시하는 정부 기관, 버지니아 환경부의 수장 데니스 트레이시를 고용해야 한다고 했다. 트레이시 입장에서 스미스필드는 안 좋은 기업의 대표적인 사례였다. 스미스필드는 수질오염방지법 위반으로 미국 EPA 역사상 가장 큰 벌금을 물은 전력까지 있었다.[77] 그런 상황에서도 트레이시는 '쿨하지' 못한 기업, 공장형 농장과 산업화된 축산업이라는 오명으로 얼룩진 기업의 일원이 되었다. 주요 NGO의 비난이 속출하는 가운데 트레이시는 스미스필드를 끔찍한 악명에서 구출하기 위해 지속 가능성의 선수가 되어야 했다. 그는 처음에는 걱정했지만, 차이를 만든다는 생각에 곧 흥분했다.

이곳에서 단 하루를 일할 수도 있지만 10년을 일할 수도 있겠다고 생각한 그는 변화를 가져올 수 있다고 전적으로 믿었다.[78] 그것이 이 일을 택한 이유였다. 트레이시는 합의 도출자로서 듣고 배웠으며 항상 최선의 방법을 선택했다. 스미스필드가 가져온 변화를 본 헤이즈는 "트레이시는 사려 깊은 태도로 감정을 갖고 동물을 대했어요. 조직 내에서는 '이봐, 나는 이 사안에 대해 알아. 믿든 믿지 않든

77
미국 법무부, "스미스필드 푸즈, 1,260만 달러의 벌금을 물다, EPA 역사상 가장 큰 벌금액", 1997년 8월 8일, https://www.justice.gov/archive/opa/pr/1997/August97/331enr.htm.

78
데니스 트레이시와의 개인적인 서신, 2015년 4월 13일.

이 문제를 시정하겠어.'라는 태도로 접근했고요. 동기가 무엇이었든 그는 진지하게 임했죠."라며 트레이시의 성과를 요약했다.

그는 스미스필드를 "짐승을 죽이는 곳!"이라는 비난에 시달리던 기업에서 동물 복지뿐 아니라 물을 비롯한 기타 천연자원 관리 방식에 있어 업계를 선도하는 기업으로 탈바꿈시켰다. 대부분의 지속 가능성 전문가가 기존 프로그램을 바탕으로 방법을 개발하거나 아예 새로운 방법을 개발하는 반면, 트레이시는 잘못된 문제를 시정하는 일을 최우선 과제로 삼았다. 그는 스미스필드를 환경과 동물 복지 분야의 전문가로 만들겠다고 다짐했고, 실제로 그렇게 했다. 오늘날 스미스필드는 다음과 같은 사안에 있어 육류 산업의 지도자가 되었다.

◆ 암퇘지 우리를 철거하겠다고 선언했다.

◆ 2007년 항생제 사용 현황을 보고하겠다는 선언을 했고, 2013년 지속 가능성 보고서를 통해 돼지 작업장에서 파운드당 151mg의 항생제가 사용되었다고 밝혔다.

◆ 물, 에너지, 온실가스 배출량, 쓰레기 줄이기 등 운영 전반에 걸쳐 구체적인 목표를 수립했으며 가시적인 성과를 보이는 중이다.

◆ 2016년 CERES가 발표한 보고서, '목마르게 만들다: 식품 산업이 전 세계 물 위기를 관리하는 방식'에 따르면 스미스필드의 점수는 경쟁업체보다 3배나 높았다.

스미스필드는 정말 훌륭하게 임무를 수행했고 로버트 케네디 주니어는 두번 다시 우리를 찾아오지 않았다. 2008년, 스미스필드는 맥도날드의 공급업체 중 지속 가능성상을 받은 최초의 기업이 되었다. 이는 맥도날드가 스미스필드 같은 공급업체의 지속 가능성 관행에 영향을 미칠 수 있음을 보여주는 대표적인 사례였다.

신의 목소리를 듣다

2006년 5월, 평화로운 아침, 전화벨이 울렸다. 전화를 받자 수화기 너머로 "안녕하시오. 나는 이메쉬 주교요."하는 목소리가 들렸다. 주교를 만난 적이 없었기 때문에 심장이 터질 것 같았다. 주교는 가벼운 인사와 함께 플로리다의 토마토 농업 노동자에 관한 이야기를 건넸다. 당시 이모칼리 노동자 연대CIW(Coalition of Immokalee Workers)는 맥도날드를 상대로 가시적인 캠페인을 펼치고 있었다.

1993년 농업 종사자들이 모여 설립된 CIW는 2000년 이후 토마토 수확농 같은 가난한 농부의 상황을 개선하기 위해 힘썼다. 주교는 노동자들이 적정한 월급과 생활 조건을 누릴 자격이 있다며, 맥도날드가 이와 관련해 행동에 나설 수 없냐고 물었다. 이메쉬 주교의 요청에 나는 "저희도 걱정하고 있습니다. 토마토 농장 노동자를 위해 더 나은 프로그램을 운영하도록 공급업체와 협력하고 있어요."라고 맥도날드의 핵심 메시지로 대답했다. 주교는 나의 말을 경청한 뒤 "그렇다면 그들의 임금을 올려주는 게 어떻겠소?"라고 단순한 질문을 던졌다. 이 질문은 내 귓전을 맴돌았다.

CIW는 단순하고 설득력 있는 캠페인을 펼쳤다. 다른 이해관계자, 특히 종교 단체의 지지를 얻었는데 이는 상당히 효과적이었다. 그들은 단순하고 직접적인 요구를 했다. 노동자들의 임금을 올려달라는 것. 그들의 첫 번째 타깃은 얌YUM이란 기업이었다. 2005년 3월, CIW는 얌과 4년에 걸친 싸움에서 승리를 거뒀고 얌 브랜드는 공급업체를 통해 토마토 수확 노동자의 임금을 올려주겠다고 약속했다.

얌 측의 합의를 얻어낸 CIW는 맥도날드로 캠페인의 화살을 돌렸다. '진실 투어'라는 이름 아래 수백 명의 노동자와 시위대가 먼 곳에서부터 버스를 타고 맥도날드 본사로 향했다. 지금까지 나의 주된 업무는 공급망 안에서 동물 취급과 관련된 관행을 개선하고 환경 프로그램의 실행을 돕는 것이었다. 하지만 CIW 캠페인은 나에게 또 다른 과제를 던져주었다. 이제 우리는 지속 가능성 분야 중 인력 문제에도 개입하게 된 것이다.

위험한 비탈길의 힘

맥도날드의 인력 시스템은 매우 복잡하다. 프랜차이즈 가맹주는 맥도날드 매장을 90% 소유하고 직원의 직업 훈련, 임금, 경력을 관리하는 자영업자이다. 맥도날드 공급업체 역시 독립적이다. 창립자 레이 크록은 맥도날드를 이루는 3각 시스템(직원, 공급업체, 가맹주)을 의도적으로 계획했다. 동등하고 독립적인 세 세력이 협력하는 구조였다. 맥도날드는 중앙집권적인 형태를 지향하지 않았다. 우리는 매장을 운영하는 전문가일뿐 토마토 경작 전문가가 아니었다. 따라서 관련한 인력 정책이나 임금, 수당을 정하는 것은 공급업체의 임무였다.

CIW, 맥도날드를 상대로 한 '진실 투어' 캠페인

하지만 CIW 캠페인이 세간의 이목을 끌자 맥도날드는 캠페인이 기업에 미치는 파급력을 고려해 교차기능팀을 만들어 사안을 해결하고자 했다. 이 팀에는 주요 공급망 지도자, 커뮤니케이션, 공정 업무, 법무, CSR 분야의 수많은 직원이 포함되었으며 맥도날드에 토마토 슬라이스를 제공하는 공급업체도 함께 했다. 맥도날드가 거래하는 공급업체는 대부분이 가공업체였다. 가공업체가 생산업체나 경작 업체와 거래했다. 따라서 우리는 이들에게 제시할 권고 사항을 마련해야 했다.

우리 팀은 CIW의 요구에 대응하기 위한 대안을 찾기 시작했다. 다행인 것은 맥도날드 미국의 구매 부서장이 존 헤이즈라는 사실이었다. 그는 토마토를 비롯한 맥도날드 메뉴에 들어가는 재료 절반 이상을 관리하는 책임자였다. 스미스필드를 개선하는 데 기여한 그였기에 토마토 문제에서도 같은 일을 해주리라 기대했다. 하지만 기대와 달리 헤이즈는 CIW에 절대로 항복하지 않겠다는 입장을 밝혔다. 그는 "맥도날드가 생산업체나 경작업체의 임금 문제에 관여한다면 본사 밖 인도를 연장해야 할 것이다. 지원금을 받으려는 사람들이 길게 늘어설 것이기 때문이다."라고 말했다.

특정한 결정이 다른 결정을 촉발하게 되고, 이는 맥도날드의 직접적인 책임에서 지나치게 동떨어진 지점에 우리를 데려다 놓을 거라는 '위험한 비탈길' 이론에 대해 수없이 들어왔다. 특히 공급망 문제와 관련해서는 빠지지 않는 이론이었다. 사실 지속 가능성은 차후 발생할 문제를 두려워하는 것이 아니라 사회와 사업에 좋은 방안을 파악해 현명한 위험을 취하는 것이다.

그러나 헤이즈의 생각은 공급망팀에 스며들었고, 공급망팀은 토마토만이 아니라 고기, 우유, 감자 같은 다른 제품에 대해서도 비슷한 압박과 행동이 있을 거라고 판단했다. 토마토 경작자 즉, 노동자들을 고용하는 이들에게 무엇을 해야 하는지, 노동자들을 어떻게 대우해야 할지 일일이 지시할 경우 모두가 맥도날드에 책임을 전가할 명분을 갖게 되고, 이는 재앙을 스스로 만드는 꼴이라 여겼다.

나는 헤이즈의 입장이 적절하다는 확신이 들지 않았다. 맥도날드가 다른 길로 가게 하려면 어떻게 해야 할지를 고민하다 먼저 이모칼리를 방문해 실제 상황을 봐야겠다고 생각했다. CIW가 올바른 길로 가고 있는데 맥도날드가 이를 거부하는 것인지 알아야만 했다.

황혼이 지기 직전 이모칼리에 도착해 마을 중심가를 둘러보았다. 영업이 중단된 술집, 더러운 거리, 침통한 얼굴들이 보였다. 다음 날 토마토 노동자들 무리에 합류해 직접 일을 해보기로 했다. 노동자들의 생활을 뼛속까지 알고 싶었다. 헤이즈는 그들이 합당한 돈을 벌고 있다며 이렇게 주장했다.

나는 토마토 농장에서 일하는 노동자들을 만났다. 그들은 10대 후반에서 20대 초반으로 젊었다. 그들은 아주 열심히 일했고 빠른 속도로 토마토를 딸 수 있기 때문에 하루를 마친 뒤 시간당 5달러나 10달러가 아닌 18달러에서 25달러를 벌었다.

2006년 생각·교육·활동 센터CREA(Center for Reflection, Education and Action)가 맥도날드로부터 자금을 지원받아 진행한 연구가 헤이즈의 주장을 뒷받침했다.[79] 연구는 가장 빠른 노동자 10명과 가장 느린 노동자 10명의 임금을 비교했다. 이들은 한 시간 동안 평균적으로 각각 41바구니와 21바구니를 수확했고, 시간낭 가상 빠

79
B. 닐슨, "경제적 영향: 플로리다 토마토' 보고서의 심층 분석", 사회경제 정책 연구소(RISEP), 플로리다 국제 대학교, 2006년 4월 30일, http://ciw-online.org/ blog/2006/04/nissen_report/.

른 이들은 18.27달러를, 가장 느린 이들은 9.65달러를 벌었다.

하지만 나는 연구를 신뢰하는 편이 아니다. 기업이나 NGO, 독립적인 과학자나 학계 등 어떤 주체가 연구를 진행했느냐에 따라 편견과 가정이 포함되어 있다고 본다. 진실은 흑백논리처럼 명확하지 않기에 어떤 사안에 대한 결론을 내리기 전 모든 측면을 이해할 필요가 있다. 정치와 무관한 관점에서도 살펴봐야 한다. 나는 사회와 맥도날드 사업에 최선인 결정을 하기 위해 내가 할 수 있는 온갖 출처를 이용해 사안을 파악해 나간다. 좌파나 우파, 중도적인 입장에서 사안을 다룬 보고서도 전부 살펴 본 후 나만의 의견을 정립한다.

때로는 직접적인 경험이 진실에 가장 가까운 결과를 주기도 한다. 토마토 관련 이슈가 그랬다. 나는 진실을 알기 위해 찌는 듯한 태양 아래 수평선까지 쭉 뻗어 있는 수백 열의 토마토 농장을 찾았다. 그늘이라고는 없었다. 최소 32도가 넘는 열기가 피부 속에 침투하는 것을 느끼며 토마토 수확에 참여했다. 허리를 숙이고 토마토를 따면서 토마토를 담은 14kg의 바구니를 채워나갔다. 바구니 하나를 채우는 데 10분이 걸렸다. 그런 다음 90m를 걸어서 트럭에 도착했다. 바구니를 들어 올려 담당자에게 건네주면 그는 토마토를 트레일러에 쏟아부었다. 농장 모두가 각기 다른 속도로 일을 했고 실로 고된 작업이었다. 바구니당 평균 임금은 45센트였다. 계산해보니 내 느린 속도로는 시간당 2.70달러밖에 벌지 못했다. 당시 최소 임금인 7.5달러를 벌려면 4분에 하나 꼴로 17개의 바구니를 채워야 했다.

그날 오후 노동자의 생활 조건을 살펴볼까 하는 마음으로 마을 곳곳을 돌아다녀 보았다. 방 1개짜리 집 안을 슬쩍 보니 10명의 가족이 살고 있었다. 다음 날 나는 노동자들에게 연민을 품은 상태로 마을을 떠났다. 그들은 더 나은 생활을 누릴 필요가 있었고, 그들의 임금이 개선되어야 한다는 생각에 전적으로 동의하게 되었다.

하지만 내부 공급망팀은 여전히 내 의견에 반대했다. 그들은 CIW의 제안보다 나은 대안이 있다고 여겼다. 그중 하나가 사회적 책임 있는 농장 근로자SAFE(Socially Accountable Farm Employers) 프로그램이었다. 헤이즈와 사회적 책임 프로그램의 수장 댄 찰리는 공급자가 주도하는 프로그램인 SAFE를 지지했다. 이 프로그램을 바탕으로 훗날 설립된 경작자 기준Grower Standards은 임금, 노동 조건, 강제 노동 등 CIW와 비슷한 사안을 다루었다. 그러나 CIW는 SAFE 프로그램을 비난하며 이렇게 말했다.

그들이 제시한 어떠한 해결책도 농장 근로자가 경제 지원과 임금 인상을 통해 기본적인 요구를 충족하도록 해주지 못했다. 그것은 노동자의 삶을 더 나아지게 하는데 도움을 주지도 못했다. 이는 오랫동안 플로리다 농업을 수치스럽게 만드는 것에 일조했다.[80]

80
이모칼리 노동자 연합 웹사이트, "CIW, 맥도날드의 새로운 기준 발표에 대응하다", 1월, http://ciw-online.org/blog/2006/01/ciw-responds-to-mcdonalds-announcement-of-new-standards/.

강경한 CIW 지도자

맥도날드팀은 CIW의 수많은 지도자와 수년 동안 만나서 교류하고 협상했다. 그 안에 CIW의 공동창립자 그레그 아스베드가 있었다. 헤이즈와 찰리는 함께 SAFE 프로그램을 시행하자고 아스베드를 설득하려 했다. 하지만 맥도날드가 SAFE를 지원한다고 발표하자 화가 난 CIW는 캠페인의 강도를 높였다. 이에 헤이즈는 아스베드가 CIW를 위해 돈을 모으고 이목을 집중시키는 데에만 관심이 있다고 생각했다.

나는 아스베드를 비롯한 다른 CIW 지도자들을 만나 그들의 의도를 직접 듣고 판단하기로 했다. 다시 이모칼리로 향하는데, 그동안 알던 NGO와는 꽤 다른 모습의 단체를 만난다는 생각에 긴장이 되었다. 지금까지 맥도날드와 협력했던 NGO 지도자들은 독립적이지만 협상에 도달하기 위해 자신의 의견을 굽힐 줄도 알았다. EDF의 크럽은 침착하고 겸손했다. CI의 캐논은 경청할 줄 알았으며 그랜딘은 열정적이고 과학적이었다. 내가 부정적인 경험을 한 NGO는 PETA뿐이었다. 나는 CIW가 PETA와 비슷하지 않을까 걱정이 됐다.

이모칼리 중심지에 위치한 CIW의 비좁고 어수선한 사무실에서 아스베드를 만났다. 그는 청바지에 티셔츠를 입고 있었다. 엄숙한 표정으로 잠시 이런저런 이야기를 건넨 그는 솔직하게 자신의 의견을 말했다. 불신이라는 두꺼운 벽에 부딪혔던 나는 그와의 대화를 통해 아스베드가 진정한 활동주의를 추구하는 또 다른 종류의 지도자임을 알게 되었다. 그는 8에서 9에 해당하는 NGO 지도자였다. 선동가였지만 극단주의자는 아니었다. 아스베드에게서 협력적인 면모는 찾아볼 수 없었지만, 농장 근로자의 삶을 개선하고자 하는 마음만은 진실해 보였다. 이 싸움에서 승리하기 위해 그는 공격적이어야만 했다. 아스베드는 그럴 수밖에 없는 자신의 이야기를 들려주었다.

> 할머니는 아르메니아 대학살 생존자였어요. 열세 살의 나이에 두 번이나 팔려갔고 마지막으로 할아버지가 할머니를 샀죠. 아버지는 대학살 직후 어딘지 알 수조차 없는 시리아 사막에서 태어났어요. 대학살로 갈 곳을 잃은 조부모님은 가진 것이 아무것도 없었어요. 생존과 살기 위한 투쟁은 우리 가족 역사의 중요한 부분입니다. 이 모든 배경은 제가 세상을 보는 관점에 큰 영향을 미쳤죠.[81]

이 같은 역사 때문에 지금의 활동주의를 추구하게 되었는지 물었다. 그는 '활동가'라는 용어 앞에 잠시 망설였다. '활동가'라는 용어가 인위적이고 알맹이 없는 열의를 대변한다고 생각하는 것 같았다. 그에게 중요한 것은 '시위'가 아니라 '시정'이었다. 그는 빨리 시위를 끝내고 부조리를 시정한 후 일상 속으로 돌아가고 싶어 했다.

농장 근로자가 가난하며 끔찍한 학대를 당한다는 사실을 사람들이 인정하도록 시위를 벌여야 한다는 사실이 말

81
그레그 아스베드와의 개인적인 인터뷰, 2016년 8월 26일.

도 안 된다고 생각합니다. 과일을 따는 일은 이 나라에서 가장 힘든 직업입니다. 모두가 알고 있는 사실이죠. 국가 차원에서 한참 전에 이 문제를 시정해야 했지만 21세기가 되어서도 가두행진을 하며 시간을 낭비하고 있습니다. 구매자와 경작자가 대화를 나누는 자리를 마련하기 위해서죠. 우리는 이 시간을 더욱 생산적으로 쓸 수 있습니다. 함께 머리를 맞대고 노동자들의 인간적인 대우를 위한 방안을 마련해야 합니다. 하지만 지금 우리는 그런 자리를 마련하기 위한 싸움을 하고 있습니다. 시간을 낭비하고 그 과정에서 계속 적을 만들고 있죠.[82]

아스베드의 꿰뚫어 보는 듯한 날카로운 눈과 엄숙한 표정 속에 자신이 추구하는 대의를 향한 깊은 신념이 담겨 있었다. 토마토 농장에서 일하는 빈털터리 노동자의 삶을 개선하는 일. 헤이즈의 평가와는 달리 나는 아스베드가 토마토 농장 노동자를 위한 변화를 추구하는 것에 있어 정직하고 진실한 사람이라고 생각했다. 그는 관심받기를 꺼려했으며, 누구보다도 적극적으로 나서서 전략과 캠페인을 개발하되 무대 뒤에 남는 것을 선호하는 지도자였다.

아스베드에게 맥도날드의 공급팀과 법무팀이 위험한 비탈길을 염려한다고 솔직히 털어놓았다. 맥도날드는 공급업체가 담당해야 할 농장 근로자

82
그레그 아스베드와의 이메일 서신, 2018년 6월 11일.

의 임금과 관련된 사항에 간섭할 경우 부정적인 파급 효과가 일까 두려워했고, 다른 제품과 관련된 딜레마가 발생할까 우려했다. 내 말을 들은 아스베드는 맥도날드가 지금 나서지 않는다고 그 문제에서 자유로워지는 것은 아니며, 반대의 상황에서도 충분히 일어날 수 있는 일이라고 말했다.

사실 다른 쪽으로도 위험한 비탈길이 발생할 수 있습니다. 현재 공급망 상황을 외면하면 노예 생활이나 인권 탄압 같은 온갖 문제가 생길 수 있죠. 상황을 개선하기 위해 자신의 역할을 다하지 않으면 우리가 돌보지 않은 모든 사람과 사물에 문제가 발생할 수 있습니다.

CIW와 맥도날드의 입장이 첨예한 차이를 보였기 때문에 독립적인 중재자가 필요했다. 양측의 입장에서 논의를 촉구하고 합의안을 찾으며 윈-윈의 해결책을 마련해줄 중재자 말이다. 나는 지미 카터 센터 Jimmy Carter Center의 톰 크릭에게 연락을 했다. 그리고 단 고스키와 함께 회의를 준비했다. 헤이즈의 상사였던 고스키는 미국 공급망 책임자였으며, 곧 부회장으로 승진할 예정이었다. 나는 고스키를 설득해 CIW와 협력하고자 했지만 쉽지 않았다. 그 역시 헤이즈와 같이 공급업체가 개발한 SAFE 프로그램이 CIW의 제안보다 낫다고 생각했다. 우리는 크릭이 중재자로 나선 회의에서도 결론에 도달하지 못했다. CIW는 한 발짝도 물러서지 않았고 우리 역시 마찬가지였다. 하지만 CIW와 우리는 최소한 얼굴을 맞대고 토론했으며, 이를 계기로 양쪽은 무조건 반대하는 것을 멈추었다.

또 다른 진실 투어

협상이 진전되지 않자 CIW는 더욱 강력한 캠페인을 준비했다. 그들은 그 어느 때보다도 큰 규모로 진실 투어를 진행할 거라 선포했으며, 2007년 5월 연례 주주총회 때 수백 명의 지지자가 맥도날드 본사로 찾아갈 계획을 세웠다. CIW는 루터교, 장로교, 감리교, 천주교 지도자들과 협력했고, 종교 지도자들은 맥도날드를 비난했다. 우리는 천사와 싸우는 악마와도 같았다.

진실 투어가 있기 며칠 전, 맥도날드 미국 공급망 대표 J. C. 곤살레스 멘데즈의 주최로 회의가 진행되었다. 맥도날드의 행보를 결정하기 위해 다양한 팀에서 15명의 대표자가 참석했다. SAFE 프로그램을 고수하는 전략과 CIW의 제안을 받아들이는 전략의 장단점을 다시 점검했다. CIW의 제안에 절대로 굴복하지 말자는 의견이 지배적이었다. 나는 노동자들이 좀 더 나은 임금과 근로 조건을 누릴 자격이 있으며, 공급업체의 계획은 신뢰도가 떨어진다고 말했다. 맥도날드가 공격적인 캠페인에서 벗어나는 것이 목표라면 SAFE 프로그램으로는 절대 불가능하다는 것을 강조했다. 노동자의 임금 인상안은 효과적이고 설득력 있으며, 맥도날드가 명목비(약 20만 달러)만 부담하면 모든 것이 해결될 것이라고 했다. CIW와 합의하는 방법을 생각해봐야 한다고 주장했으나 최종 집계 결과 현 방법을 고수하자는 의견이 절대적으로 우세했다. 나 혼자만 반대표를 던진 셈이었다.

하지만 맥도날드 내에는 CIW와의 투쟁에 지대한 관심을 보이는 또 다른 강력한 조직이 있었다. 전 세계 기업 관계 위원회WWCRC(Worldwide Corporate Relations Council)였는데, 1년 전 맥도날드가 직면한 딜레마를 해결하기 위해 잭 달리가 창설한 조직이다. 나는 달리의 오른팔로서 위원회를 창설하고 안건을 상정하며 후속 조치를 취하고 의사 결정 과정을 간소화하는 데에 기여했다. WWCRC는 브랜드 명성에 영향을 미치는 사안과 관련된 핵심 팀으로 법률, 마케팅, 운영, 정부 관계, 공급망, 의사소통, 내 담당인 CSR의 임원들이 위원회에 포함되어 있었다. WWCRC 회원의 상당수는 CIW의 상황에 공감을 표하고 있었다. 이에 위원회는 의사 결정을 내릴 수 있는 보다 공식적인 자리를 제공해주었다.

CIW도 2007년 4월 주주총회를 이용해 맥도날드 CEO와 이사회에 편지를 썼다. 이 사안은 공급망팀뿐아니라 전사적으로 공론화되었다. 편지를 받은 CEO를 비롯한 경영진은 왜 노동자의 임금을 올려주지 않는지, 왜 아직 CIW 문제를 해결하지 못하는지 수많은 질문을 던졌다.

주주총회가 있기 몇 주 전 해당 사안에 대한 마지막 회의가 열렸다. 미국 공급망팀은 CEO인 짐 스키너에게 현 계획을 고수하고, SAFE 프로그램을 지지하라고 간략한 편지를 썼다. 스키너에게 다른 대안을 제공해야 할 책임이 있다고 생각한 나는 헤이디 글런즈, 잭 달리와 함께 맥도날드와 공급업체의 직접적인 협력을 통해 노동자의 임금 문제를 해결해야 한다는 내용의 제안서를 작성했다. 문제 해결의 주체는 공급업체로 두지만, 노동자의 임금 인상을 동의할 수 있도록 맥도날드가 역할을 해야 한다고 주장했다.

일주일 만에 스키너는 나와 달리, 글런즈의 제안을 받아들였다. 2007년 4월, 드디어 이모칼리에서 맥도날드는 CIW와의 협상을 완료했다. 하지만 맥도날드 공급망 지도자는 이를 달가워하지 않았고, 헤이즈도 이 결정이 '사고'라 말했다.

맥도날드는 궁지에 몰려 아무에게도 도움이 되지 않는 결정을 내렸다. 소규모의 과격한 단체가 문제를 맥도날드에 전가했고 맥도날드가 관행에서 벗어난 행동을 하도록 만들었다. 맥도날드는 보통 공급업체를 통해 노동자들에게 영향을 미치곤 했는데 CIW는 맥도날드가 직접 나서도록 밀어붙였다.

반면 CIW는 이 합의를 기꺼이 받아들였다. 아스베드는 "정말 기뻤죠. 맥도날드가 이 프로그램에 참여하는 것은 큰 변화였으니까요. 이보다 좋은 소식은 없을 거라고 생각했어요."라고 말했다. CIW 외에 지미 카터 전 미국 대통령도 이 소식에 매우 기뻐했다. 그는 이 합의를 높이 평가하는 성명을 발표했다.

미국 내 13,000개의 매장에 토마토를 제공하는 노동자들의 삶을 개선하기 위해 CIW와 협력하겠다는 맥도날드의 결정을 환영합니다. 이 같은 결정은 기업의 사회적 책임에 앞장서는 지도자로서 맥도날드의 모습을 보여줄 뿐만 아니라 농장 근로자의 권리를 위해 힘쓰는 CIW의 역할도 입증해줍니다. 저는 다른 기업 역시 맥도날드와 타코벨(2년 전 얌 합의의 일환이었다)을 따라 플로리다 전체 토마토 산업에서 변화를 일구기를 바라는 바입니다.[83]

하지만 CIW와의 합의 후 평화가 찾아오리라는 기대와 달리 이는 또 다른 전쟁의 서막이 되었다. 아스베드는 "합의가 파트너십을 향해 변화를 가속화할 거라고 믿었는데, 오히려 경작자로부터 저항을 받게 되었다."라고 말했다. 우리와 거래하는 공급업체들은 하위 경작자를 찾아가 노동자들의 급여를 인상해달라고 요구했다. 하지만 그들의 저항은 예상 외로 심했고, 토마토 노동자의 임금을 둘러싸고 일종의 냉전이 발발했다. 맥도날드는 경작자가 노동자의 임금을 올려주도록 공급업체를 통해 요청하고, 추가 비용을 부담할 거라 했지만 경작자들이 이를 거부한 것이다. 몇 년 후에야 경작자들은 임금 인상에 동의했는데, CIW가 타코 벨(얌 브랜드)과 협력하기 시작한 지 10년 만이었다.

하나의 중요한 변화를 달성하기까

83
이모칼리 노동자 연합 웹사이트, "맥도날드 미국과 공급업체, CIW와 협력할 예정", 2007년 4월 9일, http://ciw-online.org/blog/2007/04/ciw_mcdonalds_release/.

지 10년이라는 시간이 걸렸다. NGO들은 보통 맥도날드 같은 기업은 공급망에 변화를 주기 쉽다고 말하지만, 변화를 향한 장애물은 곳곳에서 나타난다. 수많은 활동가가 빠른 조치를 바라지만 변화에는 저항이 수반되기 마련이다. CIW는 꼬박 10년 만에 이 같은 변화를 얻었다. 아스베드와 그의 조직은 가공할 만한 저항에도 계속해서 버텼다. 진보는 며칠이나 몇 주, 몇 달 만에 발생하지 않는다. 변화에는 수년의 시간이 필요하다. 아스베드는 마틴 루터 킹의 말을 인용해 "도덕적 세계의 궤적은 길지만 결국 정의를 향해 구부러집니다. 진부하게 들리겠지만 사실이죠. 결국, 모든 것은 더 나은 쪽으로 굽어지게 되어 있습니다."라고 말했다.

CIW는 2014년 대통령 표창장을 받았으며 UN이 주최하는 제네바 인권 포럼에도 두 번이나 초대되었다. 그들은 투지가 보상받았다는 사실에 위안을 얻었다. 농장 근로자들이 변화를 얻는 과정은 시급성과 장기전이라는 현실 속에서 균형을 맞추는 방법을 찾아야 했다. 쉽지 않다며 아스베드는 이렇게 덧붙였다.

우리에게는 선택이 별로 없습니다. 해결책이 있다고 믿고 그저 계속해서 싸우는 수밖에 없습니다. 해결책이 있으면 인내심을 갖고 싸울 수 있습니다. 맥도날드 같은 기업이 "공급망의 변화를 시도해야 한다."라고 말했기 때문에 이 같은 변화가 가능했습니다. 실로 놀라운 스토리입니다. 이모칼리 같은 마을은 25년, 아니 심지어 10

년 전만 해도 끔찍했습니다. 미국에서 가장 가난한 마을 중 하나였죠. 도로는 정말 더럽고 사람들은 가난했어요. 하지만 인권 보호와 기업의 공급망 책임 덕분에 이제 이 마을은 반짝반짝 빛이 납니다.

지속 가능성의 네 번째 요소와 관련된 발전 사항

코지올이 공급업체에 지속 가능성이라는 네 번째 요소를 추가하라고 요청한 지 4년이 지났다. 그 결과는 다음과 같다.

❶ 처음에는 불안정했지만, 지속 가능성을 통합하는 과정이 가속화되었다. 2004년 CSR 공개 보고서에는 우리가 어떻게 TNS의 원칙을 사용해 맥도날드의 원칙을 구성했는지 구체적으로 기술되어 있다. CSR 보고서를 통해 지속 가능한 공급망과 관련된 강력한 비전을 공개적으로 발표했다는 사실은 꽤 고무적이었다.

  - 사회적으로 책임 있는 식품 공급 시스템 : 우리는 직원과 지역사회, 생물 다양성과 환경에 순이익을 창출하며 고품질의 안전한 식품을 제공하는 식품 공급 시스템을 추구한다.

❷ 공급업체에 지속 가능한 어류를 사용하도록 요청한 것은 큰 성과였다.

❸ 스미스필드가 지속 가능성을 재고하도록 설득한 사례는 맥도날드가 공급업체에 미치는 영향력을 잘 보여준다.

❹ CIW 관련 사안을 일찌감치 해결하지 못한 결과 맥도날드의 명성이 하락했다. 결정을 너무 오래 미룬 탓에 문제 해결까지 2년이라는 시간이 걸렸다.

맥도날드는 공급업체의 지속 가능성에 있어서 일부 중요한 성과를 달성했지만, 여전히 가야 할 길이 멀었다. 사고방식은 크게 개선되었지만 일관적이지 않았다. 이후 그린피스 캠페인 진행자들이 닭 복장을 하고 맥도날드 매장에서 시위하고 나서야 맥도날드 공급망의 지속 가능성을 향한 큰 변화가 시작되었다(9장 참고).

지속 가능한 공급망 관리

공급망은 품질, 서비스, 가치만으로 이루어지지 않는다. 지속 가능성은 이제 훌륭한 공급망을 규정하는 각 요소들과 동등한 가치를 지니게 되었다. 공급망에서 지속 가능성을 고려하지 않는 기업은 명성이 하락한다. 환경 자원 보존과 관련해 비용을 절감할 기회도 잃을 수 있다. 물을 적게 사용하고 쓰레기를 덜 양산하며 에너지 사용을 줄이는 것 역시 보다 효율적인 공급망을 낳을 수 있다. 공급망의 지속 가능성을 평가할 때 다음과 같은 사안을 고려해야 한다.

➔ 포괄적인 접근법을 이용한다.
　　공급망 담당 부서가 제품, 서비스, 사회 트렌드 같은 다른 측면도 고려하도록 한다.

➔ 장기적인 관점을 받아들인다.
　　구매 과정에서 지속 가능성을 고려하려면 장기적인 노력과 헌신이 필요하다. 가령 맥도날드의 지속 가능한 어류는 인식에서 행동, 결과에 이르기까지 모든 과정이 자리 잡는 데 10년이 넘는 시간이 걸렸다.

➡ **과학을 활용한다.**

가능한 최고의 과학 정보를 찾아라. 과학자나 비정부 단체, 학계, 산업 지도자 등 외부 전문가를 이용한다.

➡ **공급업체와 협력한다.**

공급업체와 협력해 지속 가능한 원칙을 사업의 핵심 사안에 통합시킨다. 유연한 태도로 목표에 임하며 저항에 마주하더라도 계속해서 밀어붙인다.

➡ **지속 가능한 변화를 위해 최고의 중재자를 활용한다.**

중재자가 공급망 지도자로서 강력한 입장표명을 할 수 있도록 권력을 부여하며 그들을 지원한다. 스미스필드의 사례처럼 초기에는 공급업체가 저항할 수 있지만, 중재자의 솔직한 피드백이 그들을 변화시킨다.

PART 7

The Battle for Values

가치 투쟁

Can You Etch Them in Stone?

돌에 아로새길 수 있는가?

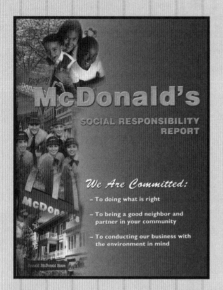

맥도날드 최초의 CSR 보고서 표지, '올바른 일을 위해', 2002년

가치의 중요성을 두고 다투다

지속 가능성을 이끄는 최고의 중개인은 어느 부서에서도 나올 수 있다. 예상치 못한 영웅은 현 상황을 극복하는 데 필요한 의지와 열망, 투지를 지닌 인물이다. 회계팀의 속사포 같은 제리 칼라브레제가 바로 그런 영웅이었다. 칼라브레제는 매장 운영 개선 성과ROIP(Restaurant Operations Improvement Performance)를 수립하는 일을 맡았다. ROIP는 매장의 지속적인 개선을 목표로 했는데, 가맹주는 이 평가 시스템에 회의적이었다. 그들은 이 시스템이 사업장을 감시하는 기업 차원의 빅 브라더라고 생각했다. 칼라브레제는 사람들이 처음에 이 시스템을 RIP(묘비에 흔히 쓰이는 문구로 Rest in Peace를 의미한다-옮긴이)로 불렀다고 웃으며 말했다.

그는 ROIP의 핵심 평가 방법을 개발하는 과정에서 플랜 투 윈Plan to win 전략을 강조했다. "우리는 사람들, 즉 고객과 직원들의 생각을 물었습니다. 그들이 어떠한 대우를 받는지 등에 관해서 말이죠. 사람이야말로 가장 소중한 자산이자 맥도날드가 추구하는 플랜 투 윈 전략의 핵심이기 때문에 잘 알아야만 했죠."[84]

맥도날드는 짐 캔탈루포의 CEO 임기 말년인 2004년에 플랜 투 원 전략을 개발했는데, 그의 오른팔 짐 스키너가 이 과정에 참여했다. 이 전략은 그 후 10년 동안 맥도날드의 성공을 이끄는 청사진이 되었다. 플랜 투 원 전략에는 5P가 포함되었는데, 사람(People), 제품(Product), 홍보(Promotion), 장소(Place), 가격(Price)이다. 이 전략의 핵심은 양적 성장이 아닌 질적 성장에 집중하는 것이었고, 맥도날드는 매장 실적 개선 차원에서 매장 수를 줄이고자 했다.

칼라브레제는 맥도날드 내 존중받는 팀원이자 이런 프로그램의 전문가였다. 그는 "우리가 중요하게 생각하는 가치가 사업의 핵심 추동력이기를 바랍니다. 기업을 성공으로 이끌었던 가치들을 통합할 때입니다."라며 맥도날드의 가치들을 성문화해 플랜 투 원 전략에 통합시키자는 아이디어를 제안했다. 하지만 스키너는 "사람들을 혼란스럽게 만들고 싶지 않아요."라며 이를 거부했다.[85]

칼라브레제는 "스키너는 신중했죠. 그가 가치들을 믿지 않은 것은 아니었어요. 다만 그렇게 하면 플랜 투 원에 집중하지 못할 거라 생각했죠. 하지만 가치는 그 무엇도 해치지 않습니다. 사람들이 핵심 가치를 비롯해 훌륭한 성과를 낳는 핵심 요소에 집중하도록 고무시킬 뿐이죠."라고 말했

84
제리 칼라브레제와의 개인적인 인터뷰, 2016년 8월 8일.

85
짐 스키너와의 개인적인 인터뷰, 2016년 8월 10일.

다. 계속되는 반대에도 불구하고 칼라브레제는 자신의 계획을 밀어붙였다. 스키너도 고집이 있었지만 칼라브레제는 더욱 고집이 있었다.

2007년, 스키너는 결국 기업의 가치를 플랜 투 윈 전략에 통합한다는 계획에 동의하며 "가치를 성문화함으로써 우리가 어떠한 기업인지, 무엇에 중점을 두는지 규정하고자 했습니다. 회계 팀원이든, 부동산 팀원이든, 운영 팀원이든 아침에 눈을 뜨면 이 미션을 내제화하고 우리가 추구하는 핵심 가치가 무엇인지 이해하기 바랐습니다."라고 말했다.

맥도날드의 가치 밝히기

당시는 맥도날드를 이끄는 가치가 일관적이지도, 잘 알려지지도, 단단히 자리 잡지도 않은 상태였다. 나는 최초의 CSR 보고서를 통해 맥도날드의 가치를 공표했지만, 구성원들은 기업의 가치에 대해 각기 다른 비전을 품고 있었다. 이에 스키너는 버지니아 다든 경영대학원의 에드 프리먼 교수를 찾아가 맥도날드의 가치를 공식적으로 작성하는 일을 도와달라고 요청했다. 프리먼 교수는 맥도날드 글로벌 리더십 개발 프로그램의 영향력 있는 강연자였다.

매장 운영에서 잔뼈가 굵은 스키너는 특유의 무뚝뚝한 말투로 프리먼에게 "나는 우리가 추구하는 가치가 무엇인지 말하고 싶소. 이론석인 년구나 소사 따위는 하고 싶지 않습니다."라고 말했다. 프리먼은 자신이 교육하는 맥도날드 직원들에게 친밀감을 느꼈다. 그는 "직원들은 맥도날드를 사랑했어요. 맥도날드 음식을 좋아하는 저와 비슷한 사람들이었어요. 하버드나 프린스턴 같은 아이비리그 출신이 아니라 세상에 좋은 일을 하려는 평범한 사람들이었죠."라며 도움을 주겠다고 했다. 집요하고 똑똑한 두 명의 남자들은 의기투합해 맥도날드가 추구하는 '우리의 가치'를 작성하기 시작했다.

> **McDonald's Our Values**
> **맥도날드의 '우리의 가치'**
>
> **우리는 고객의 경험을 모든 사업의 핵심 요소로 생각한다.**
> 고객은 우리의 존재 이유다. 깨끗하고 따뜻한 환경에서 고객에게
> 고품질의 음식과 훌륭한 서비스를 제공함으로써 이를 입증한다.
> 우리의 목표는 모든 고객에게 항상 QSC&V를 제공하는 것이다.

크록과 마찬가지로 스키너는 고객을 출발점으로 삼았다. 스키너는 수년 동안 "고객이 모든 사업의 핵심이란 사실은 단순명료합니다. 가장 중요한 순간은 계산대나 드라이브스루에서 고객을 맞이하는 순간임을 늘 명심해주세요. 그 순간을 망치면 모든 것을 잃게 됩니다."라고 고객과 마주하는 진실의 순간이 얼마나 중요한지 강조하고 또 강조했다. 크록과 스키너는 곧잘 "일하는 목적이 오로지 돈일 경우 절대로 성공하지

못합니다. 하지만 자신이 하는 일을 정말로 사랑하고 늘 고객을 우선순위에 두면 성공이 따라올 것입니다."라고 말했다.

우리는 직원에게 헌신한다.

기회를 제공하고 인재와 지도자를 양성하며 성과를 보상한다.

계속해서 성공하려면 다양한 출신과 경험을 갖춘 잘 훈련된 개인이

상호 존중과 참여를 장려하는 환경에서 협력할 수 있어야 한다.

스키너는 고객을 가장 중시했으며 그다음으로 직원을 소중히 여겼다. "우리는 직원에게 헌신합니다. 그들이 어떠한 역할을 맡고 있는지 늘 고려하죠. 모두가 앞서나가기를 원합니다. 모두가 기여하기를 원하죠. 인재 관리 리더십 협회를 창설한 이유도 바로 그 때문입니다."

리더십 협회는 맥도날드 매장 관리자가 경력을 갈고 닦을 수 있게 수많은 훈련 프로그램을 제공한다. 크록은 1961년, 같은 목적으로 햄버거 대학HU(Hamburger University)을 창설했다. 하지만 HU의 커리큘럼은 그 시대에 어울리지 않았다. 우리가 시행한 다른 관행들도 상당수가 그랬다. 예컨대 맥도날드는 10년 동안 성과 리뷰를 하지 않았다. 하지만 스키너는 주요 인재들에게 인적 자원의 교육 및 양성을 맡김으로써 변화를 꾀했고, 맥도날드의 기준을 현대적으로 끌어올렸다.

> **우리는 맥도날드 시스템을 믿는다.**
> 가맹주, 공급업체, 직원의 '3각 의자'로 묘사되는 맥도날드 사업 모델은
> 기업을 지탱하는 기반으로, 세 그룹 간의 균형이 중요하다.

스키너는 3각 의자라는 철학을 통합하기도 했다. 이 철학을 허튼소리로 치부하는 이들도 있겠지만, 나는 그렇지 않다고 확신한다. 직원들은 "우리 중 누구도 우리 모두보다 낫지 않다."는 크록의 말을 기억하며, 이 철학을 가슴에 새긴다. 모두는 연결되어 있으며 상호 의존적이라는 의미다. 프랜차이즈 가맹주, 공급업체, 직원이라는 의자를 구성하는 세 그룹은 맥도날드의 브랜드와 미래를 동등하게 소유한다.

> **우리는 윤리적인 사업을 한다.**
> 건전한 윤리는 훌륭한 사업으로 이어진다.
> 우리 자신에게 공정함, 정직, 진실성이라는 높은 기준을 부여하고,
> 그 기준에 따라 사업을 운영한다. 우리는 개인적이고 집단적인 책임이 있다.

또 다른 중요한 가치는 윤리다. 스키너는 정직과 진실성을 맥도날드를 이루는 사람들의 근본적인 요소로 보았다. 나는 늘 내가 높은 기준을 중시하는 기업에서 일한다고 생각했으며 이 기준을 위반하는 이들을 가려낼 수 있다고 믿었다. 그렇기에 맥도날드 최초의 CSR 보고서

표지에 "우리는 올바른 일을 하는 데 전념한다."라는, 자주 듣던 인용구를 실었다.

> **우리는 사회에 환원한다.**
>
> 지도자에게 수반되는 책임을 진지하게 받아들인다. 우리는 고객들이 더 나은 지역사회를 구축할 수 있도록 로널드 맥도날드 하우스 자선단체(RMHC)를 지원한다. 우리의 규모와 범위, 자원을 이용해 더 나은 세상을 만들어야 한다.

사회로의 환원은 또 다른 가치다. 나는 가치가 표현되는 방식이 마음에 들었다. 이 가치는 RMHC를 향한 장기적인 전념뿐 아니라 '더 나은 세상을 만드는 노력'을 의미했다. 맥도날드 시스템은 RMHC를 중요시했다. RMHC는 '가족들과 함께, 필요로 한 보살핌과 가까이에 두는 것'을 목표로 하는 독립적인 비영리 자선단체다. 이 가치 역시 크록에게서 나온 것으로 그는 "우리가 받은 것들을 지역사회에 돌려줘야 할 책임이 있다."고 말했다.

> **우리는 사업의 수익을 꾀한다.**
>
> 맥도날드는 상장 기업이다. 따라서 주주들에게 지속적인 수익을 안겨주기 위해 노력해야 한다. 그러기 위해서는 계속해서 고객과 시스템의 건강에 집중해야 한다.

여섯 번째 가치는 주주 만족이다. 사실 나에게 이 부분은 다소 이상하게 생각되었고, 진정한 가치로 여겨지지 않았다. 프리먼 교수 역시 마찬가지였다. 그는 이 가치를 포함하지 않거나 차라리 NGO, 지역사회 지도자, 학계, 정부 같은 이해당사자와 협력할 필요성을 기술하기를 바랐다. 하지만 스키너는 주주 만족을 가치로 다루는 데 별로 거부감이 없었다. 그래야 이 특별한 가치를 허례허식이 아닌 실질적인 사업 과제로 다룰 수 있기 때문이었다.

> **우리는 지속적인 개선을 위해 노력한다.**
> 맥도날드는 끊임없는 진화와 혁신을 통해 고객과 직원, 시스템의
> 변화하는 니즈를 예측하고 이에 대응하는 것을 목표로 하는 배우는 조직이다.

스키너는 "우리는 배우는 조직입니다. 계속해서 발전하죠. 듣고 배우며, 고객의 변화를 예측하고 이에 대응해야 합니다."라고 아주 중요한 핵심 요소를 말했다. 그렇게 일곱 번째 가치가 작성되었다. 나는 개인적으로 이 가치를 입증할 수 있다. 우리 조직에는 성과에 100% 만족하는 사람이 없고, 늘 개선할 점이 존재한다고 생각하는 이들이 있다. 경영진에게서 잘한다는 칭찬의 말을 원한다면 오래 기다려야 한다. 칭찬하는 경우가 별로 없어 늘 겸손한 자세를 유지하게 된다. 자신이 아닌 팀을 위해 일하며 늘 발전하기 위해 노력한다.

가치 통합하기

가치를 정한 뒤 우리는 이 가치를 직원, 가맹주(그리고 그들의 직원), 공급업체로 이루어진 맥도날드의 3각 시스템에 전파해야 했다. 하지만 스키너는 맥도날드의 가치를 광고하는 포스터나 사인 카드를 원하지 않았다. 그는 가치를 홍보하는 것을 끔찍이 싫어했으며, 이 같은 행위가 가치의 진실성에 어긋난다고 생각했다.

프리먼 교수 역시 동의했다. 그는 스키너에게 "공지하듯 선포해서는 안 됩니다. 대화가 필요합니다. 대화가 없으면 다른 기업의 가치처럼 사장되고 말 것입니다."라고 말했다. 나는 이 과정에 참여했는데, 맥도날드 시스템에 포함된 모두가 일상에서 가치를 실현한다는 생각에 어떻게든 도움이 되고 싶었다. 맥도날드의 가치가 190만 명의 직원과 수천 명의 공급업체 직원들 사이에서 CSR의 성배처럼 받들어지는 모습을 상상했다. 우리가 사회적으로 책임 있는 기업이라는 궁극적인 목표에 도달할 수 있을 것만 같았다.

맥도날드는 실행에 전념하는 적극적인 문화를 지녔다. 새로운 토스터나 그릴 시스템을 비롯한 온갖 종류의 영업 장비를 출시할 때면 모두가 나서서 돕는 것이 일상적인 관행이었다. 새로운 튀김 방법을 직원들에게 가르치는 데 정통했다. 하지만 가치 같은 소프트한 사안을 가르치는 데에는 익숙하지 않았다. 맥도날드의 핵심인 매장 직원에게 다가가는 방법 역시 또 다른 난제였다. 맥도날드 직원의 99%가 119개 국가 내 다양한 매장에서 일했다. 우리는 그들 모두가 자신만의 문화와 맥락 내에서 맥도날드의 가치를 이해하도록 만들어야 했다. 우리가 마주친 가장 큰 어려움은 직원들을 계속해서 훈련시키는 일이었다.

맥도날드 매장은 이직률이 상당히 높다. 믿기 힘들겠지만, 당시에는 잘 운영되는 매장에서도 이직률이 매년 평균 90%에서 100%에 달했다. 맥도날드의 업무를 단기 근무나 부수적인 수입 정도로 생각하는 근로자들이 많았다. 계속해서 바뀌는 직원들에게 우리의 가치를 심어주는 일은 불가능한 업무처럼 느껴졌다. 그나마 희망을 품을 수 있는 사례는 월마트였다. 월마트는 2006년 지속 가능성 분야에 앞장서겠다고 선언한 이후 목표와 활동, 직원 참여를 통해 외부 이해관계자에게 깊은 인상을 주었다. 월마트의 2006년 선언은 기업의 지속 가능성 분야에서 독립 선언이나 마찬가지였다. 그들은 제로 웨이스트(포장을 줄이거나 재활용이 가능한 재료를 사용해서 쓰레기를 줄이려는 세계적인 움직임-옮긴이)나 100% 재활용 가능한 에너지 같은 야심 찬 목표를 설정해 NGO와 재계를 놀라게 했다. 지속 가능성의 주류화를 선도한 월마트는 지속 가능한 계획MSP(My Sustainability Plan)이라는 프로그램도 실행했다. 월마트에 독립적으로 고용된 모집 담당자 엘렌 웨인렙은 이 프로그램을 이렇게 요약했다.

2010년에 시작된 MSP는 28개 국가의 월마트 직원들에게 건강한 생활을 유지하고 환경을 염려하며 충만한 삶을 사는 데 초점을 맞춘 목표를 채택하도록 했다. 직원들은 나의 건강(건강한 식사하기, 활동적으로 생활하기, 금연하기, 스트레스 줄이기), **나의 지구**(물 아끼기, 쓰레기 줄이기, 에너지 아끼기, 자연 즐기기), **나의 삶**(새로운 기술 배우기, 재정 관리하기, 즐겁게 보내기, 타인 돕기)으로 이루어진 MSP 영역을 규정하는 과정에 참여했다. MSP는 직원들에게 목표를 수립하고 계속해서 전념할 수 있게 해주고 소셜 네트워킹을 통해 다른 직원과 소통할 수 있는 온라인 공간을 제공했다. 5만 명이 넘는 미국 내 직원들이 이 도구를 이용하고 있으며 덕분에 월마트는 직원의 참여도와 그들의 집단행동이 미치는 영향을 측정할 수 있다.[86]

월마트는 맥도날드보다 큰 이점이 있었다. 프랜차이즈가 아니라는 것. 모든 직원은 월마트 소속으로 맥도날드처럼 가맹주가 있는 게 아니었다. 그들은 하향식 문화였고 CEO가 원하는 방향으로 시스템을 통합할 수 있었다. 반면 맥도날드는 분권화된 구조였다. 가맹주가 매장의 90%를 소유했다. 게다가 우리는 각 나라에서 현지 관리자가 매장을 운영하도록 허락했다. 이 같은 분권화된 구조 덕분에 맥도날드는 다양한 시장에 적응하고 번성할 수 있었다.

물론 단점도 가진다. 우리는 '체제 내 자유'를 믿었다. 그래서 맥도날드 본사가 전반적인 방향을 제시하지만, 현지 시장이 현지 고객의 요구를 충족시키기 위해 다양한 체제를 채택할 수

86
엘런 웨인렙, "월마트는 어떻게 지속 가능성에 'U'와 'I'를 넣었나", 2013년 1월 9일, https://www.greenbiz.com/blog/2013/01/09/walmart-associates-u-i-sustainability.

있도록 유연성을 허락했다. 이런 방향은 전 세계적인 프로그램이나 정책을 실행하는 데에는 장애가 되었다.

맥도날드의 가치 통합 작업을 수행하기 위해서는 여러 어려움을 극복해야 했다. 나는 이런 과정을 캐서린 바난이 이끌어주기를 원했다. 바난은 나의 요청을 수락했고, 재빨리 관련 사안을 정리해 인력, 운영, 기업 문제에 대해 책임자에게 보고했다. 바난은 맥도날드의 가치를 온전히 시행하려면 매장 직원의 참여가 절대적으로 필요함을 알았다. 그렇기에 그는 임원들에게 직원 유지율과 관련된 온갖 자료를 보여주며, "직원을 유지하려면 그들이 기댈 만한 가치, 즉 운영과 수익 이외에 추구해야할 가치가 필요하다"[87]고 말했다.

바난은 최고 경영진에게 보고할 실행 계획도 마련했다. 가치 활성화 위원회VAC(Values Activation Council)를 수립하는 것이 첫 번째 의견이었다. VAC에는 상위 10개 시장과 부상하는 5개 시장 내 지도자가 참여하도록 했는데, 이들은 맥도날드 사업의 80%를 차지했다. 고위 경영진은 VAC의 창설과 우리의 가치, 매장 관리자와 그들의 직원을 통합한다는 계획을 승인했다. 바난은 "15개 시장 내 가치 활성화 지도자로 이루어진 위원회가 설립되었습니다. 저는 이 가치의 대변자로, 이해관계자가 초기 계획의 개발과 시험에 참여하도록 이끌었고 다른 시장에 진척 상황을 공유하는 책임을 맡았죠. 가치 활성화 위원회는 활동 계획을 수립할 책임도

[87] 캐서린 바난과의 개인적인 인터뷰, 2017년 1월 17일.

있었습니다."라며 VAC를 활성화하기 위해 노력한 내용을 설명했다.

바난은 전 세계 동료들과 협력해 맥도날드의 가치를 활성화했다. 그녀는 '우리의 가치'를 직원 오리엔테이션 및 훈련 자료에 통합시키고 실현 사례를 알렸다. 체계 내 자유라는 방법에 따라 각국의 매장은 현지 직원에게 맞게 실행 방법을 맞춤화했다. 맥도날드 호주는 특히 독창적인 방법으로 가치를 공유했으며 쉬운 표현으로 이를 강조했다.

우리의 가치 소개하기

맥도날드 호주는 맥도날드 매장 직원과 관리자가 공감하는 가치를 보다 단순하게 표현한 '직원이 전하는 가치' 포스터를 제작했다.

핵심 성과물

· 모든 매장에 '직원이 전하는 가치' 포스터 배포

· 직원 오리엔테이션 및 훈련, 성과 평가 자료에 가치 통합

· 플랜 투 윈 전략에 가치 포함

· '선행 베풀기' 인정 프로그램 개발

· 중요성의 기준을 보장하기 위한 가치 기반 결정 모델 개발

호주의 문화에 맞추어 소개된 맥도날드의 가치

2년 후, 바난은 가치 통합이 담긴 훌륭한 안내 책자를 완성했다. 그녀가 보고서를 완료하고 배포한 직후 가치를 수립하고 지원하는 데 큰 역할을 한 스키너가 은퇴를 결심했다. 2012년 3월, 돈 톰슨이 뒤이어 CEO 자리에 올랐다. 그 역시 우리의 가치를 지지했다. 그러나 안타깝게도 그가 CEO로 취임한 지 한 달 후 맥도날드는 10년 만에 처음으로 비교 매출이 하락했고, 그 후로도 안 좋은 상황이 매달 이어졌다. 판매량을 높이기 위해 메뉴와 운영, 마케팅 전략을 개선하는 데 노력을 쏟는 가운데 가치 시행 노력에 대한 관심은 점차 시들해지고 말았다.

바난은 전쟁에서 패한 기분이었다. 가치를 온전히 실행하지 못한 것만 같아 나 역시 실망이 컸다. 하지만 비록 측정이 불가하지만, 우리의 가치는 인식의 차이를 가져왔고 오늘날에도 계속해서 맥도날드라는 조직에 영향을 미치고 있다. 칼라브레제가 2006년 확고한 투지로 수립하기 시작한 '우리의 가치' 덕분에 6년 동안 수천 명의 직원이 이 메시지를 접했다. 우리의 가치가 그들에게 동기를 부여했을 거라 믿는다.

스키너가 은퇴하면서 활발한 통합 프로그램은 막을 내렸지만, 가치는 기업 내에 여전히 존재한다. 크록과 함께 진화한 가치들은 반복적인 활동으로 거미줄처럼 번졌고, 점차 강화되었으며 크록이 사망한 지 수십 년이 지난 지금까지도 살아 숨 쉬고 있다. 이 가치들은 프로그램이나 안내 책자, 포스터로 남지 않았다. 기업의 니즈에 맞춰 계속 번성하고 진화하며 사라지지 않고 살아 있다.

가치를 살아 숨 쉬게 하자

자신이 몸담은 기업, 직원, 고객 그리고 이해관계자를 특징짓는 가치를 생각할 때 다음의 조언을 고려하자.

➡ **모든 부서와 이해관계자에게 적용되는 가치를 수립한다.**

가치는 단순히 포스터나 웹사이트에 적기 위한 내용이 아니다. 다른 이들(과 자신)의 행동이나 결정 속에서 가치들을 볼 수 있어야 한다.

➡ **짧고 간결한 가치를 추구한다.**

우리는 일곱 가지 가치를 만들었다. 사우스웨스트 에어라인Southwest Airlines의 가치를 벤치마킹했는데 전사의 정신, 하인의 마음, 즐거운 태도라는 단순한 단어들이었다.

➡ **기업의 역사, 미션, 비전에 바탕을 둔 가치를 수립한다.**

맥도날드의 가치를 개발할 때 내부자를 참여시키지 않은 것이 잘못이라고 생각하는 이들이 있었다. 하지만 스키너는 내부 직원의 지속적인 참여를 거부했다. 그는 가치를 개발할 때 반드시 민주적인 절차가 필요하지는 않다고 주장했다. 하지만 나는 본질적으로 우리의 가치가 창립자 레이 크록에게서 시작되었다고 생각한다. 스키너는 크록이 맥도날드를 성장시키는 동안 지속해서 개발한 것을 기술한 것뿐 이었다.

➜ **모든 말과 행동으로 가치를 전파한다.**

힘든 시기에도 가치는 기업 지도자의 최대 관심사로 남아 있어야 한다. 가치를 실 행하는 이들을 인정하고 보상한다면 직원들은 이를 현실로 받아들이고 노력할 것 이며 실패하더라도 다시 일어설 것이다.

➜ **가치는 우리가 의지할 닻을 제공해준다.**

프리먼 교수는 "가치는 안정제이자 방패이다. 가치는 우리에게 힘과 영감을 준다. 가치는 모두를 같은 방향으로 이끈다. 가치는 혁신과 또 다른 가치를 낳는 주요 수 단이다. 가치는 브랜드를 규정한다. 가치는 기업 전략이 시행되는 데 기여한다."[88] 라고 말한다.

88
에드 프리먼이 맥도날드를 상대로 2007년 10월 4일에 펼친 파워포인트 프리젠테이션, "가치와 사업 연결하기", 에드 프리먼과의 개인적인 인터뷰, 2016년 7월 29일.

PART 8

The Battle Goes to the Board Room

이사회실로 간 투쟁

A Shareholder Proposal Makes a Difference

주주 제안서, 차이를 가져오다

주주, 살충제에 관심을 두다

수습 시절 맥도날드 프렌치프라이를 만드는데 사용되는 적갈색 감자의 모든 것을 알기 위해 아이다호를 방문한 적이 있었다. 감자로 가득 찬 농장에서 농부에게 살충제에 얼마나 큰 비용을 쓰냐고 물었다. 그는 얼굴을 찡그리더니 한숨을 쉬며 지출하는 비용의 절반가량이 살충제에 들어간다고 했다. 나는 감자 같은 농작물에 사용되는 살충제의 규모를 직접 목격한 그때의 경험을 절대 잊을 수 없다. 당시 맥도날드는 매년 34억 파운드의 감자를 판매하며, 매일 900만 파운드(1파운드는 0.45kg)의 프렌치프라이를 공급하고 있었다.[89]

2016년 미국 농무부의 감자 비료 사용 연구 결과에 따르면 연간 1에이커당 질소, 인산염, 탄산칼륨, 황의 사용량이 각각 233, 155, 172, 78파운드였는데, 이를 기준으로 보면 맥도날드 삼

89
https://www.inc.com/peter-economy/
mcdonals-just-made-a-stunning-
announcement-that-will-completely-
change-future-of-fas-food.html.

자에 사용되는 살충제 양 또한 어마어마할 것이었다.[90]

아이다호 감자 농장 견학이 떠오른 것은 2009년, "결의안 : 1년 안에 이사회가 주주들에게 맥도날드 공급망 내 살충제 사용을 줄이기 위한 방안을 보고하길 바랍니다."라는 내용의 제안서를 접하면서였다. 당시 공급망에서는 사용되는 살충제의 양을 정확하게 알지 못했다. 그것은 공급업체의 일이었으며 심지어 우리와 직접 거래하는 공급업체로부터 몇 단계 더 떨어진 경작업체의 일이었다. 이 정보를 알아내는 일은 실로 어마어마한 과제였다. 게다가 맥도날드의 공급망은 119개 국가에 산재해 있었다. 각기 다른 기반시설을 이용했기에 어디에서 어떠한 살충제가 얼마나 사용되는지 파악하는 일은 불가능에 가까웠다. 감자를 경작하는 농부들이 살충제 사용량을 알고 있길 바랄 뿐이었다.

주주, 요구하다

나는 이 광범위하고 불합리한 제안서를 법무팀에 돌려보낼까도 생각해 보았다. 그러면 미국 증권거래위원회와 법무팀이 이 제안서를 몇 번 주고받게 된다. 증권거래위원회의 미션은 '투자자를 보호하고 공정하고 질서 정연하며 효율적인 시장을 유지하는 위해'[91] 제안서를 거르는 것이다. 증권거

90
https://www.nass.usda.gov/Surveys/Guide_to_NASS_Surveys/Chemical_Use/2016_Corn_Potatoes/ChemUseHightlights_FallPotatp_2016.

91
https://www.sec.gov/about.shtml.

래위원회가 제안서를 거르지 않은 경우, 맥도날드는 해당 제안서에 대해 주주들에게 공지하고 연례 주주총회에서 표결을 통해 채택 여부를 결정한다.

2006년에서 2015년 사이 맥도날드 주주들은 총 32건의 제안서에 투표했는데, 그중 16건이 CSR 관련 사안이었다. 모든 사안이 중대했으며 대다수가 이미 다루고 있는 사안이었다. 단지 발의자가 원하는 식이 아니었을 뿐. 제안서 중에서 가장 높은 지지율(28%)을 얻은 안건은 미국 연방, 카운티 및 시 공무원 연금 계획Municipal Employees Pension Plan 이 제안한 인권 관련 보고서였다.[92]

맥도날드의 주주 제안서	지지율(%)
인권 보고서	28
재활용	23
영양 보고서	6
야자유 보고서	6
유전자 변형 유기체	4~6
케이지 프리 달걀	4~6
제어된 환경적 질식(가스로 동물을 살육하는 다른 방법)	3~4

2006년에서 2015년까지 맥도날드가 받은
CSR 관련 주주 제안서 16건을 지지율이 높은 순으로 나열했다.

https://www.proxymonitor.org/Results.aspx.

주주 활동을 관리하는 업무는 나를 지치게 했다. 야자유가 대표적인 사례였다. 야자유는 주로 인도네시아와 말레이시아의 삼림 파괴를 비롯한 기타 사회적, 환경적 영향과 긴밀하게 연결되어 있었다. 맥도날드는 전 세계적으로 다양한 과자류에 소량의 야자유를 사용했는데, 그 출처를 모두 추적하기란 쉽지 않은 일이었다. 우리는 그린팜Green Palm을 이용했다. 그린팜은 다양한 제조업체와 소매업체가 인증받은 야자유 경작업체에서 야자유를 구매함으로써 야자유와 야자핵 기름 사용의 부정적인 부분을 상쇄하도록 돕는 프로그램이었다. 이 프로그램은 '지속 가능한 야자유를 위한 라운드테이블RSPO(Roundtable for Sustainable Palm Oil)'에서 비롯되었다. 그린팜 시장에 RSPO 인증서를 올려놓은 경작자는 인증서 비용을 프리미엄으로 받았다. 지속 가능성을 추구한 결과 얻게 되는 일종의 추가 수입이었다.[93]

나는 야자유와 관련된 제안서의 발의자들과 화상회의를 하며 생산적인 대화가 오가기를 바랐다. 우리는 CI나 WWF와 협력해 야자유 사용 문제를 해결하기 위한 조치를 고안 중이었다. 2020년까지 인증받은 지속 가능한 공급업체에서만 야자유를 구매하겠다는 약속도 그중 하나였다. 이 사실을 발의자에게 알렸지만, 그들은 오히려 그린팜 인증서 사용을 인정하지 않았다. 그들은 인증서를 사용한다고 맥도날드의 야자유 구매가 생물 다양성 상실과 인권 남용에 기여하지 않는 것은 아니라고 주장했다. 우리는 그린팜 인증서가 임시

[93]
https://greenpalm.org/about-greenpalm/how-does-greenpalm-work.

적인 조치이며 야자유의 출처를 파악해가면서 보다 구체적인 노력을 펼칠 예정이라고 설명했다.

나는 주주 제안서가 언제나 기업에 영향을 미친다고 생각하지 않는다. 주주가 되어 활동하는 사람들은 언론의 관심을 받기 위해 이 같은 장치를 이용할 뿐 기업이 발전하는 데 크게 이바지하진 않는다. 그럼에도 간혹 주주 제안서가 긍정적 영향을 주는 경우가 있다. 특히 모든 주주들이 투표하기 전에 논의되고 동의하는 안은 최고의 주주 제안서라 할 수 있다. 살충제 제안서가 그랬다. 기업이 에너지를 쏟아 해결책을 고심해야 하는 중요한 주제와의 연결고리였다.

합의점을 찾다

살충제 제안서를 읽는 동안 감자에 살충제를 들이붓던 아이다호의 농부가 떠올랐다. 한동안 살충제 문제를 눈여겨보았지만, 해결이 쉽지 않았다. 공급업체의 살충제 사용 현황에 대해 알아보려 할 때마다 장애물에 부딪혔다. 정보가 부족해서인지 정보 공유를 꺼려서인지 확신할 수 없었다. 둘 다 좋지 않은 동기였다. 불분명한 상황은 나를 괴롭혔고 그들이 무언가 안 좋은 것을 숨기고 있다고 의심하게 만들었다.

주주 제안서는 이런 상황을 해결할 문을 열어줄 터였다. 단 (모든 농작물이 아니라) 감자로, (전 세계가 아니라) 미국으로 범위를 좁혀야 했다. 문제는 나에게 이 제안서의 협상을 결정할 권한이 없다는 것이었다. 그래서 감자 품질 담당자인 미치 스미스를 찾아갔다. 스미스는 맥도날드의 미스터 포테이토였다. 그는 맥도날드 감자의 모든 품질 기준을 책임지는, 감자 산업에서 존중받는 인물이었다.

스미스와 함께 감자 살충제 제안서를 검토하며 그에게 살충제에 집중하는 것이 좋겠다고 말했다. 하지만 그는 "솔직히 말해, 정말 솔직히 말해 저는 감자 산업이 알아서 잘하고 있다고 생각했어요. 이미 지속 가능하며 토지를 염려하고 있는데 도대체 뭘 해야 할지 의문이 들었죠."[94]라며 내 생각을 달가워하지 않았다. 그런데도 스미스가 나와 손을 잡은 이유는 사업 기회 때문이었다. 그는 살충제 사용을 줄이는 방법을 개발하면 사업적 이득을 취할 수 있을 것이라 생각했다.

> 이야기를 나눌수록 우리가 생각보다 아는 것이 별로 없다는 사실을 깨달았죠. 우리가 나서면 대중들이 맥도날드가 공급업체와 환경, 미래를 염려하고 있다는 사실을 이해할 것 같았어요. 작물을 경작할 땅이 사라지면 우리 제품도 없으니까요.

미스터 포테이토는 지속 가능성을 향해 열정을 보였고, 우리 둘은 주주 제안자에게 연락을 취하기로 했다. 주주들을 대표해 제안서를 작성한 단체는 바드대학교 기부 단체Bard College Endowment로 신 개척 사회 투자 Newground Social Investment와 미국노

---

[94] 미치 스미스와의 개인적인 인터뷰, 2018년 2월 26일.

동연맹-산별노조협의회AFL-CIO(The American Federation of Labor and Congress of Industrial Organizations)의 후원을 받고 있었다. 전형적인 주주 제안이 그렇듯 투자자 단체는 관련 전문가에게 자문을 구했고, 그들의 전문가는 투자자 환경 위생 네트워크IEHN(Investor Environmental Health Network)의 창립자인 리처드 리로프였다. 우리는 리로프에게 연락하는 것을 망설였다. 주주 제안자들을 상대로 기업의 제안에 동의하도록 설득하는 데 성공한 적이 없었기 때문이다.

스미스는 "주주 제안자들은 경작자들이 살충제를 뿌려대며 아무런 걱정도 하지 않고, 얼마나 많이 뿌리는지 신경 쓰지 않는다고 생각해요."라며 정중하지만 확고한 말투로 설명했다. "감자밭이나 다른 경작물에 뿌리는 물질은 엄청 비쌉니다. 때문에 농부들은 필요 이상으로 많은 살충제를 뿌리고 싶어하지 않아요. 그들은 자신이 하는 일을 점검하고 관리하며 최적화하기 위해 최선을 다하고 있습니다."라는 말도 덧붙였다.

우리의 걱정과 달리 리로프와의 대화는 긍정적인 방향으로 진행되었다. 화학물질에 정통한 전문가인 리로프는 기업의 참여 절차에 대해서도 잘 알고 있었다. 그는 WWF에서 일한 적이 있었는데, WWF는 기업과의 협력이나 시장 기반 해결책을 전략적으로 활용하는 대표적인 단체였다. 맥도날드 같은 기업과 협력하는 것은 그에게 익숙한 일이었다.

리로프가 맥도날드를 선택한 것은 맥도날드가 기업의 사회적 책임에 대한 종교 간 센터ICCR(Interfaith Center on Corporate Responsibility)와 협력한 적이 있기 때문이라고 했다. 그는 맥도날드가 프로젝트 만화경 Project Kaleidoscope이라는 프로그램을 통해 얻은 긍정적인 결과에 큰 인상을 받았다. 프로젝트 만화경은 중국에 있는 맥도날드 장난감 공급업체의 근로 조건 개선을 위한 활동이었다. 맥도날드와 디즈니는 이 프로그램을 통해 사회적으로 책임 있는 주주 제안자 몇 명과 협력해 노동 기준을 준수하는 방법을 개발했다. 리로프는 "맥도날드가 지속 가능성 사안에 관여하는 기업임이 분명했기에 우리는 맥도날드에 광범위한 살충제 해결책을 제안했죠. 화학물질, 살충제 사용 등과 관련해 위험이 존재하며 안전한 대안을 마련함으로써 맥도날드가 사업 기회를 얻을 수 있다고 생각해 이 같은 제안서를 작성했습니다."라고 말했다.[95]

대화가 잘 풀려나가자 제안서의 광범위한 범위를 좁히는 방안에 대해 논의했다. 리로프와 주주 제안자들에게 우리가 왜 요청 전부를 들어줄 수 없는지 설명했다. 미국과 감자에만 집중하자고 제안하며 감자 공급망을 나름대로 통제하고 있다고 이야기했다. 맥도날드는 감자를 대량으로 구매하기 때문에 공급업체는 맥도날드 전용 프렌치프라이와 해시 브라운만을 생산하는 전담 시설을 두고 있으며, 농부들과 협력해 맥도날드 감자만을 경작하는 토지를 두고 있었다. 감자는 사육에 직접 관여할 수 없고, 일부 고기만 사용하는 소와 다른 영역임을 설명했다.

살충제와 감자로 사안을 좁혀가는 동안 리로프가 감자에 관해 지식이 있음을 알게 되었다. 그는 1999년 '대서

[95] 리처드 리로프와의 개인적인 인터뷰, 2016년 7월 18일.

양 유역 내 살충제 의존도 낮추기'라는 연구를 공동 진행했다. 내용의
상당 부분이 감자 경작의 살충제 사용에 관한 것이었다. 따라서 감자와
미국에 국한한다는 우리의 역제안은 그의 흥미를 자극했다. 리로프는
특히 맥도날드의 사업 규모(맥도날드는 미국에서 생산된 감자의 5%를 구매한다)
에 큰 인상을 받았다.

다행히 리로프(그리고 그와 함께 일하는 투자자들)에게는 철학이 있었다.
"주주 해결안은 활동 요구만큼이나 대화를 중시한다."는 것이었다. 나
는 모든 주주 투자자들이 그렇게 생각하고 행동하기를 바랐다. 그들은
감자에 초점을 맞추는 데 동의했다. 리로프는 "우리가 발전할 수 있는
지 봅시다. 계속해서 해결책을 찾기 위해 최선을 다해 봅시다. 사회에
중요한 일이고 기업에도 장기적인 이득을 가져다줄 게 분명하니까요."
라고 말했다.

스미스는 모두가 이 제안에 합의하려면 감자 공급업체뿐 아니라
업계 지도자의 광범위한 참여가 필요하다고 생각했다. 그는 재빨리 전
국감자위원회National Potato Council, 캐나다 원예의회Canadian Horticultural
Council와 더불어 여섯 명의 경작업자를 회의에 참여시켰다. 그는 당시
를 이렇게 회상했다.

방 안의 분위기만 봐도 알 수 있었죠. 전국감자위원회 같은 단체나
경작업체들은 "우리에게 무슨 일을 시킬 거지? 돈이 드는 데다 번
거로운 일을 요청할 건가? 이미 맥도날드의 품질 기준을 충족시키

기 위해 많은 일을 하고 있는데"라고 말하는 듯한 표정이었죠.

하지만 스미스는 상황을 호전시켰다. 스미스는 감자 산업을 존중하는 포테이토 가이였고, 그들은 그를 신뢰했다. 스미스는 "우리는 상황을 개선해야 합니다. 우리가 하는 일, 보고하는 방식을 개선할 필요가 있어요. 고객들이 우리가 나아지고 있다고 생각하도록 말이에요."라고 말했다.

스미스가 이해관계자들의 마음을 샀고, 리로프와 동료 제안자들이 감자에 초점을 맞추겠다고 동의한 결과 우리는 감자 시범 사업에 합의할 수 있었다. 주주 제안서는 철회되었고 2009년 3월, 로이터 뉴스는 다음과 같은 기사를 내보냈다.[96]

주주 단체는 화요일, 미국에서 가장 큰 감자 구매업체인 맥도날드가 국내 감자 공급망에서 살충제 사용을 줄이기 위한 예비 단계에 들어갔다고 발표했다. 투자자들은 맥도날드가 미국 감자 공급업체를 점검하고 살충제 사용과 관련된 관행을 취합하며 경감 사례를 전 세계 공급업체에 권고하는 데 동의했다고 말했다. 맥도날드는 결과물을 투자자에게 공유하고 기업의 연간 사회적 책임 보고서에 실을 예정이다.

전 세계에서 가장 큰 패스트푸드

[96]
http://www.reuters.com/article/us-mcdonalds-pesticides/mcdonals-to-thake-steps-to-cut-potato-pesticieds-idUSTRE52U6AN20090331.

업체인 맥도날드는 이 과정이 지속 가능한 공급망을 추구하려는 노력에 기여할 것이라고 말했다. 더불어 "맥도날드의 미국 감자 공급업체는 이미 경작업체와 협력해 살충제 사용 경감이나 대안적인 방법을 마련하는 등 지속 가능한 방향으로 살충제 사용 관행을 개선해 나가고 있다."고 성명서를 통해 밝혔다.

투자자들은 IEHN과 협력해 맥도날드가 살충제 사용 경감 노력에 참여하도록 만들었다. IEHN의 책임자 리처드 리로프 박사는 "우리는 맥도날드의 적극적인 조치를 환영하며 살충제 사용을 줄이려는 맥도날드의 노력을 지지한다."고 말했다. 그는 아직은 '초기 단계'라며 맥도날드가 살충제 사용과 관련해 입장을 먼저 정립한 뒤 경감 목표를 수립해야 한다고 전했다.

나는 완벽보다는 발전을 중시하는 리로프를 존중한다. 그는 요원한 꿈이 아닌 현실적인 목표를 추구했다. 자기 자신이나 자신의 대의로 관심을 끌기보다는 문제를 해결하는 데 집중했다. 스미스 역시 마찬가지였다. 그 후 몇 년 동안 스미스는 병충해집중관리위원회, 전국감자위원회, 미국과 캐나다 내 경작업체와 협력했다. 그들은 감자 경작 과정에 사용되는 비료와 물, 살충제를 기록하기 위한 통합적인 보고 절차를 개발했다. 이 프로젝트는 지속 가능성 있는 감자 프로젝트PSI(Potato Sustainable Initiative로 이어졌다.[97]

2013년, 스미스는 다양한 파트너와 협력해 감자 경작업체의 살충제 관리 점검 모델을 만들었다. 초보자, 관리자, 전문가, 마스터에 이르기까지 다양한 레벨별 기대사항과 최고의 관행을 요약한 모델이었다. 맥도날드 공급업체의 50%가 마스터 레벨에 해당했다. 마스터 레벨의 기준은 다음과 같다.[98]

· 지속 가능성, 환경, 노동자 관련 관행에서 인증받은 경우

· 환경이나 자원 개선을 꾀한 경우

· 자원 보존이나 살충제 사용 경감 계획에 참여하거나 협조한 경우

스미스는 이 업무를 즐겼다. 그를 통해 대부분의 사람은 승인을 받고 추진력이 주어지면 세상을 발전시키는 일을 좋아한다는 사실을 또 한 번 알게 되었다. 나 역시 마찬가지였다. 맥도날드가 사회를 발전시키는 새로운 정책이나 프로그램, 프로젝트를 채택하도록 만들거나 기업 내 영향력 있는 누군가가 앞장서도록 동기를 부여 하는 일만큼 나에게 큰 만족감을 선사하는 것은 없었다.

리로프 같은 외부 전문가와 협력하는 과정에서 누릴 수 있는 수많은 혜택 역시 나에게는 큰 기쁨이었다. 이 과정에서 우리는 업무에 관해 솔직한 의견을 들을 수 있다. 보통 내부에서는 잘하고 있다고 생각하기 쉬

98
http://corporate.mcdonalds.com.content/
dam/AboutMcDonalds/2.0/
pdfs/2012_2013_csr_report.pdf.

운데, 리로프 같은 독립적인 전문가는 중립적인 입장에서 우리를 평가
할 수 있다. 리로프는 협력을 통해 얻은 세 가지 성과를 다음과 같이 요
약했다.

첫째, 맥도날드는 공급망에 신호를 보냈다. '맥도날드는 고객을 상
대로 하는 기업이다. 기업의 명성이 달린 일이기에 보다 적극적인
참여가 필요하다.'는 신호였다. 맥도날드가 이전까지 살충제 문제
를 함구한 이유는 주요 감자 공급업체 세 곳에 문제를 맡겼기 때문
이었다. 그들이 괜찮다고 하니까 맥도날드도 괜찮다고 생각했다.
둘째, 한 공급업체를 비롯해 그들과 거래하는 모든 경작업체를 끌
어들임으로써 전체 공급망 내 대화를 촉진했고, 그들을 평가할 수
있는 개선 시스템을 개발했다. 그것은 모두가 동의하는 시스템이
었다.
셋째, 맥도날드는 전국감자위원회를 통해 전체 산업을 참여시키기
위한 결정을 내렸으며 결과를 공개했다. 덕분에 투자자를 비롯한
다른 이들이 결과를 쉽게 추적할 수 있었다.

이 같은 성과를 돌아보며 긍정적 변화를 위해서는 모두의 끈질기
고 집요한 참여가 필요하다는 사실을 또 한 번 깨달았다. 활동가들은
보통 지나치게 완벽을 추구하는 바람에 그 어떤 것에도 동의하지 못한
다. 반면 기업은 숭놀이나 논쟁을 피하고 싶어 한다. 하지만 리로프와

그의 동료들은 주주 해결안이 교착 상태에 머물도록 내버려 두는 대신 현실적이고 합리적으로 행동했고 스미스는 살충제 관리를 개선할 경우 감자 산업이 얻게 되는 이점에 주목했다. 협력을 통해 우리는 이사회와의 싸움에서 승리할 수 있었다. 최소한 이 경우에는 말이다.

3P : 열정, 인내, 끈기

투자자를 상대하는 기업, 기업을 상대하는 투자자를 위한 교훈

성공적인 협력이 있었던 직후 리로프는 <그린비즈>를 통해 주주 활동가에 대처하는
문제와 관련해 몇 가지 조언을 했다.[99] 이는 기업이 주주 활동가를 상대하거나 주주
활동가가 기업을 상대하는 데 도움이 되는 훌륭한 교훈이다. 그의 다섯 가지 조언에
덧붙여 나만의 또 다른 다섯 가지 조언을 제안한다.

❶ 투자자들은 고위 경영진의 집단적 사고에 대처하는 유용한 해결책이 될 수 있다.
집단적 사고는 고위 경영진이 자신과 투자자를 속이도록 만들 수 있다.

❷ 투자자들은 사일로 공격 핵미사일이 될 수
있다.
화학물질, 살충제를 비롯한 기타 지속 가능성
사안은 모든 부서와 공급망에 적용되는 문제
나. 따라서 여러 분야의 님닝사들이 내와글 나

누어야 하지만 그렇게 하지 않는다. 제품 디자이너, 마케터를 비롯한 온갖 담당자들이 한데 모이도록 고위 경영진에게 촉구해야 한다. 적대적이기 보다는 유연하게 행동하는 편이 좋다.

❸ 투자자들은 진보적인 프로그램을 개발하는 추동력이 될 수 있다.

스타 운동선수처럼, 가장 성공적인 기업은 공이 어디로 향할지 예측한 뒤 행동에 나서며 경쟁자보다 먼저 목적지에 도착한다.

❹ 투자자는 부가적인 직원이나 무료 노동자가 될 수 있다.

기업이 막 지속 가능성의 길을 가거나 새로운 사안을 다루기 시작했다면 지식이 풍부한 투자자가 큰 도움이 될 수 있다. 이들은 지속 가능성 담당자 네트워크에서 이용 가능한 정보를 쉽게 찾을 수 있다. 최고의 정보는 비영리 단체에 있다. 투자자들은 그 정보를 찾을 수 있는 곳을 정확히 알고 있을지도 모른다. 시간과 상담 비용을 줄이는 데 도움이 되는 투자자를 적극적으로 활용하기 바란다.

❺ 투자자의 편지에 답하거나 전화를 받는다.

투자자들은 기업의 주식을 보유하고 있다. 그들과 이야기를 나눠라. 이는 투자자 관계의 기초 원칙이다.

개인 투자자와 기관 투자자, 여러 주주들 사이에서 **사회적책임투자**SRI(Social responsible investment)의 인기가 높아지고 있다. 그들을 참여시키는 전략을 수립하지 않은 상태라면 지금 당장 마련하길 바란다.

100
https://www.wsj.com/articles/how-much-do-you-know-about-ethical-investing-1499349815.

사실 SRI는 2016년 초, 미국 내 시장 규모가 8.72조에 달했다. 변호단체가 2년마다
한 번씩 발행하는 보고서 '미국 SIF: 지속 가능하며 책임 있는 투자를 위한 포럼'[100]에
따르면 SRI는 미국 내에서 이루어지는 투자의 1/5을 차지한다고 한다. 기업이 투자자
참여를 사업에 긍정적인 영향을 미치는 요소로 보는 것도 당연하다. 이에 따른 나의
조언은 다음과 같다.

❶ **협상한다.**
대부분의 투자자 제안서는 지나친 욕심으로 너무 많은 사항을 요구한다. 그들의 첫
제안서를 확정안으로 받아들이지 마라. 합리적인 절충안을 마련하도록 노력해라.

❷ **교육한다.**
SRI 커뮤니티와 회의한다. 그들은 이 과정에서 기업에 대해, 그들이 관심 있는 사
안에 대해 더 많이 알게 될 것이다.

❸ **전문가를 참여시킨다.**
기업이 그들의 요구나 제안을 받아들일 준비가 되어 있지 않거나 그러고자 하는
의지가 없을 경우, 투자 관계 부서나 법무팀은 SRI 커뮤니티 활동가들의 참여를
거절한다. 그러나 SRI 활동가를 외면하면, 기업은 전문가를 참여시킬 기회를 잃게
된다.

❹ **열린 마음을 보여준다.**
기업을 찾아오거나 전화를 걸어오는 투자자들을 신뢰하지 않아 방어적인 행동이
나 말로 대처할 수 있다. 이 또한 기회를 놓치는 꼴이다. 의미 있는 토론을 원한다
면 열린 마음은 필수다. 다른 의견을 표명하는 것을 두려워 마라. 특히 전문가가
회의에 함께 참석한 상태라면 상대에게 솔직하고 단도직입적으로 밀어라.

❺ CSR을 특별행사나 투자자의 날에 포함한다.

SRI 커뮤니티가 찾아올 때까지 기다리는 대신 먼저 그들을 찾아가라. 뉴욕이나 보스턴, 시카고 같은 도시에서 다중투자자 단체를 조직하면 된다. 이는 투명성과 신뢰도를 입증할 수 있는 인상적인 조치이자 기업이 주주 활동가를 비롯한 다른 투자자의 생각을 존중한다는 것을 보여주는 확실한 방법이다.

PART 9

The Battle for the Amazon Rainforest

아마존 열대우림을 위한 투쟁

How Greenpeace Chickens Changed McDonald's

그린피스 치킨은 어떻게 맥도날드를 바꾸었나

아마존을 잠식하다

아스팔트 골목, 콘크리트 보도, 단층집들이 줄지어 선 시카고 남부에서 자란 내가 아마존을 구하는 일에 참여하게 될 줄은 상상도 못했다. 2006년 4월 16일, 잠에서 깨 평소처럼 핸드폰을 확인했는데 화면 속에서 그린피스 운동가들이 맥도날드 영국 매장에서 닭 복장으로 캠페인을 펼치고 있었다. 그 순간 이 사건을 해결하는 것이 앞으로 나의 주요 업무가 될 거라는 사실을 직감했다. 단순히 성가신 일에 그치지 않을 게 분명했다. 이 일은 나를 지치게 했지만, 결과적으로 맥도날드 공급망에 큰 변화를 가져왔다.

그날 아침, 카렌 반 베르겐은 맥도날드 영국의 커뮤니케이션팀에서 전화를 한 통 받았다. 반 베르겐은 맥도날드 유럽 회장 데니스 헤네킨의 참모총장으로 막 일을 시작한 참이었다. 훌륭한 지도자였던 그녀는 적수를 만난 당시를 이렇게 회상했다.

저는 지속 가능한 삼림과 어류 등 지난 수년 동안 그린피스와 꽤
좋은 관계를 유지했어요. 그런데 갑자기 영국과 독일 지사에서 전
화를 받은 거예요. 그린피스 시위대가 닭 복장을 한 채 "당신이 치
킨 맥너겟을 먹을 때마다 열대우림을 먹는 것이나 다름없다."라는
문구가 쓰인 큰 피켓을 들고 매장을 어슬렁거리고 있다고요.[101] 저
는 화가 났어요. 그린피스와는 행동하기 전에 미리 소통하는 관계
라고 생각했거든요. 알고 보니 그린피스는 미리 알려줬지만, 맥도
날드 시스템 내 어딘가에서 소통이 원활하지 않았던 거였어요.

그린피스는 맥도날드를 비롯한 수많은 기업이 "아마존을 잠식하고
있다."고 주장했다. 그날 그린피스가 발표한 보고서 제목이다. 이 보고
서는 맥도날드를 아마존의 콩 경작과 연결 지으며 우리가 열대우림 황
폐화를 가속한다고 주장했다. 그린피스는 관심을 끌기 위해 게릴라식
마케팅 전략을 이용했고, 이 방법은 효과가 있었다.

반 베르겐은 그날 그린피스에 전화를 걸어 유럽 담당자와 아마존
캠페인에 관해 이야기를 나눴다. 그린피스의 토마스 헤닝슨은 아마존
돌고래 생태학으로 박사학위를 받았으며, 아마존의 생태계와 문화에
능통했다. 그녀는 헤닝슨에게 왜 그린피스가 맥도날드를 맹공격하는
지, 왜 이 문제를 논의하러 그녀를 찾
아오지 않았는지 물었다. 알고 보니 그
린피스는 연락을 취했지만, 맥도날드

101
카렌 반 베르겐과의 개인적인 인터뷰, 2016년
10월 21일.

의 담당자가 그린피스와 협력하지 않겠다고 결정한 것이었다. 반 베르겐은 "그린피스는 우리가 그들을 버렸으며 필요할 때만 그들을 이용한다고 생각했죠."라고 말했다.

이 일로 그린피스 운동가들은 맥도날드에 적대적인 감정을 품게 되었다. 반 베르겐은 "이 문제에 관해 대화를 나눕시다. 저는 열린 마음으로 임할 준비가 되어 있어요. 이 사안에 관한 당신들의 생각을 들려주세요."라고 말하며 상황을 개선하려 애썼다.

며칠 후 나는 영국 히스로 공항에 도착해 그녀의 팀에 합류했다. 맥도날드의 AIM팀 그 누구도 이 사안을 미리 포착하지 못했다. 업무의 핵심 부분이었음에도 나 역시 아무것도 몰랐다. 진행하던 업무를 전부 제쳐둔 채 맥도날드 브라질 및 유럽 동료들과 협력하며 CI, WWF 같은 NGO와 제휴하는 데 전념했다.

그린피스는 캠페인을 펼치는 NGO이지 해결책을 추구하는 NGO가 아니었다. 그들은 관심을 끌기 위해 자극적인 전략을 펼치곤 했다. 수많은 그린피스 활동가를 만나봤고 그들을 좋아했지만, 단체 전체로 보았을 때 그들은 과학적 사실이 아닌 감정을 바탕으로 행동하는 조직이었다. 미국의 일반적인 기업 경영진이 보기에 신뢰도가 낮았다. 맥도날드 본사 그 누구도 그린피스의 주장을 믿지 않을 것 같았다. 나는 그린피스에 분노하기보다는 합리적으로 사실을 파악해야 했다. 그린피스는 "아마존을 잠식하다"라는 보고서에서 다음과 같은 주장을 펼쳤다.

◆ 2003년 8월부터 1년 사이 아마존 열대우림 내 27,200㎢의(벨기에 영토만한) 땅이 사라졌다. 하루에 가로 10㎞에서 세로 7.5m의 땅이 사라진 꼴이었다. 이 영토의 3/4이 불법이었다.

◆ 2004년에서 2005년 사이, 120만 헥타르(국가 전체 경작량의 5%)의 콩이 브라질 아마존 열대우림에 심어졌다.

◆ 브라질 온실가스 배출량의 약 75%가 삼림 황폐화로 발생한다. 대부분이 아마존 열대우림을 개간하고 태운 결과다. 놀랍게도 브라질은 미미한 산업 규모에도 불구하고 전 세계에서 네 번째로 큰 대기 오염 유발국가다.

이성적으로 대처하다

그린피스 보고서를 읽은 뒤 사실 여부 확인을 위해 오랜 친구인 CI의 존 부차넌에게 전화를 걸었다. 그린피스 주장에 관한 정직한 평가를 들어야 했다. 도움이 필요할 때 언제든 연락을 취할 수 있는 믿을만한 NGO 친구가 있으면 큰 도움이 된다. 그러니 별다른 사건이 없을 때 훌륭한 NGO와 좋은 관계를 구축해야 한다. 단기적인 문제를 해결하는 대신 장기적으로 훌륭한 관계를 구축하는 데 집중하면 신뢰를 쌓을 수 있고 아마존 열대우림 문제처럼 위기가 닥쳤을 때 그들의 의견과 판단을 신뢰할 수 있게 된다.

맥도날드는 1990년대 처음으로 열대우림 사안과 관련해 CI와 협력했다. 《열대우림을 발견하다Discover the Rainforest》라는 책과 함께 환경을 주제로 한 해피밀을 출시했다. 1999년에는 CI와 협력해 식품과 농업의 지속 가능한 전략을 개발하기도 했다.

시작은 지속 가능한 어류였다. 부차년은 어류 문제를 해결하기 위해 우리와 협력했으며 2003년에서 2005년까지 맥도날드의 빵, 돼지고기, 소고기 업체와 함께 공급업체 환경 점수표를 개발하기도 했다.

그는 맥도날드의 기업과 공급망에 익숙했다. 공급업체들은 그를 좋아하고 존경했다. 게다가 그는 아마존 지역을 자주 방문했다. 부차년은 아마존 열대우림에서 무슨 일이 일어나고 있는지 잘 알고 있으며 솔직하게 의견을 전할 게 분명했다. 함께 일한 수많은 NGO 전문가들처럼 자신이 믿는 것을 향한 그의 열정은 전염성이 있었다. 그가 그린피스의 아마존 연구가 거짓이라고 말해주길 바랐다. 하지만 불행히도 그와 연락이 되지 않았다.

아침이 되자마자 그린피스는 맥도날드 유럽 회장에게 자신들의 요구 사항이 담긴 팩스를 보냈다. 그 안에는 맥도날드가 직접 콩을 기를 수 있는 것 마냥, 관행을 즉각 중단할 것을 요구하는 등 받아들이기 어려운 내용들이 적혀 있었다. 그들의 요구 사항은 다음과 같았다.

❶ 아마존 열대우림에서 경작된 콩 구매 금지

❷ 아마존 열대우림에서 경작된 콩을 먹는 동물들의 고기 구매 금지

❸ 모든 브라질 콩을 아마존 열대우림 이외의 법적인 출처에서 확보하도록 콩과 관련된 공급망 관리 요구

❹ 유전자 변형이 되지 않은 콩만을 동물 사료로 사용하도록 구분 유통IP(Identity Preservation) 시스템 개발

❺ 남아 있는 고대 삼림에 가해지는 압력을 제거하기 위해 책임 있는 동물 사료 개발

맥도날드의 결재선과 의사 결정 권한은 일차원적이지 않다. 10명 정도의 권한자가 '좋다'고 말해도 한 명이 '싫다'고 하면 의사 결정 과정이 더디게 진행될 수밖에 없었다. 이 같은 과정을 관료주의라고 비난할 수도 있겠지만 권력의 분권화라는 측면에서는 긍정적으로 볼 수도 있을 것이다. 고위 경영진은 그린피스의 요구 사항이 분별없고 비생산적이라 생각할 게 분명했다. NGO가 닭 복장을 하고 매장에 들어가는 것처럼 자극적인 전략을 사용하면 기업은 이에 맞서 싸우거나 캠페인을 무시하는 반응을 한다. 이에 대한 대처 방법을 결정하는 일은 내 업무 중 가장 고된 부분이었다. 맥도날드 내 수많은 사람의 합의가 필요한 사안이기 때문이다.

토마스 헤닝슨이 유럽에서 그린피스의 캠페인을 이끄는 동안 파울로 아다리오는 브라질에서 캠페인을 이끌었다. 아다리오의 공격 대상은 원래 콩 거래업체 중 하나인 카길이었다. 하지만 그린피스 유럽 동료와 확인한 결과 "카길은 유명하지 않으며 주주도 없고 고객과 가까운 관계를 맺고 있지도 않다."[102]고 결론 내

[102] 파울로 아다리오와의 개인적인 인터뷰, 2016년 7월 4일.

렸다. 그는 카길의 고객 목록 중 맥도날드를 발견했고, 결국 유명한 기업을 공격하기로 한 것이다.

맥도날드는 공격 대상이 될 완벽한 자질을 갖추고 있었다. 전 세계적으로 유명한 브랜드이며 고객 친화적이었다. 아다리오는 "맥도날드가 카길보다 캠페인 대상으로 훨씬 적합했어요. 우리는 맥도날드가 변할 거라고 믿었습니다. 맥도날드는 좋은 단계를 밟은 역사가 있기 때문에 변화를 위한 문을 열어두었을 거예요. 카길은 맥도날드의 변화에 자연적으로 영향을 받을 것입니다."라고 말했다.

그날 아침, 사안을 조사하는 동안 수많은 콩이 브라질에서 유럽의 유축농업 산업으로 수출된다는 사실을 알게 되었다. 콩은 닭의 주요 사료이며, 영계는 평균 42일을 산다(영계는 식료품점과 레스토랑에서 고기로 사용되는 닭을 일컫는 용어다. 달걀이 사용되는 닭은 산란계라 부른다. 영계는 3kg 정도까지 자라며 평생 13kg가량의 사료를 먹는다). 또한, 맥도날드의 공급망이 유럽의 유축농업 산업 전체 콩 구매량의 0.5~1%를 차지한다는 사실도 알게 되었다. 이 같은 수치라면 수많은 기업이 자신들은 문제의 극히 일부에 해당할 뿐이라며 이 사안에서 손을 떼려 할 것이다. 하지만 맥도날드는 그런 식으로 대처하지 않았다. 우리는 그 동안 문제에 정면으로 맞서곤 했다.

우선 내부 팀을 진정시키기 위해 그린피스가 왜 그러한 마케팅 전략을 펼쳤는지 설명했다. 그린피스는 터무니없는 행동을 취함으로써 입소문을 내는 활동을 하곤 했다. 나는 그린피스가 똑똑하며 전략석이

라고 말했다. 그리고 그들의 공격을 모욕이 아닌 칭찬으로 받아들이자
고 했다. 그린피스는 맥도날드가 책임 있는 기업이며 행동에 나서리라
생각하는 것이 분명했다.

조사를 해보니 아마존에서 생산되는 콩의 일부는 합법적이었고, 생
각보다 브라질의 환경법은 훌륭했다. 특히 삼림법에 따르면 아마존의
80%는 보존해야 하지만 20%는 상업 및 농업으로 사용할 수 있었다. 문
제는 이 훌륭한 법의 시행이 일관적이지 않다는 사실이었다. 콩 경작과
소 방목을 위해 토지를 횡령하고 무차별하게 벌목하며, 나무를 태우는
등의 관행이 만연하게 자행되고 있었다. 이제 법을 지키는 것이 맥도날
드 같은 기업의 손에 달리게 되었다.

맥도날드 브라질의 커뮤니케이션 책임자 플라비아 비지오는 이 사
안이 복잡하며 정치적이라고 말했다. 브라질 내 각기 다른 세력들이 아
마존 내 책임 있는 경작 방법을 개발하기 위한 권리를 요구하고 있었
다. 대부분은 고용 증가처럼 브라질에 미칠 경제적인 혜택을 고려해야
한다고 생각했지만, 경제 성장을 희생해서라도 아마존을 보존해야 한
다고 열렬히 주장하는 이들도 있었다. 비지오는 해결책을 마련해야 한
다는 생각에 공감했으나 그린피스가 브라질에서 그다지 유명하지 않으
며, 국제적인 NGO와 유럽 기업들이 브라질에 가서 이래라저래라 하면
문제가 될 수 있다고 말했다.

나 역시 비지오와 반 베르겐, 다른 이들 틈바구니에서 일을 처리하
며 콩과 아마존 열대우림에 대해 잘 알게 되었다. 바로 그때 부차년에

게서 연락이 왔다. 그에게 그린피스의 보고서가 거짓이라는 답을 들을 수는 없었다. 부차넌은 그린피스의 주장 중 일부는 과장되었지만, 근본적인 사실은 진실이라고 말했다. 콩 경작이 아마존을 잡아먹고 있었다.

NGO의 말이 옳으면 우리는 어떻게 해야 할까? 나는 NGO가 사용하는 정보나 전략 때문에 기업이 해당 사안을 부인하는 경우를 수없이 보았다. 그러나 CI, WWF 등이 그린피스의 주장에 동의하자 맥도날드는 그린피스가 관심을 끌기 위해 사용한 정보나 전략이 탐탁지 않더라도 해당 사안을 부인할 수만은 없다는 사실을 깨달았다. 우리는 유럽팀을 비롯한 기타 동료들과 협력해 이 사안에 대한 통합 권고안을 내놓아야 했다.

그린피스의 방식을 거부하다

반 베르겐 역시 아마존의 콩 경작이 현실적인 문제임을 알게 되었다. 거대한 시장에서 맥도날드의 거래량은 극히 일부에 불과했지만, 그녀는 우리가 해결책을 제시할 수 있다고 생각했다. 물론 협상은 하지만 그린피스의 위협과 요구 사항에 굴복해서도 안 됐다. 그녀는 맥도날드 유럽을 이끄는 데니스 헤니퀸에게 도움을 구했다.

헤니퀸의 든든한 지원까지 받아 두려울 것 없는 반 베르겐은 싸움에 나설 준비를 마쳤다. 나의 상사인 대외 협력부의 상무 잭 달리가 넘어야 할 첫 번째 상애물이었다. 낭시 그는 그린피스와 협력했을 때 우리가 얻게 될 혜택은 보지 못하고, 그들과 협상하면 맥도날드의 명성에 해가 될 것이라 생각했다. 반 베르겐은 그의 생각에 동의하지 않았다. 그녀는 달리에게 "저더러 그만두라고 말씀하시더라도 저는 계속해서 그린피스와 협상할 겁니다."라고 말했다.

반 베르겐에게는 그린피스와의 문제를 해결하는 것이 자신의 직장 생활을 걸 만큼 중요했다. 달리는 우리가 악마와 협상하고 있다고 생각했다. 하지만 반 베르겐은 자신이 올바른 일을 하고 있다고 확신했고 결국 달리가 의견을 굽혔다. 그는 내가 반 베르겐팀과 함께 그린피스와의 협상 과정에 참여하도록 승인해주었다.

우리 팀(반 베르겐, 유럽 환경 업무 담당자 엘리 크룩크, 유럽 돼지고기 공급망 책임자 케이스 케니, 유럽 공급망 및 지속유지 총괄 책임자 프란체스카 디비아시, 나, 총 5명)은 그린피스가 캠페인에 착수한 지 2주 만에 그들과 만났다. 긴장감이 느껴졌다. 지속 가능성을 향한 디비아시의 열정이 회의에 큰 도움이 되었다. 그녀는 해결책을 찾기 위해 온갖 노력을 쏟았다. 반 베르겐은 능숙하게 의심과 불신의 분위기를 깼다. 그녀는 더 큰 시장을 위해 다른 공급업체나 소매업체들을 이용하자고 했다. 그들이 티핑 포인트를 창출하기 위한 대의명분으로 우리에게 동참할 거라고 믿었다. 그는 맥도날드가 브라질 내 관행을 일방적으로 그리고 즉각적으로 바꿀 수 있을 거라고 생각하는 그린피스에 왜 카길 같은 공급업체와의 관계를 이용해야 하는지 설득력 있게 설명했다. 카길은 브라질의 대표적인 거래업체이자 맥도날드의 가장 큰 전략적 공급업체였다.

그린피스에게 그들과 협력하고자 하는 우리의 진심을 전하기란 쉽지 않았다. 반 베르겐은 "그린피스의 헤닝슨은 무시무시한 사람이었죠. 그는 조금도 주저하지 않고 우리에게 협력을 강요하는 온갖 수를 늘어놓았어요."라고 말했다. 하지만 그린피스와 두 번째 회의를 가진 후 갑자기 전세가 뒤바뀌었다. 그린피스가 우리의 진심을 믿기 시작한 것이다. 우리는 친구가 되었고 서로 협력했다. 반 베르겐은 "그는 정말로 인상적이었어요. 놀랄 만큼 똑똑하다고 말해야겠네요. 헤닝슨은 저의 요청대로 하면 지속 가능성이 성공한다는 사실을 재빨리 간파했죠."라고 그때를 기억했다.

그린피스는 협상 기간 동안 맥도날드를 상대로 한 캠페인을 중단하겠다고 했다. 그리고 맥도날드팀이 자신들과 함께 아마존에 가서 삼림을 파괴하는 콩 산업의 현실을 직접 봐야 한다고 했다.[103] 우리는 대의명분에 동참할 다른 유럽의 기업체들에게 연락을 취했다. 그리하여 맥도날드, 까르푸, 네스틀, 테스코, 아홀드, 막스 앤 스펜서, 워이트로즈, 세인스베리스, 아스다 같은 업체가 포함된 콩 실무그룹이 탄생했다. 실무그룹은 소비자의 목소리를 대변했으며 아마존에 부정적인 영향을 미치는 콩 경작의 중단을 위해 노력했다. 레이 크록이 늘 말했듯 우리는 혼자서 큰 문제를 해결하려 할 때보다 협력할 때 더 나은 결과를 얻을 수 있다.

실무그룹을 형성한 뒤 곧바로 글로벌 공급망 팀당자 프랭크 무세토외

토마스 헤닝슨 박사와의 이메일 서신, 2018년 3월 31일.

회의를 잡았다. 다양한 사실과 상황을 바탕으로 그에게 알릴 권고 사항을 작성하기 시작했다. 무세토가 맥도날드는 큰 톱니바퀴를 이루는 작은 이에 불과하므로 우리가 어디에서 콩을 확보하든 큰 차이가 없다고 주장할 수 있기 때문에 그와의 회의에는 각별한 주의가 필요했다. 우리 모두가 가장 바라지 않은 일은 시간을 낭비하며 피상적인 PR 활동을 펼치는 것이었다.

회의를 하며 무세토가 강경하지만 공정한 사람이라는 것을 알게 되었다. 그는 맥도날드가 이전에 펼친 지속 가능성을 향한 노력과 아이디어를 지지했다. 그는 비용에 미치는 영향 등 아직 계산되지 않은 온갖 세부사항을 꼼꼼히 살폈고 많은 질문을 던졌다. 무세토의 날카로운 시선이 나를 파고들었다. 그는 우리가 내민 제안서의 단점을 지적하기도 했다.

나는 열대우림에서 생산된 소고기를 구매하지 않겠다는 맥도날드의 선언을 강조하는 편이 가장 설득력 있다고 생각했다. 맥도날드는 아마존과 관련해 이미 입장을 마련해둔 상태였다. 1980년대 말 우리는 황폐해진 열대우림에서 자란 소고기를 구매하지 않겠다는 정책을 수립했다. 이 정책은 경영진이 맥도날드 영국 매장 내 그린피스 시위에 관해 결정을 내리는 데 도움이 되었다. 소고기 공급 시스템이 열대우림에 영향을 미쳐서는 안 된다는 것이 맥도날드의 정책이라면, 콩도 마찬가지여야 하지 않을까? 맥도날드의 사업과 관련된 다른 경작물 역시 그래야 하지 않을까?

나는 열대우림 소고기를 사용하지 않겠다는 현 신념을 강조하며 콩에도 같은 기준을 적용해야 한다고 주장했다. 가치의 일관성을 유지해야 하며, 디비아시를 포함한 맥도날드 유럽이 그린피스와 협력해 상호 합치되는 해결책을 마련하고 싶어 한다고도 말했다. 무세토는 이 사안을 완벽하게 이해했다. 그는 유럽팀과 같은 의견을 내놓고 우리가 무언가 조치를 해야 한다는 데 동의했다. 들뜬 마음으로 회의실을 나섰다. 콩 경작이 아마존 열대우림에 미치는 영향을 바꾸기 위한 구체적인 활동에 나설 참이었다. 이런 결정이 생각보다 쉽게 이루어졌다는 사실에 놀랐다. 무세토의 결단력 덕분이었다.

그린피스와 협력하다

그린피스는 캠페인과 과장된 연출에 관심이 있을 뿐 해결책을 고안하는 데에는 관심이 없어 보였기 때문에 우리와 정말로 협력하려는 건지 확신이 서지 않았다. 사실 지속 가능성 사안은 양측의 참여자가 완강히 버티는 일이 흔하다. 한발 양보하거나 타협하기를 바라는 이들이 별로 없다. 하지만 헤닝슨과 그의 팀은 열린 마음으로 협력하며, 자신들의 전략을 수정하겠다고 했다. 맥도날드팀도 훌륭하기는 마찬가지였다. 무세토, 반 베르겐을 비롯한 맥도날드 유럽팀이 이 일을 해냈다. 그리고 바로 그때 마이크 로버트가 다시 등장했다.

맥도날드 회장이자 최고 운영 책임자인 로버트는 당시 맥도날드의 이인자였다. 나의 요성으로 로버트는 카길의 회장 그레그 페이지에게 전화를 걸어 "정말 중대한 사안이오. 우리는 모두의 이익을 가장 잘 대변하는 방향으로 문제를 해결하고 싶소. 우리가 함께 무슨 일을 할 수 있을지 생각해 봅시다."라고 말했다. 그 후 카길은 협력 과정에 적극적으로 참여했다. 브라질의 다른 대규모 콩 거래업체와 협력하는 과정에 카길이 나서지 않았더라면 아마존 콩 경작의 일시 중단은 실패로 돌아갔을 것이다. 공급망의 협력이 만들어낸 마술이었다.

맥도날드는 공급업체가 우리와 장기적인 성장을 함께하는 진정한 파트너라고 생각한다. 공급업체와 지속적이고 신뢰할만한 관계를 유지하면 이처럼 어려운 시기에 큰 도움을 받을 수 있다. 옳은 일에 시간과 재능, 자원을 투자할 것을 요청하면, 공급업체는 우리의 말에 귀 기울이고 함께 미래를 창조해 나간다.

그린피스가 닭 복장을 하고 영국 맥도날드 매장에 나타난 지 3개월이 조금 지난 2006년 7월, 브라질 식물성 기름 산업 협회ABIOVE(Brazilian Association of Vegetable Oil Industries)는 아마존 열대우림의 콩 경작 확대를 일시 중단하겠다고 선언했다. 이 조치는 오늘까지도 유효하다.

우리는 아마존을 직접 방문하기를 원한 헤닝슨의 제안도 받아들였다. 2007년 2월, 우리를 실은 소형기는 4시간을 날아 브라질 북서부 아마조나스주의 주도 마나우스에 도착했다. 도시의 경계를 지나자 3시간 동안 눈앞의 광경은 온통 자연뿐이었다. 건물이나 도로, 전선, 탑, 다리 따위는 없었다. 나무와 물, 하늘과 땅만 있었다. 오염되지 않은 원시적인 모습이었다. 순수한 아름다움에 흠뻑 빠졌다. 곧이어 경작지로 향하자 정반대의 모습이 펼쳐졌다. 수많은 경작지가 천연림을 해치고 있었다. 경제 개발과 환경 보존 간의 투쟁이 한 눈에 들어왔다.

아다리오에게 아마존 콩 경작의 일시 중단 선언이 시기적절하고 효율적으로 이루어진 이유를 묻자 그는 요구 사항의 단순명료성 덕분이라고 말했다. 보통 NGO는 발전보다는 완벽을 추구하는 것으로 유명하다. 하지만 그린피스는 유연성과 단순한 접근법으로 큰돈을 들이지 않고도 책임 있는 발전을 꾀했다. 비싸고 복잡한 검사 계획은 필요 없었다. 그들은 기존의 효과적인 인공위성 추적 시스템을 이용해 콩 경작의 확대 현황을 점검했다.

아다리오는 "콩은 가축처럼 움직이지 않기 때문에 추적이 상당히 용이하죠."라고 말했다. 해결책이 부패나 삼림파괴처럼 과거 문제를 해결하려는 것이 아니었다고 덧붙였다. 해결책은 미래를 위한 것이었다. 그는 아마존 콩 경작 확대를 일시 중단한 것이 꽤 혁신적인 조치였다며 "최소한 증가하는 인구를 먹여 살리는 한편 삼림파괴를 막고 기후 변화를 제어하기 위한 장기적인 조치였죠. 그뿐만 아니라 수익을 내야 하는 기업의 니즈도 지킬 수 있었습니다."라고 말했다.

그린피스와 함께 아마존을 여행한 밥 랭거트(저자)의 모습.
출저: 넬리 그눅크

맥도날드와 공급업체의 주의를 환기하다

나는 이 책을 읽은 NGO들이 "맥도날드 같은 기업을 상대로 캠페인을 펼치면 되겠군. 그러면 그들이 굴복할 테니 말이야."라고 생각하지 않기를 바란다. 캠페인은 주장하는 문제가 사실이며 기업이 실제로 해결책을 마련할 수 있을 때만 효과적이다. 유연한 사고방식을 지닌 참여자들이 모두를 위한 윈-윈의 해결책을 제안한 아마존 콩 문제가 대표적인 사례다.

그린피스가 제기한 콩 문제는 로버트와 무세토에게 경종을 울렸고 그들은 2006년 가을, 특별 공급망 리더십 회의를 열었다. 우리는 맥도날드 사업의 80%를 담당하는 주요 공급업체에게 광범위한 공급망에서 발생하는 사안을 점검하고 관리하기를 바란다고 전했다. 가령, 어떤 공급업체들은 날고기 같은 원자재를 구매해 소고기 패티 같은 제품으로 바꾸는 일을 담당한다. 과거 이들은 자신들의 가공 시설만 책임졌다. 하지만 이제 그들이 거래하는 공급업체와 관련된 사안에도 책임져야 한다. 이는 실로 큰 변화였다.

지속 가능성, 영구적인 사안으로 자리 잡다

맥도날드가 제품의 가격, 품질, 서비스 너머의 가치에 신경 쓰기 시작한 것은 2000년대 초반이었다. 지속 가능성이라는 개념이 알려지기 전이었다. 켄 코지올이 지속 가능성이라는 네 번째 요소를 맥도날드의 공급망 지도에 추가함으로써 이 분야의 기반을 다졌다(6장 참고). 하지만 아마존 콩 경작 문제처럼 아직 갈 길이 멀었다. 맥도날드만의 전략과 우선 과제를 규정하는 대신 여전히 주변에서 발생하는 사건에 대응하고 있을 뿐이었다.

2007년 7월 맥도날드 본사에서 디비아시와 만났다. 그해 여름, 그녀는 전략적 공급망의 글로벌 부사장으로 승진했다. 10년 동안 유럽에서 경험을 쌓은 그녀는 사업과 관련된 사회 문제에 있어 과묵함으로 일관하지 않았다. 나는 그녀가 지속 가능성 문제를 어떻게 새롭고 전략적이며 통합된 차원으로 끌고 갈 수 있을지 궁금했다.

그녀와의 첫 만남은 꽤 인상적이었다. 그녀는 내 모든 말을 마치 유언인 것처럼 귀 기울여 들었다. 유럽에서 보낸 10년, 특히 그린피스 아마존 사건은 그녀에게 큰 영향을 미쳤다. 디비아시는 "지속 가능성이 우리에게 정말 중요하다고 생각했습니다. '아마존을 잠식하다'라는 그린피스의 2006년 보고서가 시작이었죠. 이 보고서는 우리에게 경종을 울렸습니다. 우리는 이 사안을 빠르게 해결했고 진지하게 받아들였죠. 하지만 수동적인 조치였습니다. 선제적으로 나서지는 않았죠."[104]라고 말했다. 그녀의 사고방식은 코지올을 떠올리게 했다.

디비아시는 지속 가능성을 맥도날드의 글로벌 공급망에 더욱 구체적인 방법으로 적용할 생각에 흥분했다. 그녀는 아마존의 복잡한 콩 경작 문제를 그린피스와 협력해 성공적으로

104
프란체스카 디비아시와의 개인적인 인터뷰,
2017년 4월 5일.

해결한 경험 덕분에 맥도날드와 공급업체가 협력하면 시장에 변화를 가져올 수 있다고 생각하게 되었다. 디비아시는 지속 가능성 분야에서 달성하고자 하는 두 가지 주요 과제에 집중했다.

첫째, 우리는 지속 가능성을 사업에 적용할 필요가 있습니다. 둘째, 지속 가능성 문제를 담당하는 이들이 의사 결정 과정에 큰 영향을 미칠 수 있어야 합니다. 품질 확보를 중시하는 구매 담당자가 구매 결정을 책임지는 것처럼 지속 가능성 담당자 역시 공급망에 이 같은 영향력이 있어야 합니다.

디비아시의 우선 과제는 명료했다. 나는 그녀의 비전을 현실화하기 위해 온갖 도움을 제공할 준비가 되어 있었다. 코지올과 일할 때도 선제적으로 나서서 우리가 믿는 프로그램과 정책을 개발하는 일이 즐거웠다. 물론 CIW와 일할 때는 힘들기도 했다. 우리는 지금까지 많은 발전을 했지만 여전히 수많은 사안을 오래된 방식으로 처리하기도 했다. 왜 어떤 사안(CIW)은 해결하는 데 오랜 시간이 걸리지만, 또 다른 사안(그린피스 아마존 콩)은 비교적 빨리 진행되었을까? 이는 우리가 전략적이지 못하다는 걸 보여준다. 여전히 지속 가능성은 사업의 핵심 가치가 아니었으며 큰 영향력이 없었다.

디비아시는 새로운 자리에 취임한 지 4개월 만에 공급망 지도자 이사회SLB(Supply Chain Leadership Board)와 함께 지속 가능성을 보다 광범위하게 지지할 필요성에 대해 의논했다. 공급망 지도자 이사회는 전 세계 주요 지역의 최고 책임자로 이루어져 있었다. 디비아시가 SLB의 지원을 받은 덕분에 우리는 이 비전을 현실화할 인물을 고용할 수 있었다. 그녀는 당시를 이렇게 회상했다.

우리는 2007년 10월, SLB 회의를 했죠. 저는 공급망 지도자들에게 지속 가능한 공급망을 위한 장기적인 전략을 구축하는 데 앞장서야 한다고 말했습니다. 함께 미션과 목표를 달성하자고 제안했죠.

공급망의 일상적인 활동에 지속 가능성을 도입하기 위해 우리 부서 인턴이었던 제시카 야간을 고용했다. 이렇게 해서 야간은 수익과 사회적 선행의 교차점을 찾기 위해 기업에서 일하고 싶다는 꿈을 이루게 되었다. 일을 시작하면서 그녀는 다음과 같은 사실을 알게 되었다.

◆ 미국에서만 맥도날드를 통해 1년에 10억 파운드의 소고기가 소비된다. 이는 소 550만 마리에 해당하는 양이다.

◆ 맥도날드는 전 세계적으로 10억 잔이 넘는 커피를 판다. 미국에서만 하루에 5억 잔이 팔린다.

◆ 맥도날드는 미국 내 가장 큰 소고기, 돼지고기, 감자 구매업체이며 두 번째로 큰 닭고기 구매업체이다.

◆ 맥도날드는 하루에 전 세계적으로 900만 파운드의 프렌치프라이를 판매한다.

◆ 맥도날드는 매년 34억 파운드의 감자를 구매한다.

◆ 맥도날드는(당시) 1년에 5,400만 파운드의 신선한 사과를 구매한다.

야간은 공급망팀 전체와 협력하기도 했다. 팀원 개개인의 신뢰를 얻고 사업을 온전히 이해하는 데에는 시간이 걸렸다. 그녀는 지속 가능성이 팀원들의 사업 목표에 어떠한 도움이 되는지 그들을 이해시켰다. "처음 몇 달 동안 저는 그들의 사업 목표를 달성하는 데 도움을 주기 위해, 즉 탄력적인 공급망을 구축하고 가격 변동을 낮추기 위해 일한다는 사실을 보여주었죠."

야간은 디비아시와 협력해 지속 가능한 공급 추구 위원회SSSC(Sustainable Supply Steering Committee)도 만들었다. 그녀는 SSSC 회원들과 협력한 결과 5개월 만에 제안서를 마무리했다. 2008년 밸런타인데이에 그녀는 팀원 모두가 지지하는 비전과 원칙이 담긴 맥도날드의 지속 가능성 공급망 초안을 선보였다. 이 초안은 약간의 수정을 거듭한 끝에 맥도날드의 2009년 지속 가능성 보고서 '우리가 제안하는 가치'에 실렸다.

맥도날드의 지속 가능성 공급망

맥도날드가 추구하는 지속 가능성 공급망은 고품질의 안전한 제품을 수익성 있게 생산하는 한편 맥도날드의 리더십을 이용해 맥도날드 시스템과 사업의 윤리적, 환경적, 경제적 영향을 개선한다.

야간은 SSSC와 협력해 그들의 업무 원칙을 개발하기도 했다.

◆ 사업 규모를 활용해 토지 관리 관행에 긍정적이고 의미 있는 영향을 미친다.

◆ 공급업체와 협력해 최고의 해결책을 찾는다.

◆ 업무에 지침을 제공할 최고의 과학적 조언을 추구한다.

◆ 최고로 영향을 미칠 수 있는 부분에 집중적인 노력을 쏟는다.

◆ 발전 사항을 입증하고 측정할 방법을 마련한다.

◆ 지속 가능한 토지 관리를 장려하기 위해 여러 이해관계자가 참여하는 신뢰할 만한 노력을 지원한다.

◆ 토지 보존과 지역 경제 발전 요구 간의 균형을 추구한다.

SSSC는 WWF가 우리의 공급망을 연구하도록 허락했다. 음식에 사용되는 주재료의 영향력을 바탕으로 지속 가능한 글로벌 구매 프로그램을 구축하는 데 도움이 될 거라고 생각했다.

2010년, WWF는 맥도날드 음식에 사용되는 네 가지 주재료, 소고기, 닭고기, 커피, (캐놀라유나 야자유 같은) 기름과 관련된 규모와 지역적 출처 등 온갖 정보를 100% 이용할 수 있었다. 게다가 WWF는 맥도날드 공급망 내 전문가를 인터뷰해 우리가 지속 가능성 관점에서 어떤 재료를 우선시해야 할지 분석하는 데 도움을 주었다. WWF의 공급 위험 분석SRA(Supply Risk Analysis) 결과는 맥도날드의 지속 가능한 토지 관리 약속SLMC(Sustainable Land Management Commitment)이 수립되는 데 기여했다. SLMC는 맥도날드의 음식과 포장 용기에 사용되는 농업 원자재가 지속 가능한 방식으로 관리되는 토지에서 나오도록 만들자는 약속이었다. 이 약속은 2020 CSR & 지속 가능성 체제의 목표로 진화했다(12장 참고). 이 같은 노력 덕분에 우리는 생물의 다양성 상실이나 삼림파괴 같이 전 세계적으로 중요한 난제를 해결하는 데 앞장설 수 있었다. 공급망에 지속 가능성 관점을 통합하는 것은 지속 가능한 기업임을 보여주는 궁극적인 지표이다. 이에 대해 야간은 다음과 같이 말했다.

사람들은 맥도날드에서 무슨 일을 했는지 묻곤 하죠(야간은 2014년 맥도날드를 떠났다). 지속 가능한 어류, 커피, 소고기에 관한 이야기가 사람들의 흥미를 자극했어요. 하지만 큰 변화를 가져온 것은 통합 과정입니다. 저는 인센티브 제도에 한정되면 지속 가능성은 현실화될 수 없다고 확신했어요. 모든 조직은 수많은 개인으로 이루어집니다. 맥도날드 공급망에서 일하는 사람들에게서 제가 받은 첫인상은 상당수가 지속 가능성 문제를 개인적으로 염려하지만, 업무에 반영하지 않는다는 사실이었습니다. 그들은 지속 가능성이 사업과 관련된 문제가 아니며 일할 때 이를 고려할 필요가 없다고 생각합니다. 하지만 인권이나 환경 보존과 사업 결과물 간의 직접적인 상관관계를 인식한다면, 지속 가능성은 직원들이 행동을 취할 수 있는 이유가 되며, 업무를 향한 자긍심과 열정도 높이는 요소입니다.

역경 끝에
얻은 너겟
Hard
Knock
Nuggets

지속 가능성을 주류에 편입시키는 방법

초기에는 NGO 단체의 공격을 받으면 내 생각을 숨김없이 말하지 못했다. 충돌을 피하기 위해서였다. 하지만 2006년, 어느 정도 경험이 쌓이고 나니 그들의 옳은 부분과 그른 부분을 솔직하게 말할 수 있게 되었다. NGO는 지나친 요구를 하면서도 현실에 대해서는 아는 것이 별로 없는 경우가 많다. 업계 지도자로서 우리는 그들에게 가공되지 않은 진실을 말해줘야 한다. 반 베르겐은 수많은 기업이 NGO를 적으로 보지만 자신은 그렇지 않다며 NGO와의 협력에 관해 다음과 같이 요약했다.

그린피스를 비롯한 수많은 NGO와의 협력을 통해 얻은 교훈은 해당 사안을 진지하게 받아들이는 NGO와 협력하고 서로를 이해하려고 노력하면 언제든 공통의 기반을 찾을 수 있다는 사실입니다. "우리만의 길을 가겠다."고 말할 수 있지만 99%의 경우 그들에게도 우리에게도 도움이 되는 합의점을 찾을 수 있죠.

그린피스와의 협력으로 우리는 큰 성과를 달성했다. 지속 가능성을 맥도날드 공급망에 도입할 수 있었고, 그 과정에서 다음과 같은 교훈을 얻을 수 있었다.

➔ **지속 가능성을 업무에 포함한다.**

지속 가능성은 정당한 자리를 차지할 필요가 있으며, 직원들은 지속 가능성을 업무의 주요 부분으로 포함할 의무가 있다. 지속 가능성은 비용이나 품질처럼 모든 의사 결정 시 고려해야 할 하나의 요소가 되어야 한다.

➔ **지속 가능성을 점검할 점수표를 사용한다.**

공급업체(혹은 관련 부서)가 지속 가능성을 측정하고 보고하며 책임지는 과정에서 이를 주류에 편입시키기 전까지는 계속 점검을 해야 한다.

➔ **공통의 비전을 달성하기 위해 노력한다.**

맥도날드가 지속 가능한 공급망 비전에 동의하자 기업과 공급업체, NGO 간에 공통 기반을 쉽게 마련할 수 있었다.

➔ **열린 마음으로 대한다.**

외부 전문가와 협력하며 그들에게 기업의 핵심 정보를 제공한다면 실로 놀라운 성과를 달성할 수 있다. 그들은 기업이 지속 가능성을 발전시킬 수 있도록 통찰력과 신뢰를 제공한다. 의도가 좋고 아무리 똑똑한 직원이 있다 하더라도 기업 혼자서 사회에 바람직한 일을 결정할 수는 없다. 변화를 꾀하고 지속 가능성을 꾸준히 실천하기 위해서는 파트너가 필요하다.

PART 10

The Battle to Make a Pig's Life Better

돼지의 삶을 개선하기 위한 투쟁

How Much Room Does a Sow Need?

암퇘지에게 얼마나 많은 공간이 필요할까?

블루칩 사안에 관한 블루칩 회의

2012년 5월 초, 블루칩 회의를 주관했다. 일하면서 지금이 결정적인 순간임을 알 때가 많지는 않다. 하지만 이번에는 달랐다. 직감적으로 중요한 순간임을 알았고 평소보다 더 많은 준비를 했다. 회의의 목표는 암돼지 우리에 관한 맥도날드의 결정이었다.

암돼지 우리란 암돼지를 가두는 수용시설이다. 암돼지 우리를 점진적으로 철폐하겠다고 결정하면 돼지고기 산업에 큰 영향을 미칠 수 있기 때문에 블루칩 회의는 굉장히 중요했다. 돼지고기 산업은 변화를 꺼렸고 몇 단계 너머의 공급망에 영향을 미치는 일은 맥도날드 입장에서도 쉬운 일이 아니었다.

우리는 글로벌 공급망 부서의 모퉁이에 있는 작은 회의실로 향했다. 먼저 도착한 CEO 짐 스키너, 회장 돈 톰슨, 공급망 최고 책임자 호세 아마리오, 전략적 구매 부사장 프란체스카 디비아시가 이야기를 나누고 있었다. 일주일 선에 오른팔토 고용한 세프 호그와 내가 기깅 미지막으로 입장했다. 아마리오와 디비아시는 암퇘지 우리 사진을 보여주며 회의를 시작했다. 그들은 암퇘지의 거주 시설을 설명하며 이 같은 관행을 지지할 수는 없다고 했다. 암퇘지 우리를 단계적으로 철수하기 위해 시한을 정해야 한다고 권고했다.

톰슨은 귀 기울여 들은 후 수많은 질문을 던졌다. 얼마나 어려운 일인가, 장애물은 무엇인가, 비용은 얼마나 드는가 등의 질문이었다. 그후 톰슨은 "양측의 입장을 전부 들어봐야 합니다. 미국 동물 애호 협회 HSUS의 요구를 받아들이든 말든, 돼지고기 생산업체의 말에 동의하든 말든 핵심은 양측의 말을 듣는 것입니다. 누구의 말이 합당한지 현실은 어떠한지 파악해야 합니다"라고 말했다.[105]

이번 사안과 비슷한 사례는 2001년 산란계를 위해 더욱 넓은 닭장을 제공하겠다는 결정이었다(3장 참고). 그때 29개 지역의 기존 공급업체가 맥도날드에 달걀 공급을 거부했다. 고객의 요청은 보통 수용되기 때문에 이해하기 어려운 일이었다. 가장 큰 고객인 맥도날드는 달걀 공급 거부가 일파만파 퍼지자 놀라움을 금치 못했다. 결국, 맥도날드는 다른 공급업체인 카길과 협력해 달걀 공급망을 새롭게 구축해야 했다. 달걀과 관련된 사안을 해결하는 데 꽤 오랜 시간이 걸렸고 그 과정에서 우리는 세부사항에 대해 자세히 알게 되었다. 덕분에 암퇘지 우리와 관련된 사안은 낯설지 않은 문제였다. 사실 이 사안은 뒷이야기가 더 길었다.

105
돈 톰슨과의 개인적인 인터뷰, 2017년 6월 28일.

대안 탐사가 시작되다

2001년 당시, 동물 복지 위원회AWC(Animal Welfare Council)는 우리에게 암퇘지 우리의 대안을 찾으라고 권고했다. 그들은 제한적인 거주 공간인 기존 우리를 사용하는 것은 올바른 일이 아니라고 했다. 암퇘지는 우리 안에서 서거나 누워 있을 뿐 걸어 다닐 수 없었다. 출산할 때를 제외하고는 콘크리트 바닥과 강철봉 안에 갇힌 채 평생을 살아야 했다. 출산할 때만 조금 더 넓은 분만실로 옮겨질 뿐이었다. AWC의 창립 회원인 템플 그랜딘 박사 역시 계속해서 암퇘지 우리의 단계적 철수를 지지했다. 그녀는 "현재 암퇘지 우리 문제는 심각합니다. 암퇘지에게 항공 좌석에서 생활하라고 하는 것이나 다름없습니다. 반드시 단계적으로 철수되어야 합니다."[106]라고 말했다.

2000년 그랜딘과 함께 처음 암퇘지 거주 시설을 방문했다. 축산업 시설을 방문하면서 본 것 중 나를 놀라게 하거나 당황스럽게 한 장면은 그리 많지 않았다. 그러나 교도소 같은 곳에 갇힌 채 정렬된 수천 마리 암퇘지의 모습은 충격 그 자체였다.

HSUS의 폴 사피로는 《마더 존스Mother Jones》에서 암퇘지의 삶에 관해 설명했다. 고기 공장에 갇혀 있는 수십억 마리의 동물 중 590만 마리의 암퇘지가 가장 비참한 삶을 산다고 했다. 암퇘지가 낳는 새끼돼지는 햄이나 베이컨, 고기 등에 이용된다. 4개월

106
미국 동물 애호 협회 웹사이트, "암퇘지 우리와 암퇘지 복지에 관한 과학자와 전문가 의견", 2012년 10월, http://www.humanesociety.org/assets/pdfs/farm/HSUS-Synopsis-of-Expert-Opinions-on-Gestation-Grates-andSow-Welfare.pdf.

의 임신 기간 동안 수많은 암퇘지는 몸이 겨우 들어갈 만한 우리에 산다. 엎드려 누울 수는 있지만, 옆으로 움직일 수는 없다. 암퇘지의 소변과 대변은 우리의 바닥에 있는 기다란 구멍을 통해 커다란 오물통으로 빠져나간다. 자신의 배설물 위에 있는 암퇘지는 암모니아에 그대로 노출된 상태라 호흡기 질병을 겪곤 한다. 출산 직전 다른 우리로 옮겨지는데 그때에만 젖을 물릴 수 있도록 넓은 공간이 제공된다. 새끼돼지가 젖을 떼고 나면 어미돼지는 다시 암퇘지 우리로 돌아간다. 암퇘지는 1년에 평균 2.5번 출산하며, 3~4년 간 몇 번의 출산을 마치면 고기로 사용되기 위해 도살된다.[107]

나는 동물 권리 옹호자와는 거리가 먼 사람이었지만 좁은 공간에 갇힌 암퇘지를 보고는 화가 났다. 올바른 일이 아닌 것 같았다. 암퇘지는 슬프고 외로워 보였다. 물론 나는 이 동물들이 육류로 사용된다는 생각을 받아들여야 했다. 하지만 '윤리'는 보는 사람의 생각에 달려 있다. 돼지고기 생산자는 이 동물들의 윤리와 건강에 관해 전혀 불편해하지 않았다. 반대로 AWC와 맥도날드의 공급망팀은 그럴 수 없었다.

2000년에서 2001년 사이, 주요 돼지고기 공급업체 중 한 곳에서는 돼지를 우리에 가두는 대신 말뚝에 묶어두었다. 이 방법은 비좁은 우리보다 더 안 좋아 보였다. 수천 마리의 암퇘지 목에 줄이나 체인이 묶여 있었다. 시

107
T. 필포트, "당신은 돼지 생산업체가 임신한 돼지에게 무슨 짓을 하는지 믿지 못할 것이다", 〈마더 존스〉, 2013년 8/9월호, http://www.motherjones.com/environment/2013/06/pregnant-sows-gestation-crates-abuse.

설 책임자와 관리자, 수의사는 이 관행의 부정적인 측면을 해명하기 위해 동물의 건강 상태를 언급했다. 그들이 가장 자주 한 말은 건강한 동물만이 효율적인 생산성을 낸다는 것이었다.

사실 방법의 효율성을 주장하는 돼지고기 생산자들은 이런 관행을 불편하게 생각하지 않았다. 소비자가 어떻게 생각할 것인지에 대해서도 전혀 개의치 않았다. 물론 특정한 주제에 관해 소비자 감정을 다룬 자료는 없지만, 우리는 이 관행이 잔인한 방법이라고 생각했다. 그렇기에 최대한 빨리 없애기 위해 맥도날드 공급망 담당자와 협력했고, 1년 이내에 관행을 없애는 것에 성공했다.

2002년, AWC의 권고 하에 돼지 공급업체에게 암돼지 우리를 집단 거주 시설로 전환할 것을 요청했다. 그 후 몇 년 동안 암돼지를 취급하는 직접적인 공급업체, 가령 카길과 스미스필드의 경우에는 어느 정도 진전을 보였다. 하지만 자발적 요청은 원하는 만큼 시장을 움직이지 못했다. 사실 요청을 하고 10년이 지난 후에도 기존의 암돼지 우리를 사용하는 업체가 많았다. 85%의 암돼지가 이런 식으로 갇혀 지냈다. 그렇다고 우리가 변화를 강요하거나 의무화할 수는 없었고, 그럴 권한도 없었다. 그때쯤 HSUS가 법, 기업 참여(압박), 소비자를 겨냥한 캠페인을 통해 암돼지 우리를 없애기 위한 노력에 앞장섰다. HSUS는 그저 우리에 갇힌 암돼지의 사진을 보여주기만 했다. 이 사진은 보는 이의 가슴을 아프게 했고 그들은 별다른 주장 없이도 승소할 수 있었다. 설명하기도 쉬웠고 감성을 불러일으키기에도 쉬운 냉목이었다.

이와 반대로 돼지 공급업체가 보기에 사피로와 HSUS의 활동은 산업을 개선하는 것이 아니라 죽이고 있었다. 공급업체들은 HSUS를 채식주의와 동물 권리를 옹호하는 단체로 보았고 유축농업자들의 생계를 위태롭게 만들고 있다고 생각했다. HSUS의 웹사이트에는 다음과 같은 진술이 실려 있다.[108]

〈농장 동물과 양심적인 식사에 관해〉
동물의 지속적인 학대와 환경의 질적 저하, 인류 건강의 위협을 생각해 HSUS는 양심적인 식사와 3R을 장려한다. 고기나 동물을 이용한 기타 식품의 소비 줄이기, 학대하지 않는 인간적이고 지속 가능한 축산업을 통해 길러지고 도살되며 운송되는 동물에게서 나온 제품만을 섭취하기, 고기나 동물을 이용한 기타 제품을 식물성 식품으로 대체하기가 그것이다.

맥도날드가 암퇘지의 우리 사용을 중단한 것은 HSUS의 압력 때문만은 아니었다. 2010년, 맥도날드는 10년 전에 공급업체에 했던 자발적 요청이 별 진전을 보이지 못하자 매우 실망

108
미국 동물 애호 협회 웹사이트, "농장 동물과 양심적인 식사에 관한 진술", http://www.humanesociety.org/about/policy_statements/statement_farm_animals_eating.html?credit=web_id94248401.

했다. 나는 맥도날드 공급망팀과 협력해 다시 대안을 마련해야 했다. 직원 대부분이 단계적인 철수를 원했지만, 솔직히 공급망을 어떻게 통제할 수 있을지 알지 못했다.

10년간 이어진 난제, 마감기한이 다가오다

2011년 말, HSUS와 폴 사피로는 암퇘지 우리의 단계적인 철수를 선언하라고 맥도날드에 압력을 가하기 시작했다. 2012년 맥도날드 주주총회에 암퇘지 우리 문제를 제기하겠다고 협박했다. 이로 인해 우리는 해결하지 못한 사안을 다시 한번 논의할 기회를 얻게 되었다. 호그는 "저는 이 관행이 싫었습니다. 기존의 암퇘지 우리를 지지해서는 안 될 것 같았어요. 근본적으로 공급망에서 보고 싶은 모습이 아니었으니까요."[109]라고 말했다.

　　대화는 비용 문제로 넘어갔다. 새로운 시설로 바꾸면 어마어마한 비용이 들 것이 분명했다. 내부 예측 결과 공급업체가 부담해야 하는 비용이 1년에 자그마치 2,500만 달러였다. 우리는 공급업체가 새로운 시설로 전환하도록 만들 만큼 영향력이 있는지도 논의했다. 결국, 우리는 맥도날드와 직접 거래하는 업체가 그들의 공급업체들과 협력할 수 있을 거라고 확신했다. 일단 10년 후인 2022년을 마감 시한으로 설정으로써 맥도날

제프 호그와의 개인적인 인터뷰, 2017년 10월 19일.

드와 공급업체가 부담해야 하는 비용을 최소화하기로 했다. 마지막으로 이 변화를 전 세계적으로 시행할지 논의했다.

공급망은 이 사안을 진지하게 살펴보았다. 전 세계적인 변화를 원했지만 수많은 난관이 예상되었다. 가령 맥도날드의 공급망 분석에 따르면 중국은 전 세계 돼지고기 생산의 46%를 책임지고 있었으며 유럽연합이 24%, 미국이 10%를 책임지고 있었다. 중국에서 변화를 꾀하려면 중국 전역에서 길러지는 수백만 마리의 암퇘지를 추적해야 했는데 이는 쉬운 일이 아니었다. 우리는 전 세계적인 시행을 포기하고 미국에만 집중하기로 했다. 그리하여 맥도날드 미국은 2022년까지 암퇘지 우리를 단계적으로 철수하겠다는 결정을 내렸다. 톰슨은 HSUS와 함께 공동성명서를 준비했다.

암퇘지 우리 사용 중단 계획

2012년 5월 31일, 맥도날드는 2022년까지 암퇘지 우리를 철수하겠다고 공식 발표했다. 그랜딘 박사는 이 조치에 대해 "이 변화는 복잡할 뿐 아니라 추가적인 자원이 필요합니다. 맥도날드가 계획한 10년이라는 시간은 더 나은 수용시설을 파악하고 직원들을 제대로 훈련하는 데 필요한 시간입니다. 이 계획은 굉장히 진보적인 생각으로 저는 맥도날드의 이 같은 노력을 높이 평가합니다."[110]라고 공식적인 지지를 표명했다.

하지만 축산 업계의 반응은 차디찼다. 예상한 바였다. 돼지고기 산업 지도자들과 국립 돼지고기 생산자 위원회NPPC(National Pork Producers Council)는 부정적으로 반응하며 반대했다. 맥도날드 홍보팀을 비롯해 미국 공급망 부서 직원들과 함께 아이오와에 있는 NPPC의 본사를 방문해 임박한 결정에 대해 논의한 적이 있다. NPPC 지도자들은 우리가 완전히 잘못 알고 있다고 직설적으로 말했다. 그들은 암돼지 우리가 동물을 안전하고 건강하게 지켜준다고 확신했다.

그들은 맥도날드를 혹평했다. NPPC 지도자는 공개 선언문을 통해 공식적으로 반대를 표했으며 사적인 대화에서도 서슴없이 불만을 표출했다. 그들은 맥도날드가 진정한 과학을 따르지 않고, 그저 HSUS에 아첨할 뿐이라고 비난했다.

〈에그리-펄스〉의 보도에 따르면 전국 고기 이사회National Pork Board의 회장 에버레트 포크너는 맥도날드의 이 같은 결정에 실망감을 표했으며, 이 결정이 암돼지 우리를 사용하는 소규모 축산업자에게 큰 부담이 될 수 있다고 말했다.

지난 몇 년 동안 새로운 우리를 설치한 돼지고기 생산자는 맥도날드의 발표로 추가적인 투자를 해야 할지도 모른다. 그들은 경비는 높아지고 생산성은 낮아지는 세획을 들고 은행에 찾아

"맥도날드 미국, 암돼지 우리 사용 중단을 위한 10년 계획을 세우다", 〈서던 팜 네트워크〉, 2012년 6월 1일, https://sfntoday.com/mcdonalds/announces-end-to-gestation-stall-use-nooc-reaction/.

가야 한다. 은행이나 투자자에게 신뢰를 줄 수 없는 계획이다.[111]

이 같은 반발에도 불구하고 맥도날드-HSUS의 공동성명은 추동력을 낳았고 티핑 포인트로 이어졌다. 우리 혼자만으로는 돼지고기 산업에 변화를 가져올 수 없기 때문에 발표를 통해 다른 이들이 우리 편에 서길 바랐다. 맥도날드의 돼지고기 구매량은 많았지만, 실제 수치상으로는 미국 내 연간 돼지고기 사용량, 232억 파운드 중 1%[112]를 차지할 뿐이었다.[113] 다행히 맥도날드의 발표는 버거킹이나 웬디스, 세이프웨이, 코스코 같은 다른 기업들의 반응을 낳았다. 2012년 말 미국 내 주요 식품 소매업체와 식료품점, 레스토랑, 식품 서비스 체인점은 우리와 비슷한 노력에 착수했다. 맥도날드의 결정은 실로 큰 변화를 낳았다.

하지만 우리 앞에는 훨씬 더 큰 문제가 기다리고 있었다. 바로 지속 가능한 소고기였다. 암퇘지 우리에 관한 맥도날드의 일방적인 선언 때문에 광범위한 협력이 필요한 소고기 사안의 해결은 더 쉽지 않게 전개됐다.

111
S. 완트, "맥도날드, 암퇘지 우리에서 자란 돼지고기의 사용을 단계적으로 철수할 계획", 〈에그리-펄스〉, 2012년 6월 4일, https://www.agri-pulse.com/articles/1853-mcdonald-s-plans-phase-out-of-pork-produced-in-gestation-stalls?iframe=1.

112
S. 스톰, "맥도날드, 공급업체의 암퇘지 우리 사용을 단계적으로 철수할 예정", 〈뉴욕 타임스〉, 2012년 2월 3일, http://www.nytimes.com/2012/02/14/business/mcdonalds-vows-to-help-end-use-of-sow-crates.html.

113
M. 브런커와 M. C. 화이트, "베이컨: 미국인이 가장 많이 소비하는 고기", 〈NBC 뉴스〉, 2015년 10월 26일, https://www.nbcnews.com/business/economy/look-u-s-meat-industry-numbers-n451571.

역경 끝에
얻은 너겟
**Hard
Knock
Nuggets**

지속 가능한 변화에 영향을 미치는 방법

지속 가능성 리더십에는 수많은 측면이 존재하고, 이는 수많은 해석이 가능한 예술이다. 아래는 변화에 앞장서기 위해 다른 이들과 협력하는 과정에서 얻은 중요한 교훈들이다. 지속 가능한 변화에 영향을 미치는 일곱 가지 통찰력을 공유한다.

➜ **질문한다.**
입사했을 때 맥도날드에는 커다란 유인물이 붙어 있었다. 유인물에는 파란색의 커다란 볼드체로 'ASK, ASK, ASK'라는 단어가 쓰여 있었다. 요구하고 강요하고 명령하는 대신 질문하면 다른 이들의 의견과 일의 진행 방향을 바꿀 수 있다.

➜ **현재에 머문다.**
내 책상에는 지난 20년 동안 나를 일깨운 문구가 적혀 있다. 바로 '현재에 머물러라'이다. 직원이든 외부 주주이든 현재의 상대에게 100% 전념하기 바란다. 상대와 대화하는 동안 다음번 따위를 생각해서는 안 된다.

➜ **상대 입장에서 생각한다.**
많은 사람이 자신의 입장에서 생각하는데, 나는 정반대로 하라고 말한다. 영향을 미치기 위해서는 상대의 입장을 알아야 한다. 영향을 미치고 싶은 사람을 방문할 때 나는 그들의 머릿속에 들어갈 수 있을 만큼 철저하게 상대를 연구하며 그들의 요구 사항과 우선 과제에 해당하는 질문을 준비한다.

➜ **자신의 그늘을 인정한다.**

지도자로서 하는 모든 일과 말, 처신은 사방에 그림자를 드리울 수 있다. 우리의 행동이 우리 입장을 따르는 이들에게 미묘하게 영향을 미친다는 사실을 잊지 말아야 한다.

➜ **계속해서 의사소통한다.**

2000년대 초반 맥도날드의 CEO는 짐 캔탈루포였다. CEO로서 얻은 가장 놀라운 교훈은 무엇이었냐는 질문에 그는 "이 직책의 99%는 의사소통이라는 사실이죠."라고 말했다. 우리는 직원과 파트너, 고객, 기타 이해관계자와 의사소통하기 위한 효과적인 방법을 파악하는 데 충분한 시간을 할애해야 한다.

➜ **최고의 전문가가 된다.**

자신의 전문 분야에서 가장 박식한 사람이 되어야 한다. 나는 늘 15%의 시간을 기업의 사회적 책임 트렌드를 파악하고 다른 전문가들의 의견을 살피는 데 할애함으로써 CSR 분야의 전문가가 되도록 노력한다.

➜ **약속은 반드시 지킨다.**

신뢰와 진실성은 다른 이들에게 영향을 미칠 수 있는 출발점이다. 따라서 한 번 한 약속은 반드시 지켜야 한다. 만약 지키기 어려운 경우라면 빠르게 인정해야 한다. 그래야 신뢰와 진실성을 구축할 수 있다.

PART 11

The Battle for Better Beef

지속 가능한 소고기를 위한 투쟁

The Quest for Sustainable Beef

지속 가능한 소고기를 향한 탐색

맥카우 그래픽은 <그린비즈>의 독점기사에 사용되었다.
2016년까지 지속 가능한 소고기를 구매하겠다는
맥도날드의 노력을 다룬 기사다.

출처: 그린비즈

생태학자, 기업가, 소고기 로비스트

제이슨 클레이는 작은 농장에서 자랐으며 인류학을 공부했다. 1998년, 클레이는 열대우림과 그곳 거주민을 돕기 위한 그레이트풀 데드Greatful Dead 콘서트에 참석했다. 그리고 그곳에서 한 남자를 만났다. 클레이는 "열대우림을 돕기 위해 제가 무슨 일을 할 수 있을까요?"라고 묻는 남자에게 "당신은 누구고, 무슨일을 하죠?"라고 되물었다. 그러자 남자는 "저는 벤이고 아이스크림을 만듭니다."라고 대답했다. 클레이는 그에게 열대우림 아이스크림을 만드는 것에 관해 이야기하며 "열대우림이 삼림이기도 하지만 목초지이기도 하다는 사실을 사람들에게 알려줘야 해요."라고 조언했다.

그렇게 탄생한 아이스크림이 레인포레스트 크런치Rainforest Crunch 이다. 클레이는 레인포레스트 크런치를 비롯한 200개의 아이스크림 출시를 도왔다. 아이스크림 판매량은 1억 달러에 달했지만 클레이는 이를 실패로 여겼다. 궁극적으로 아이스크림 판매가 산림파괴 문제를 해결해주지는 못했기 때문이다. 그는 "우리는 잘못된 대상을 공격하고 있었어요. 우리는 소고기와 벌채, 콩을 겨냥해야 했어요. 그동안 다루지 않은 사안들 말이죠."라고 말했다.

이 같은 경험 끝에 클레이는 농업의 변화를 이끌 새로운 방법을 고안하게 되었다. 그는 1993년 WWF에 합류했고 환경에 가장 큰 영향을 미치는 제품에 대한 대기업의 영향력에 주목하기 시작했다. 클레이는 콩, 사탕수수, 야자유, 목화를 비롯한 십수 개 제품의 지속 가능성 문제를 해결하기 위해 다양한 지도자들과 원탁회의(회의 참가자들이 서열에 집착하지 않고, 대등한 관계에서 자유롭게 발언할 수 있는 회의-옮긴이)를 가지며 WWF와 함께 네 단계의 공식을 도출했다.

◆ 구매력의 임계질량(연쇄 반응을 일으키는 최소의 질량)을 확보한다.
◆ 생산에서 소비에 이르기까지 모든 이해관계자를 참여시킨다.
◆ 결과 중심적인 개선을 위해 자발적인 평가 방법을 개발한다.
◆ 결과 중심적인 성과를 통해 혁신을 꾀한다.

클레이는 식품과 농업의 지속 가능성 분야에서 빠른 속도로 명성을 얻었다. 나는 지속 가능한 식품 콘퍼런스에서 그를 처음 만났다. 풍부한 지식과 확고한 신념으로 자신의 주장을 펼치는 그의 모습은 매우 인상적이었다.

나는 클레이가 맥도날드의 전략적 공급망을 이끌게 된 새로운 수장 프란체스카 디비아시와 만나기를 바랐다. 디비아시는 지속 가능성을 공급망에 통합시켜 시장에 긍정적인 영향력을 미칠 변화를 계획하며, 특히 소고기 문제에 관심을 가지고 있었다.

현대 농업은 대다수의 사람에게 수수께끼로 다가온다. 미국 인구의 1%만이 경작산업이나 유축농업에 종사하기 때문이다. 반면 미국이 탄생하던 19세기에는 인구의 50%가 이 분야에 종사했다. 선진국 대부분이 그러했다. 20세기 이후 전 세계 식품 시스템은 시골 농장에서 산업화한 농장으로 진화했다. 1776년 독립선언문에 통과될 당시 고작 20억 명에 불과하던 전 세계 인구가 2018년에는 76억 명이 넘었고, 이 인구를 먹여 살리기 위해서는 대형 시스템이 필요했기 때문이다. 나는 사람들이 농장에서 식탁에 이르기까지 내가 목격한 소고기 시스템을 알게 되면 현대 농업을 보다 긍정적으로 바라보게 될 거라고 확신했다.

나는 이를 위해 4개월짜리 연구 프로젝트를 준비했다. 이를 위해 2006년 UC-버클리 하스 경영대학원에 재학 중인 젊은 수재들을 고용했다. 그들은 향후 맥도날드의 사회적 책임 보고서를 통해 공유할 권고 사항의 작성을 도왔다. 맥도날드의 소고기 공급 시스템을 마음껏 살펴본 버클리 학생들은 우리의 공급 시스템을 높이 평가했으며, 몇 가지 의미 있는 요구사항을 제시했다. 그들은 맥도날드 CSR 보고서에 이렇게 기술했다.

맥도날드가 신성으로 지속 가능한 사업을 원한다면 현 시스템 내

작은 문제들을 시정하는 데 그쳐서는 안 되며 소고기 공급 시스템을 근본적으로 바꾸어야 한다. 전 세계적인 영향력과 규모 덕분에 맥도날드는 미국 소고기 산업이 지속 가능한 관행을 선택하는 데 앞장설 수 있는 위치에 있다.

이 보고서를 본 나는 맥도날드가 소고기 전체 산업을 바꿀 수 있을지, 그래야 하는지 고민하게 되었다. 지속 가능한 변화에 관한 맥도날드의 행보는 존중받을 만했다. 우리는 EDF와 협력해 쓰레기, 포장 용기, 재활용 문제를 해결했고(1장 참고) 이는 전 세계 식품 서비스 산업에 영향을 미쳤다. 고기 공급업체에 동물 복지 기준을 권고하기 위해 그랜딘 박사와 협력하기도 했으며(2장 참고), 아마존 콩 경작 일시 중단 프로젝트, 삼림파괴 관행 중단 등 산업 전반에 막대한 영향력을 미쳤다(9장 참고). 우리가 큰일을 하나 더 할 수 있다면 그것은 소고기 문제를 해결하는 일이어야 했다.

소고기는 맥도날드 메뉴의 핵심 재료였으며, 수많은 부분에서 중요한 사회 문제로 대두되고 있었다. 가령 국제연합식량농업기구UN FAO (Food and Agriculture Organization of the United Nations)는 2006년 소고기 생산이 미치는 온갖 부정적인 영향에 대해 구체적으로 밝혔다. 이 단체는 논란이 많았던 보고서, '축산업의 긴 그림자'에서 다음과 같이 주장했다.[114]

114
국제연합식량농업기구, "가축의 긴 그림자", 2006년, http://www.fao.org/docrep/010/a0701e/a00701e00.HTM.

Livestock's Long Shadow
축산업의 긴 그림자

축산업은 환경에 미치는 영향이 막대하다.
따라서 환경 문제 해결에 기여하는 바 또한 크다.
우리는 이 문제를 시급히 해결할 필요가 있다.

◆ 축산업은 인위적으로 가장 많은 토지를 사용한다. 방목지가 차지하는 전체 면적은 결빙되지 않은 육지 표면적의 26%에 해당한다.

◆ 가축 생산의 확대는 삼림파괴의 주요 원인이다. 이 문제는 특히 라틴 아메리카에서 심각한데, 이곳에서는 막대한 양의 삼림 벌채가 이루어진다. 아마존에서 과거 숲으로 뒤덮였던 지역의 70%가 현재 목초지로 이용되고 있다.

◆ 축산업은 온실가스 방출량의 18%를 차지한다. 운송 분야보다 높은 비율이다.

◆ 축산업은 물 사용 증가의 주요 원인이다. 전 세계 인구의 물 사용 용도 중 8% 이상을 차지하는데 주로 목초지에 사용된다. 가축은 수질 오염에 가장 큰 영향을 미치는 요인으로 우량화, 연안 지역의 데드존, 산호초의 질 저하, 인류의 건강 약화, 항생제 내성을 비롯한 수많은 문제를 낳고 있다.

◆ 가축은 현재 전체 내륙 생물량의 20%를 차지하며 그들이 점령하고 있는 내륙 표면의 30%가 과거에는 야생동물의 서식지였다. 축산업은 생물 다양성 감소, 삼림 벌채를 비롯해 토지 황폐화, 오염, 기후 변화, 남획, 해안지역의 퇴적, 외래종 침투 촉진 등의 주요 원인일지도 모른다.

우리는 달갑지 않은 보고서를 진지하게 받아들여야 했다. 평범한 사람이 객관적이고 공평한 단체라고 생각하는 유럽연합에서 작성한 보고서였기 때문이다. 미국축산협회National Cattleman's Beef Association 같은 소고기 단체는 보고서에 언급된 사실과 결론에 강하게 반박했다. 예를 들어 소고기가 온실가스에 미치는 영향이 과장되었다고 지적했는데 실제 미국에서는 이 수치가 18%가 아니라 3%였다.[115]

진실이 무엇이든 소고기가 사회와 환경에 오랫동안 큰 영향을 미치고 있으며 맥도날드 음식의 핵심 재료라는 것만은 사실이었다. 맥도날드가 지속 가능한 기업이 되려면 소고기 문제를 해결해야 했다. 우선 쓰레기 문제 해결 과정에서 협력한 EDF 같은 전문가를 찾기로 했다. 지속 가능한 식품, 농업, 소고기에 관해 맥도날드에 조언해줄 템플 그랜딘 같은 지도자가 필요했다.

내가 보기에 제이슨 클레이는 이 일을 할 수 있는 전문가였다. 2007년 8월 무더운 여름날, 클레이는 맥도날드 본사를 찾았다. 클레이는 농업과 식품에서 경력을 쌓았으며 디비아시는 금융 분야에서 일했었다. 이 같은 차이에도 불구하고 그들의 경력은 핵심 교차로에서 만났다. 디비아시가 아마존 콩 경작 일시 중단을 성공적으로 이끄는 데 큰 역할을 했다는 사실이 지속 가능한 소고기라는 두 사람의 공통된 관심사에 불을 지폈다. 디비아시는 이렇게 말했다.

이 회의의 목적은 WWF가 글로벌 공급망과 어떻게 협력할지, 우리가 협력할 수 있는 잠정적인 영역이 어디인지 논의하는 것이었죠. 클레이가 제안한 분야는 소고기였습니다. 그는 소고기가 전 세계 환경에 큰 영향을 미치고 있으며 아직 이 사안을 논의할 원탁회의가 이루어지고 있지 않다고 말했어요. 다른 분야에서 원탁회의가 큰 성공을 거뒀다고도 했고요. 그 말을 듣자마자 저는 우리가 협력할 분야가 바로 소고기란 사실을 알게 되었죠.

클레이는 두 가지 강력한 논거를 바탕으로 지속 가능한 소고기라는 개념을 가능하게 만들었다. 우선 위치와 토양, 물을 비롯한 기타 조건이 같은 두 개의 토지를 보여주었다. 한쪽은 황량하고 생산성이 낮았다. 반대로 다른 토지에서는 4배나 많은 가축이 사육되고 있었다. 그는 잠시 머뭇거리더니 차분하지만 진지한 목소리로 "유일한 차이는 관리입니다."라고 말했다.

클레이의 두 번째 주장은 맥도날드 공급망팀의 반향을 일으켰다. 최고의 관리 관행BMPs(Best Management Practices) 혹은 '더 나은 관리 관행'에 관한 것이었기 때문이다. 클레이는 성과 곡선 그래프를 보여주고 더 나은 관리 관행을 선택하면 생산의 15%를 증가시킬 수 있다고 말하며 이렇게 덧붙였다.

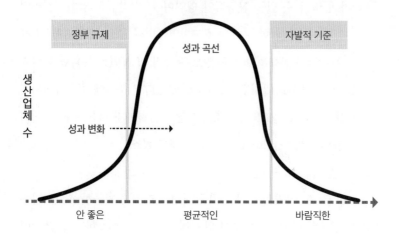

바람직한 관행 채택 가속화

정부 규제

성과 곡선

자발적 기준

생산업체 수

성과 변화 ┈┈┈┈▶

안 좋은   평균적인   바람직한

WWF/제이슨 클레이의 성과 곡선 그래프

◆ 오늘의 BMPs는 내일의 규범이다.

◆ 최고의 관행은 없다. 나은 관행만 있을 뿐이다. 나은 관행은 안 좋은 관행보다
훨씬 낫다.

◆ BMPs는 목표를 위한 수단이지 목표가 아니다.

◆ 결과에 집중해야 한다. 생산업체가 결과 달성을 위해 최고의 방법을 찾도록
하라. 그들의 활동을 억압하지 마라.

회의는 긍정적이고 성공적이었다. 클레이와 디비아시는 글로벌 소고기팀에게 원탁회의를 하도록 설득하는 일이 다음 단계라고 했다. 역사적인 순간의 시작이었다.

클레이는 원탁회의를 최대한 효과적으로 진행하려면 소고기 생산업체가 지도자 입장에서 참여해야 한다고 했다. 그래야 지속 가능한 소고기로의 변화가 시작될 수 있었다. 이를 위해 그는 전 세계에서 가장 큰 소고기 생산업체 JBS를 찾아갔다. 그러나 캐머런 브루엣을 비롯한 다른 JBS 지도자들에게 클레이와 WWF는 적이었다. 브루엣은 "회의를 시작할 때 '저들에게 전 세계 사람들을 먹여 살린 우리 산업을 감시할 권한이 있나? 저들은 왜 우리가 지구를 파괴한다고 말하는 거지?'라고 생각했죠."[116]라고 말했다. 그러나 토론이 끝나갈 무렵 브루엣은 클레이의 말에 설득되었다. 원탁회의는 브루엣과 JBS가 NGO에 대해 품고 있던 편견, 일방적이고 외골수적인 공격을 펼치는 단체라는 생각을 바꾸는 계기가 되었다. WWF와 클레이가 해결책을 찾기 위해 업계 사람들과 협력하기를 바란다는 사실도 알게 되었다. 브루엣은 이렇게 말했다.

WWF는 정말로 긍정적인 변화를 원했습니다. 자선기금 활동을 하려는 게 아니었죠. 물론 그들은 기업을 겁주어 행농을 쥐하게 만들 수 있지만, 이는

캐머런 브루엣과의 개인적인 인터뷰, 2017년 6월 1일.

기업이 자유 의지로 그러한 결정을 내리는 것만큼 효과적이지 않습니다. 기업이 스스로 결정을 내려야만 모두에게 도움이 될 수 있습니다.

WWF의 장점은 사업과 환경을 둘 다 이해한다는 점이었다. 클레이는 카리스마 넘치는 지도자답게 자신의 메시지를 전달했고 덕분에 이질적인 이해관계자들 간의 협력을 낳을 수 있었다. 브루엣은 클레이의 노력을 인정하며 말했다.

클레이의 공이 큽니다. 그는 자신이 주주들에게 수익을 안겨주기 위해 이윤을 내야 하는 기업과 거래하고 있음을 인정했습니다. 더불어 환경을 보호하려는 열정도 있었죠.

우리 vs. 그들 식의 사고방식에서 벗어나다

WWF는 맥도날드와 JBS의 신뢰를 얻으며 굳건한 관계를 맺게 되었다. 하지만 맥도날드와 소고기 산업 내 상류 공급업체 간의 관계는 휴면 상태나 다름없었다. 주요 이유 중 하나는 맥도날드가 동물을 기르는 일에 관여하지 않으며 햄버거 패티를 만드는 공급업체와만 거래했기 때문이다. 예를 들어 맥도날드는 소고기 패티 가공업체인 오토 앤드 선즈와 거래를 했다. 오토 앤드 선즈는 정육업체에서 간 소고기를 구매한 뒤 이를 햄버거 패티로 가공해 맥도날드에 판매했다. 소고기 사업은 세분되어 있고,[117] 맥도날드와 오토 앤드 선즈 너머로 다음과 같은 다양한 업체가 존재했다.

◆ 순종 교배자

◆ 상업적인 생산업체

◆ 저장 및 기타 작업 담당 업체

◆ 가축 공급업체

◆ 소고기 정육업체

◆ 가공업체

◆ 소매업체

맥도날드는 3각 의자를 이루는 공급업체와의 협력을 자랑스럽게 여긴다. 의자의 각 부분은 동등하고 상호의존적이며 맥도날드의 성공이라는 공통의 목표를 지닌다. 하지만 맥도날드는 직접적인 공급업체만을 우리의 구성원으로 보았다. 다른 하위 공급업체는 각 부분의 역할을 담당할 뿐 가치망 내부에서 협력이 이루어지는 일은 흔치 않았다. 따라서 맥도날드로부터 3, 4단계 떨어진 목장 운영자나 가축 사육장에서의 지속 가능성

117
팀 스미스, "육우 산업의 6가지 기본 부문-육우를 기르기 전에 알아야 할 모든 것", 〈매더슨 팜스〉, 2011년 2월 22일, http://www.mathesonfarms.com/posts-and-comments/6-basic-segments-of-beef-cattle-industry-all-you-need-to-know-before-raising-beef-cattle/.

문제를 해결하기란 쉽지 않았다.

유축농업 산업과 마찰이 발생한 또 다른 이유는 안전하고 건강한 식품과 건강한 동물을 둘러싼 새로운 사회적 요구에 맥도날드가 대응한 방식 때문이기도 했다. 운동가들은 유명 브랜드를 공격하고 이들과 관련된 정보를 철저하게 공개하는 것이 가장 효과적인 방법임을 간파했다. 가령 운동가들은 동물 공장에 잠입해 동물 학대 현장을 촬영한 뒤 자극적인 방법으로 이 사실을 폭로하곤 했다. 맥도날드는 이 같은 행위를 싫어하면서도 받아들일 수밖에 없었다. 한 예로 동물 권리 보호 단체, 머시 포 애니멀스Mercy for Animals가 찍은 영상이 공개되면서 맥도날드는 해당 공급업체와의 거래를 종료해야 했다. 2011년, AP 통신은 이 사건을 다음과 같이 보도했다.[118]

맥도날드는 금요일, 미네소타의 달걀 공급업체와의 계약을 철회한다고 밝혔다. 동물 권리 보호 단체가 달걀 생산 농장의 실태를 담은 영상을 공개한 뒤였다. 머시 포 애니멀스의 몰래카메라는 아이오와, 미네소타, 콜로라도 내 스파보 농장Sparboe Farms 등 다섯 군데에서 자행된 동물 학대 장면을 포착했다. 이 영상에는 닭의 다리를 잡고 흔드는 모습, 비좁은 우리로 닭을 쑤셔 넣는 모습, 수평아리를 비닐봉지로 질식시키는 모습,

118
T. 필립스, "맥도날드, 달걀 공급업체와의 거래를 종료하다", 〈글로벌 애니멀 웹사이트〉, https://www.globalanimal.org/2011/11/22/mcdonalds-and-target-drop-egg-suppliers/59434/.

병아리의 부리를 자르는 모습 등이 담겼다. 맥도날드의 지속 가능성 부사장 밥 랭거트는 성명서를 통해 "영상에 담긴 행동은 도저히 용납할 수 없을 만큼 거북하다. 맥도날드는 공급업체에 동물의 인간적인 취급을 요구한다. 우리는 고객들을 안심시키고 싶다."라고 말했다.

이 같은 자극적인 캠페인 때문에 대중들은 동물을 상대로 자행되는 다양한 학대에 대해 알게 되었고, 맥도날드 같은 기업에 책임을 부여하기 시작했다. 맥도날드가 공급망의 마지막 단계만을 관리하고 있음에도 불구하고 말이다. 고객들은 맥도날드가 빅맥의 제작 과정에 전부 관여할 거라 생각하지만, 우리는 햄버거를 굽고 프렌치프라이를 만들며 매장을 청소하는 법만 알뿐 항생제 사용법이나 동물을 기르는 법은 모른다. 게다가 축산업자들에게 가축의 바람직한 관리에 대해 알려줄 만한 지식이나 기술을 갖추고 있지도 않다. 이러한 상황 때문에 식품 소매업체, 축산업자, 활동가들 사이에 마찰이나 교착 상태가 발생하게 된다.

맥도날드와 WWF, JBS를 비롯한 기타 소고기 산업 간의 관계가 소원해진 것은 맥도날드가 지난 10년 동안 농부들의 일에 지나치게 관여하며 정부 규제자처럼 행동한 것이 원인이기도 했다. 소고기 산업이 보기에 PETA에 굴복해 산란계 닭장 크기 확대를 의무화하고, HSUS에 굴복해 암퇘지 우리 사용을 숭난시켰으며, 고기(늑이 닭고기)의 항생제 사용을 제한하는 초기 프로그램을 개발한 나쁜 기업이었다. 소고기 산업의 많은 이들이 맥도날드가 운동가들의 비위를 맞추려 한다고 생각했다. 그리고 맥도날드가 유축농업 정책을 수립할 권리가 없다고 주장했다. 그들은 맥도날드가 매장을 관리하고 음식을 제공하는 데 집중해야 하며 토지와 동물 관리는 이 일을 전문으로 하는 농부와 축산 업체가 알아서 하도록 둬야 한다고 했다.

사실 우리는 현대적인 유축농업을 지지해왔다. 그들의 요구 사항을 이해했으며 안전하고 저렴하며 고품질의 음식을 계속해서 제공하기 위해 진정한 파트너인 유축농업자들의 도움이 필요했다. 다만, 지속 가능성 사안을 해결하기 위해 조치가 필요했을 뿐이다. 이런 상황에서 맥도날드, 공급업체, NGO 간의 지속적인 마찰은 전혀 바람직하지 않았다. 우리는 적이 아니라 파트너가 되어야 했다. 하지만 안타깝게도 현실은 그렇지 않았고 서로간에 불신이 넘쳐났다. 브루엣은 당시 맥도날드에 대한 자신의 인식을 이렇게 말했다.

처음에 맥도날드는 "우리는 실망했다. 정육업체, 생산업체, 사육업체는 올바른 조치를 하고 있지 않다. 우리 고객들이 원하는 일이기 때문에 당신들은 조치를 취해야만 한다. 당신들은 우리 고객의 요구 사항에 응대하지 않고 있다."라는 식으로 말했죠. 꽤 적대적인 방식이었습니다. 자신들의 편으로 끌어들이기보다는 적으로 만드는 방법이었어요. 우리는 상당히 공격적이라고 느낄 수밖에 없었죠.

•

디비아시는 이 같은 적의에 대해 익히 알고 있었다. 그리고 맥도날드의 구매력에 한계가 있다는 사실도 인정했다. 맥도날드는 가장 큰 소고기 구매업체이지만, 우리의 구매량은 전체 소고기 시장의 2% 밖에 되지 않는다. 소고기 산업의 가치망에 관해 이래라저래라 명령할 수 있을 만큼 영향력이 크지 않았던 것이다. 그렇기 때문에 그녀는 소고기 원탁회의를 성공으로 이끌기 위해서는 큰 변화가 필요하다고 생각했다.

디비아시는 소고기 산업과의 협력을 위해 자신의 오른팔을 참여시켰다. 맥도날드의 지속 가능한 어류 프로그램(6장 참고)을 개발한 개리 존슨이었다. 맥도날드의 소고기 구매 전략을 이끌게 된 그는 소고기 산업과의 관계를 바꾸기 위해 세 가지 지침을 제안했다. 투명성, 이해, 협력이었다.

투명성과 관련된 존슨의 만트라는 '아무것도 숨기지 않기'였다. 존슨은 신뢰와 신용이 투명성을 좌우한다고 생각했다. "내가 믿을 만한 사람이 아니면 상대는 이를 간파할 것입니다. 거짓은 애초에 저의 DNA와 거리가 멀어요. 저는 그런 식으로는 일하지 않습니다. 우리는 매우 투명해야만 합니다."[109]

그는 지속 가능한 소고기가 무엇을 의미하는지 공통의 이해가 없으면 상황을 변화시킬 수 없다는 것도 알았다. 손슨은 "지속 가능한 소고기에 대

109
개리 존슨과의 개인적인 인터뷰, 2018년 1월 10일.

한 정의가 수천 가지나 되었죠. 저에게는 저만의 정의가 있고 그들에게도 마찬가지였어요. 공통된 정의가 존재하지 않는 한 그 누구도 설득할 수 없습니다."라고 말했다.

그의 세 번째 원칙은 협력이었다. "지속 가능한 소고기에 대한 정의를 강요해서는 안 됩니다. 맥도날드가 일방적으로 정한 정의여서는 더더욱 안 되죠. 소고기 산업 모두가 동의하는 정의여야 합니다."

그는 소고기 산업 내부 인맥을 이용해 지속 가능한 소고기 원탁회의를 성공으로 이끌 지원을 얻었다. "목장 운영자나 축산업자는 이 세상에 없어서는 안 되는 존재입니다. 그들은 다른 이들이 자신에게 '지속 가능성'을 강요하는 것을 싫어합니다. 그들은 지역적으로나 정부 차원에서 충분히 규제하고 있다고 생각하죠. 우리가 협력하겠다는 노력을 기울여 그들을 이해시켜야 모두를 위한 변화가 시작될 수 있습니다."

지속 가능한 소고기 콘퍼런스

존슨이 세 가지 원칙을 정하면서 상호 간의 신뢰가 점차 쌓여갔다. 전체 가치 공급망(맥도날드, WWF, JBS를 비롯해 카길, 월마트, 인터벳/쉐링-필라우 동물 건강 등의 기업)을 대변하는 후원 업체들이 글로벌 콘퍼런스를 주최하기로 했다. 지속 가능한 소고기에 대한 공통의 정의를 도출하고 원탁회의에 대한 지지를 얻으려는 자리였다. 월마트, 인터벳, 카길 같은 다른 파트너가 참여하는 것은 지속 가능성에 있어서 큰 발전이었다. 이는 우리가 지속 가능한 소고기를 위해 글로벌 콘퍼런스를 개최할 수 있는 임계질량을 확보했음을 의미했다. 클레이와 디비아시가 소고기 원탁회의라는 아이디어를 내놓은 지 3년이 지난 시점이었다.

원탁회의가 아닌 글로벌 콘퍼런스였기 때문에 진행은 더뎠지만, 개최는 대성공이었다. 2010년 가을, 300명이 넘는 주주들이 참여한 콘퍼런스는 3일에 걸쳐 진행됐다. 그 과정에서 소고기 생산 시스템의 지속 가능성에 긍정적, 부정적 영향을 미치는 핵심 사안을 둘러싼 이해가 명료해졌다.

나는 이 콘퍼런스에서 기조연설을 했다. 중요한 주주들에게 동기부여 할 방법과 공급업체들의 반감을 없앨 방법을 심사숙고해 신뢰와 고객을 강조했다. 그들이 나 같은 사람이 가축 사육과 가공 절차에 무지하다고 생각하는 것처럼 나는 그들이 소비자 트렌드에 무심하다고 생각했다. 고객과의 신뢰를 구축하는 일이 중요하다고 운을 뗀 나는 이렇게 말했다.

고객의 신뢰를 얻기 위해서는 소고기를 비롯해 맥도날드가 구매하는 제품들이 책임 있는 방식으로 생산된다는 사실을 보여주어야 합니다. 고객은 사회적으로 책임 있는 공급망을 기대합니다. 맥도날드가 성공하려면 편리하고 안전하고 재미있고 책임 있는 방식으로 음식을 공급해야 합니다.

지속 가능성은 지나치게 많은 이해권계자에 의해 길못 정의되어있습니다. 식품 산업은 공격받고 있으며 지나치게 많은 엘리트와 급진주의자에 의해 부정적으로 묘사되고 있습니다. 기후 변화 문제 해결에 앞장서는 UN 담당자는 사람들에게 소고기 소비량을 줄이라고 촉구하죠.

많은 운동가가 현대 농업을 '공장형 농장'이라고 안 좋게 묘사하면서 동물 복지 분야와 식품 안전이 위협받고 있다고 주장합니다. 그러나 사실 소고기 산업은 훌륭한 사람들로 이루어져 있습니다. 자신이 하는 일에 긍지를 느끼며 자신의 산업을 책임 있게 관리하는 이들이죠. 이제 우리는 힘을 합쳐 선제적이고 전략적으로 우리의 이야기를 전해야 합니다.[120]

우리는 콘퍼런스를 통해 선제적이고 전략적으로 지속 가능한 소고기를 확보하는 방법을 찾을 수 있었다. WWF는 지속 가능한 소고기 산업을 구축하기 위해 개최된 최초의 콘퍼런스 결과에 대해 이렇게 묘사했다.[121]

이 전례 없는 이벤트는 지속 가능한 소고기 산업이라는 여정을 향한 최초의 발걸음이었습니다.

120
A. 콘드라, "바람직한 소 사육 방법 찾기", 〈식품 안전 뉴스〉, 2012년 3월 14일, http://www.foodsafetynews.com/2012/03/rounding-up-better-ways-to-raise-beef/#.WTryjaifUo.

121
세계 자연 기금 웹사이트, "WWF와 소고기 산업 지도자, 다중투자자 참여를 통해 지속 가능한 소고기 보호에 앞장서다", 2010년 11월 4일, https://www.worldwildlife.org/press-releases/wwf-and-beef-industry-leaders-advance-sustainable-beef-production-through-multi-stakeholder-engagement.

WWF의 제이슨 클레이는 "전 세계 소고기 이해관계자는 최소비용으로 최대효과를 낼 때 자원이 한정된 지구가 누릴 사업적, 사회적, 환경적 가치를 잘 알고 있습니다. 다중 이해관계자를 참여시키는 절차를 통해 우리는 지속적인 개선을 꾀할 수 있습니다. 전 세계 인구의 주요 단백질 공급원으로써 소고기 소비량은 증가하고 있습니다. 2050년 전 세계 인구가 90억에 이를 것으로 예상되는 상황에서, 업계와 NGO 파트너들은 환경적으로 민감한 지역 내의 소고기 생산량을 높인다는 공통의 목표를 지니고 있습니다. 이 콘퍼런스는 '환경, 사회, 경제적 지속 가능성이라는 트리플 버텀라인'을 중심으로 생산적인 피드백을 낳았습니다. 참여자들은 이 피드백을 통합해 지속 가능한 소고기를 생산하는 현지 프로그램을 개발하자고 다짐했죠."라고 말했습니다.

맥도날드 세계 공급망을 이끄는 개리 존슨은 "콘퍼런스는 소고기 산업의 주요 이해관계자 모두를 투명한 대화에 참여시키고 지속 가능성과 관련된 소고기 산업의 진짜 잠재력을 파악하게 된 첫 단계입니다."라고 표현했습니다. 월마트의 소고기 사업 개발 상무 피트 엑케스 역시 "지속 가능성을 월마트의 운영 원칙에 통합함으로써 효율성을 높이고 비용을 절감하기 위한 기회가 창출되는 것을 직접 목격했습니다. 월마트와 샘스 클럽은 8,500개 매장에 판매할 소고기를 결정할 때 공급업체와 생산업체의 지속 가능성을 고려함으로써 고객에게 더욱 나아질 수 있습니다."라고 밝혔습니다.

지속 가능한 소고기를 위한 글로벌 라운드테이블

2010년 콘퍼런스 이후 디비아시는 지속 가능한 소고기 분야의 빠른 발전을 기대했지만, 현실은 기대치를 전혀 따라가지 못했다. 거의 2년 후인 2012년 2월에서야 비영리 단체인 지속 가능한 소고기를 위한 글로벌 라운드테이블GRSB(Global Roundtable for Sustainable Beef)이 공식적으로 조직되었다. 이 분야의 더딘 진행 속도를 간파한 존슨은 그들이 가시적인 행동을 취할 수 있도록 GRSB를 설득하는 전임자를 고용하기로 했다. 맥도날드 공급망에서 일하는 서른 살의 베테랑, 미셸 바니크-레이크였다. 존슨은 그에게 GRSB가 소고기 지속 가능성을 규정하는 데 기여해 달라는 요청을 했다.

지속 가능성은 맥도날드 영국 지사에 발령 났을 당시 바니크-레이크의 주요 관심사였다. 처음에는 그녀도 유기농 우유나 케이지 프리 달걀처럼 지속 가능한 식품을 제공하려는 맥도날드의 조치에 회의적이었다.

'300만 달러를 더 들여 케이지 프리 달걀을 쓰다니! 소비자가 이러한 것에 신경을 쓰기나 할까?'라고 생각했어요. 유기농 우유가 지나친 처사처럼 느껴졌죠.[122]

하지만 그녀 역시 디비아시처럼 더 많은 정보를 접하면서 지속 가능

122
미셸 바니크-레이크와의 개인적인 인터뷰,
2017년 5월 10일.

성에 적극적으로 뛰어들게 되었다. 바니크-레이크는 "맥도날드 영국이 식품 분야에서 지속 가능성에 집중할 수 있는 플랫폼을 개발하는 것이 저의 임무 중 하나였죠. 그렇게 '팜 포워드Farm Forward'가 개발되었고 이를 바탕으로 수년 동안 진행될 구매 및 커뮤니케이션 계획이 수립되었어요. 업무를 수행하는 3년간 지속 가능성에 대한 저의 사고방식은 크게 바뀌었죠. 진정한 깨달음이었어요." 라고 느낀 바를 이야기했다.

바니크-레이크는 직설적인 스타일이었다. 우유부단함과 무대책을 참지 못한 그녀의 개방적이고 거칠 것 없는 업무 수행 방식을 보며 나는 수많은 동료에게서 발견되는 문제를 떠올렸다. 많은 이들이 자신의 업무에 100% 몰입하지 않았다. 짐 스키너는 그런 사람들에게 "당신은 전념하고 있나요?"라고 묻곤 했다. 이와 달리 바니크-레이크는 자신의 업무에 올인했다. 그런 그녀가 보기에 GRSB를 통해 지속가능한 소고기를 개발하려는 맥도날드의 노력은 "아주 느리며 부진한 상태"였다.

GRSB의 일원이었던 존슨 역시 자신들의 업무가 얼마나 더디게 진행되는지 잘 알고 있었다. 존슨은 브루엣과의 회의를 요청했고 그에게 지금은 '모 아니면 도'의 상황이라고 말했다. 존슨은 브루엣에게 GRSB 내에 강력한 지도자가 없는 한 맥도날드의 노력은 계속되기 어렵다고 전했다. 어떤 회원들은 존슨에게 GRSB의 회장이 되어달라고 했지만, 그것은 바람직한 조치가 아니었다. 맥도날드가 소고기 지속 가능성을 규정하는 것처럼 보일 수 있기 때문이었다.

바니크-레이크는 브루엣에게 프로그램을 책임시고 진행할 계획이 있는지 물었다. 그는 위원회에서 다뤄야 하는 일들을 열세 부분으로 나눠 구체적으로 기술한 문서를 보여주며 자신의 계획에 관해 이야기했다. 브루엣이 세운 계획의 핵심은 소고기 생산업체를 전면에 내세우는 것이었다. 그는 소고기 생산업체가 자신들의 목소리를 내며 적극적으로 나서기를 바랐다. 존슨 역시 같은 의견이었다. 브루엣은 다음과 같이 설명했다.

조지아 어딘가에 취미로 스무 마리의 암소를 키우는 사람이 있는데, 그의 목장에 찾아가 영양 관리를 일일이 기록해야 월마트나 맥도날드에 납품할 수 있다고 말한다면 그는 "저리 꺼지시오."라고 하겠지요. 커다란 판다[WWF]나 NGO와 함께 가면 "꺼지지 않으면 쏴버리겠소."라고 말할 테고요.

브루엣의 계획과 긍정적인 태도에 존슨과 바니크-레이크는 만족했다. 맥도날드(혹은 다른 기업)는 전면에 나서지 않았다. 그들은 배경에서 일하는 데 만족했다. 브루엣은 그 상황을 이렇게 기억했다.

맥도날드는 "이것이 맥도날드 방식이다. 이것이 우리가 원하는 것이다. 우리와 거래하려면 체크리스트를 작성해라."라는 입장에서 벗어났습니다. 맥도날드의 태도가 바뀌자 생산업체들은 맥도날드를 신뢰하게 되었고 가공업체는 맥도날드를 동지로 보기 시작했죠.

마침내 그들은 맥도날드를 이해하고 받아들였으며 "좋아. 우리는 공급업체에게 파트너로 인식되어야 해."라고 말했습니다.

브루엣은 이 같은 변화를 존슨의 공으로 돌리며 "그는 논쟁을 해결하는 데 뛰어납니다."라고 말했다. 존슨은 오랫동안 심사숙고해 모든 이해관계자에게 일의 진행 이유와 방법을 설명했다. 지속 가능한 소고기에 대한 이해와 지원을 얻기 위해 균형 잡힌 태도와 한결같은 속도로 일했다. 바니크-레이크 역시 이 점을 높이 평가했다.

존슨의 역할은 특정한 사안과 관련해 GRSB의 표결이나 주요 결정이 필요할 때 빛을 발했죠. 그는 모두를 참여시키려면 어떠한 방식으로 말해야 할지 잘 알았어요.

바이크-레이크와 브루엣은 지속 가능한 소고기의 원칙과 기준을 수립할 준비가 되었다. 맥도날드는 2013년 1월, 25명의 GRSB 회원을 시카고로 소집했고, 3일 동안 진행된 이 회의는 가시적인 성과를 낳았다. 이후 브루엣은 GRSB의 지원을 받거나 지속 가능한 소고기의 원칙과 기준을 규정하는 노력에서 핵심적인 역할을 맡았다.

브루엣이 GRSB를 이끌게 된 지 2년 만인 2014년 11월, GRSB는 브라질 글로벌 콘퍼런스에서 기준과 원칙을 공개했다. GRSB는 지속 가능한 소고기를 사회적으로 책임 있고 환경에 무해하며 경제적으로

실행 가능한 제품이자 다음과 같은 사항을 우선시하는 제품으로 규정
했다.

◆ **지구** (관련 원칙: 천연자원, 효율성과 혁신, 사람과 커뮤니티)

◆ **사람** (관련 원칙: 사람과 커뮤니티, 음식)

◆ **동물** (관련 원칙: 동물 건강 및 복지, 효율성과 혁신)

◆ **진보** (관련 원칙: 천연자원, 사람과 커뮤니티, 동물 건강 및 복지, 효율성과 혁신)

이 회의를 주최하고 지속 가능한 소고기의 정의에 대해 합의하고
원칙과 기준을 수립하는 일은 맥도날드뿐 아니라 다른 기업과 소고기
생산자, WWF 같은 NGO에게도 중대한 순간이었다. 브루엣은 그 성과
를 이렇게 표현했다.

지속 가능한 소고기에 대해 전 세계적인 정의를 규정하는 일은
GRSB 회원뿐 아니라 전 세계 소
고기 분야의 가치망에서도 정말
대단한 성과입니다. 이 정의는 전
세계 어디에서든 우리가 직면한
경제적, 사회적, 환경적 사안을 논
의하기 위한 공통의 플랫폼과 일
관적인 접근법을 제공합니다.[123]

123
지속 가능한 소고기를 위한 글로벌
라운드테이블의 웹사이트, "GRSB, 지속
가능한 소고기의 전 세계적인 원칙과 기준
발표", http://www.grsbeef.org/Resources/
Documents/News%20Releasese/GRSB%20
Releases%20Global%20Principles%20and%20
Criteria%20for%for%20Sustainable%20Beef-
%20(WIth%20Links).pdf.

임원 설득하기

GSRB가 지속 가능한 소고기에 대한 정의를 마무리하던 2013년, 맥도날드는 처음으로 임원 주도 하의 전략을 개발하고 있었다. 맥도날드의 2020 지속 가능성 체제였다.

이 체제를 개발하기 위해 디비아시와 내가 이끌던 팀은 지속 가능한 소고기를 구매하는 것이 우리의 핵심 업무라 믿었다. 디비아시를 중심으로 공급망팀의 지지를 받고 있기는 했지만, 지속 가능한 소고기 구매라는 대담한 포부가 담긴 체제는 맥도날드 임원진의 승인이 필요했다. 경영진은 미지의 영역에 진입하는 데 조심스러워 했다. 그들은 비금융적인 목표 수립을 꺼렸고, 목표를 달성하지 못할까 봐 걱정했다. 지속 가능한 소고기의 정의조차 불투명한 상태에서 우리는 향후 몇 년 안에 지속 가능한 소고기를 구매하기 시작한다는 대담한 목표를 지원해 달라고 요청하고 있었다. 존슨은 "우리는 계속해서 밀어붙였고 고위 경영진들은 NGO 행사에서 처음으로 이 용어를 접했습니다."라고 말했다.

CEO 돈 톰슨은 2013년 4월, 그가 주최한 퍼스트 룩First Look 회의에서 반나절 세션을 지속 가능성에 할애하고 싶다고 말했다. 퍼스트 룩은 향후 1년에서 3년 안에 시행할 전략을 논하기 위해 맥도날드 글로벌 지도자 40명을 소집해 이틀 동안 진행하는 회의였다. 톰슨은 참석자 대부분에게 생소한 내용임에도 CSR과 지속 가능성을 안건으로 상정했다. 맥도날드 브랜드를 전면에 내세우고 고객들에게 맥도날드가 좋은 식품, 좋은 사람, 좋은 이웃임을 보여주고자 이 굵은 전략을 추진했다. 그는 참가자들에게 CSR 활동의 주요 목표에 관해 설명하고, 전반적인 방향을 제시했다. 나는 이 반나절 세션을 맥도날드 경영진의 생각을 바꿀 수 있는 절호의 기회로 보았다. 그들이 CSR과 지속 가능성이야말로 기업의 수익을 높이고 브랜드 이미지를 긍정적으로 변화시키는 진짜 방법임을 직접 보고 듣고 느끼기를 바랐다.

처음에는 세션 때 맥도날드 내 다양한 분야별 지도자를 데려와 관련 자료와 전략을 발표하려고 했다. 하지만 내부자의 말을 듣는 것이 외부인을 초청하는 것만큼 효과적이지 않다는 생각이 들었다. 그러던 중 코카-콜라의 지속 가능성 담당자 베아 페레즈가 주최한 경영진 회의가 떠올랐다. 페레즈는 나를 비롯해 월마트, 디즈니 같은 대형 브랜드나 WWF 같은 NGO 지도자들을 회의에 초대했다. 그녀는 지속 가능성이 자신들의 조직에 어떤 의미인지 경영진이 고객들에게서 직접 듣기를 원했다. 코카-콜라 임원진은 질문을 던지는 등 적극적으로 회의에 참여했다. 나는 이 아이디어를 빌려와 외부인 입장에서 지속 가능성을 보여주기로 했다.

첫 번째 패널은 NGO 지도자들이었다. 그린피스, WWF, 건강한 후세를 위한 동맹Alliance for a Healthier Generation의 지도자들을 초청했다. 두 번째 패널은 유니레버, 코카-콜라, 월마트의 지속 가능성 책임자들과 사회적 책임 사업BSR(Business for Social Responsibility)의 CEO 아론 크레이머로 정했다. 그들은 소속된 기업에서 지속 가능성을 사업에 통합하는 데 앞장서는 최고의 전문가들이었다. 이들을 통해 맥도날드 경영진에게 지속 가능성이 단순히 선행을 베푸는 행위가 아니라 사업에 긍정적인 영향을 미치는 활동임을 이야기하고자 했다.

반나절 세션에서 맥도날드 경영진이 지속 가능한 소고기를 훌륭한 사업 전략으로 인식하게 만드는 것이 나의 가장 큰 목표였다. 나는 기업, 정부 및 비영리 기관에 사회적 영향을 조언하는 컨설팅 회사 미션 측정Mission Measurement의 제이슨 사울을 독립적인 중재자로 데려왔다. 그는 내가 초빙한 외부 토론자들에게 "당신이 하루 동안 맥도날드의 CEO라면 어떠한 지속 가능성 전략을 시행하겠습니까?"라는 질문을 던졌다.

이 토론자들 가운데에는 WWF의 민간 분야 부사장인 수잔 애플이 있었다. 40명의 맥도날드 임원들이 그녀가 무슨 말을 할지 귀를 쫑긋 세웠다. 그녀는 "저라면 소고기부터 시작할 것 같습니다. 소고기는 맥도날드고 맥도날드는 소고기이니까요."라고 맥도날드 임원들을 똑바로 바라보며 말했다. 애플과 다른 토론자들은 소고기가 왜 맥도날드 사업의 핵심이자 지속 가능한 유축산업을 둘러싼 문제의 핵심인지 이야기했다. 애플은 "지속 가능성 분야의 지도자가 되려면 지속 가능한 소고기 문제를 가장 먼저 다뤄야 합니다."[124]라는 분명한 메세지를 한번 더 강조하며 자신의 주장을 마무리 지었다.

다른 토론자들 역시 비슷한 생각이었다. 아론 크레이머는 "모든 참여자들은 맥도날드가 사업의 핵심이지 (소

수잔 애플과의 개인적인 인터뷰, 2016년 2월 8일.

고기가 환경과 물에 미치는 영향을 고려할 때) 지속 가능한 세상을 꾀하는 데 큰 영향을 미치는 주제에 집중해야 한다는 데 동의했죠."[125]라며 당시의 상황을 설명했다. 크레이머는 톰슨을 비롯한 맥도날드 지도자들이 열린 마음으로 자신들을 대하는 것을 보았다. 그는 "이 같은 회의에 여러 번 참석했는데 대부분의 CEO와 지도자들은 수동적인 반응을 보이거든요. 하지만 이번에는 그렇지 않았죠."라고 말했다. 크레이머는 자신의 제안이 거절당할 수 있다고 생각했지만, 톰슨은 지속 가능성 지도자, NGO 전문가와의 회의가 중요한 사안을 제기했다고 여겼다.[126]

그들은 우리가 달성한 성과를 인정해주었어요. 그리고 우리가 더 할 수 있다고 생각했죠. '우리는 맥도날드에게서 더 많은 것을 기대한다. 우리는 당신들이 지도자가 되기를 기대한다. 우리는 당신들이 사람, 고객, 공급망에 영향을 미치기를, 우리가 미션과 목표를 달성하는 데 도움을 주기를 기대한다.'라는 식이었습니다. 매우 긍정적인 표현이었습니다. 우리를 공격하는 게 아니었죠. 그저 "우리는 당신들이 더 많이 할 수 있다고 생각합니다. 여기서 멈춘다면 실망할 거예요. 왜 더 하지 않는지 알 수 없군요."라는 말이었습니다.

125
아론 크레머와의 이메일 서신, 2017년 6월 19일.

126
돈 톰슨과의 개인적인 인터뷰, 2017년 6월 28일.

퍼스트 룩 회의는 티핑 포인트였다. 임원들은 지속 가능한 맥도날드를 위한 비전을 이해하게 되었고 지속 가능한 소고기가 가져올 수많은 가능성을 상상하기 시작했다. 이 회의 이후 CSR에 관한 맥도날드 경영진의 생각은 크게 바뀌었다. 그들은 이제 CSR을 세상에 긍정적인 변화를 줌으로써 사업을 성장시킬 방법으로 보았다. 이는 소고기의 지속 가능성에서도 큰 전환점이었다. 지속 가능한 소고기는 더 이상 맥도날드 사업과 관련 없는 엉뚱한 생각이 아니었다. 지속 가능한 소고기는 맥도날드 사업의 성장과 브랜드 건강의 핵심 요소로 간주되었다. 톰슨은 그해 말 아일랜드에 방문했을 때 지속 가능한 소고기의 가능성을 더욱 확신하게 되었다.

존 파워(맥도날드 영국 플래그십 농장 프로그램에 참여한 목축업자)와 그의 가족을 만나 그가 하는 일에 관해 이야기를 나누었죠. 사용하는 물이 갈대 제방을 통해 여과되는 방식에 대해서도요. 저는 존이 말하는 방식에서 희망을 보았습니다. 이것을 전 세계에 전파할 수 있을 것 같았죠. 그렇게 하면 탄소발자국을 줄이는 데 크게 기여할 수 있겠다 싶었습니다. 결국, 저는 "맥도날드에서 이 일을 할 수 있겠다."라고 생각하게 되었죠. 큰 목표이긴 합니다만 우리가 꼭 해야 하는 일이기도 합니다.

변화에 시동을 걸다

그리하여 우리는 2013년 말, 경영진에게 2020 지속 가능성 체계에 담긴 대담한 목표에 '2016년까지 지속 가능한 출처에서 소고기를 구매한다'는 내용을 넣어달라고 제안했다. 3년밖에 남지 않은 데다 지속 가능한 소고기의 확실한 정의조차 없는 상태였다(GRSB는 2014년 말 정의를 규정했다). 이런 상황에서 어류나 포장, 야자유, 커피처럼 목표의 기한을 정하는 게 쉽지 않았지만 확실한 마감 시한을 정해야 한다고 생각했다. 나는 지침과 원칙, 자발적인 노력이 사업 운영의 현실 속에서 사라지는 경우를 수없이 목격했다. 그래서 가시적인 목표를 밀어붙일 수밖에 없었다. 진심으로 지속 가능성을 위해 노력하고 있음을 보여줘야만 했다. 이 목표는 경영진과 공급업체 사이에서 수많은 논쟁을 불러일으켰지만, 2013년 가을 최종 승인을 받았다. 우리는 2016년까지 지속 가능한 소고기를 구매한다는 목표를 세웠다.

맥도날드가 2020년 지속 가능성 체계를 공시하기 5개월 전, 나는 몇 가지 이유로 지속 가능한 소고기 분야에서 이루어지는 우리의 노력을 공개하자고 제안했다. 우선 지속 가능한 소고기를 구매하기 위해 소고기 산업에 분명한 메시지를 전해야 했다. 그들은 우리가 이론에 머무는 것이 아니라 실제로 행동에 나설 것임을 알아야 했다. 게다가 그들에게 지속 가능한 소고기의 원칙과 기준을 시행하려는 GRSB의 노력이 상아탑에서 이루어지는 난해한 정책이 아니라 실제 구매 과정의 변화로 이어질 실질적인 목표임을 보여줘야 했다. 공식적인 발표는 맥도날드가 목표에 집중할 수 있도록 해준다. 일단 공개하고 나면 철회할 수는 없으니까 말이다.

이를 위해 그린비즈 그룹Greenbiz Group의 조엘 매코워에게 독점기사를 제안했다. 그의 편파적이지 않은 저널리즘은 타의 추종을 불허했다. 매코워는 기업이 무엇을 했는지뿐 아니라 왜, 어떻게 했는지에도 관심이 있었다. 맥도날드는 '왜, 어떻게'에 관한 이야기가 필요했다. 이 이야기가 전해질 대상은 일반 대중이 아니라 소고기 산업이었다. 소고기 산업이 지속 가능성과 맥도날드의 동기를 의심할 수 있기 때문에 우리가 지속 가능한 소고기를 추구하게 만든 복잡한 요소를 깊이 파고드는 기사가 필요했다. 맥도날드는 명령을 내리는 것이 아니라 협력하고 있다는 것을 보여주고 싶었다. 이것이 더 많은 소고기를 팔기 위한 노력이며, 맥도날드와 소고기 산업 전체를 위해 바람직한 일임을 알아주길 바랐다.

미디어팀에 매코워에게 모든 것을 개방하자고 제안하며, 그가 맥도날드 공급망 부서의 주요 담당자를 만날 수 있게 해주자고 이야기했다. 디비아시, 존슨, 바니크-레이크를 비롯해 WWF, GRSB 그리고 JBS의 브루엣 같은 공급업체와 파트너 등도 인터뷰하면 좋을 것 같았다. 그러나 미디어팀장은 매코워가 인터뷰할 주제와 대상을 좁히기를 원했으며 그가 인터뷰할 사람을 세심하게 선택해야 한다고 주장했다. 나는 숨길 것이 없으므로 매코워에게 우리를 100% 개방해야 한다고 생각했다. 지속 가능한 소고기는 선언 보노가 필요한 복잡한 이야기였다.

하지만 미디어팀장은 꿈쩍도 하지 않았다. 결국, 그의 상사인 커뮤니케이션 부사장 헤이디 바커를 찾아갔다. 기사는 맥도날드에 좋은 영향을 미칠 것이며 소고기 산업이 우리와 가까워지는 데 도움이 될 거라고 설명했다. 바커는 내 생각에 동의했고, 우리는 2013년 11월 매코워를 맥도날드 본사에 초대했다. 그로부터 2개월 후인 2014년 1월 7일, 지속 가능한 소고기를 향한 맥도날드의 노력이 구체적으로 담긴 공식 보도문이 발표됐다. 맥도날드 역사상 가장 큰 비금융적 선언이었을 것이다. 매코워는 총 2천 단어로 이루어진 특집 기사를 이렇게 열었다.[127]

두 단계 앞서 나가다
독점기사 : 지속 가능한 소고기를 향한 맥도날드의 노력
조엘 매코워 _ 2014년 1월 7일, 화요일

1부는 이번 주에 공개됩니다. 곧이어 2부 '빅맥이 지속 가능해지는 법'과 3부 '소고기 산업은 지속 가능성을 위해 협력할 수 있을까?' 가 공개될 예정입니다.

맥도날드는 2016년까지 지속 가능한 소고기를 구매하겠다고 발표했다. 전 세계적으로 판매되는 맥도날드 버거에 지속 가능한 소고

127
조엘 매코워, "단독 기사: 지속 가능한 소고기를 향한 맥도날드의 노력", 〈그린비즈〉, 2017년 1월 7일, https://www.greenbiz.com/blog/2014/01/07/inside-mcdonalds-quest-sustainable-beef.

기를 사용하겠다는 목표를 향한 첫 단계다. 맥도날드의 거대한 야망에는 지난 수년 동안 전개된 복잡한 이야기가 숨어 있다. 목장에서부터 가축 사육장, 매장, 슈퍼마켓뿐 아니라 환경 단체, 학계, 맥도날드 경영진에 이르기까지 전 세계 소고기 산업이 관여된 이야기다. 나는 2013년 그 과정을 목격했으며 최근에는 NGO와 협력한 십수 명의 맥도날드 임원을 비롯해 업계 전문가들을 인터뷰했다. 이 이야기는 실로 놀랍다. 그 규모와 범위 때문만이 아니다. 견고하고 거대한 산업이 지속 가능성을 받아들이도록 밀어붙이는 데 무엇이 필요한지 보여주는 사례이기 때문이다.

이 기사는 소고기 산업이 우리의 노력을 어떻게 해석했는지에 있어 소기의 목적을 달성했다. 처음에 브루엣은 이 기사를 걱정하며 "첫 반응은 '음, 그렇다면 맥도날드는 지금까지 어떤 고기를 구매했던 것일까?'였어요. 다른 소고기는 지속 가능하지 않다는 뜻처럼 받아들여졌거든요. '좋아, 이제부터 지속 가능한 소고기를 제공한다는 것이지, 그렇다면 지난 60년 동안은 대체 뭘 제공한 거야?'라는 의문이 들 수밖에 없거든요."라고 했다. 하지만 모든 기사를 다 읽은 후 그는 안심하며 "책임 있게 잘 전달된 것 같아요."라고 말했다.

지속 가능한 고기와 관련된 마케팅은 보통 프리(항생제 프리, 글루틴 프리, 게이지 프리, 호르몬 프리)를 홍보하는 경우가 많은데 맥도날드는 그 방법을 취하지 않았다. 맥도날드의 홍보 방법은 '항생제를 사용하지 않습니다. 호르몬을 투여하지 않습니다. 잘 돌본 가축에게서 나온 고기입니다.'라는 식이 아니었다. GRSB에서 수립한 정의를 바탕으로 모든 중요한 사안을 균형 있게 다뤘다. 맥도날드는 환경 NGO를 향한 우려뿐 아니라 생산업체와 그들의 수익, 사업 확대와 후세에 물려줄 역량에 대한 우려도 표현했다. 지속 가능한 소고기 문제는 모두의 책임이었다.

매코워의 기사에 맥도날드는 뛸듯이 기뻐했다. 소고기 산업의 반응 역시 긍정적이었다. 소고기 산업이 맥도날드의 동기를 이해하는 데 도움이 되었다. 이 기사가 성공할 수 있었던 것은 인위적이지 않았기 때문이다.

지속 가능성을 홍보할 때에는 이처럼 각본 없는 즉흥적인 방법이 큰 도움이 된다. 맥도날드 같은 대형 기업이 무언가를 숨기려는 것처럼 보이면 모든 노력은 물거품이 된다. 의미 있고 진실한, 바람직한 일이라면 기업은 당당하게 모든 것을 개방해야 한다. 지나치게 단순화하거나 과장하지 않고 겸손한 태도로 접근해야 한다. 브루엣의 걱정은 만족으로 바뀌었다. 그는 "이 기사는 지속 가능한 소고기에 큰 도움이 되었습니다. 생산업체와 정육업체를 외면하지 않았기 때문이죠. 균형 잡힌 사실에 기반한 실질적인 내용이었으며 소비자에게 미신을 제공하지 않았습니다."라고 전했다.

누구도 우리에게 반대하는 캠페인을 펼치지 않았다. 지속 가능한 햄버거에 관해 압력을 가하는 활동가도 없었다. 전세가 역전되었다. 우리는 선제적이고 전략적이었으며, 마침내 활동가가 원하는 것이 아니라 우리가 원하는 것을 이뤄냈다.

*업데이트 : 2017년, 맥도날드는 글로벌 지속 가능한 소고기 보고서를 발표했다. 이 보고서에는 캐나다에서의 지속 가능한 소고기 구매에 관한 최신 정보를 비롯해 2020년을 겨냥한 새로운 목표가 남겨 있다.

역경 끝에 얻은 너겟
Hard Knock Nuggets

지속 가능성을 이끄는 데 필요한 것

지속 가능성 업무를 진행하는 동안 야스트로, 그랜딘, 코지올, 디비아시를 비롯해 훌륭한 지도자들을 수없이 만나며 이들의 장점을 스펀지처럼 흡수했다. 그들의 공통점은 무엇일까? 오늘날 그리고 앞으로 변화를 이끌 이들에게 어떠한 조언을 전할 수 있을까? 지속 가능성을 이끄는 이들이라면 다음과 같은 지도자들의 특징을 명심하자.

➜ 용기

지속 가능성을 이끄는 일은 저항에 부딪힐 변화를 시도하는 일이다. 때로는 슬픔을 직시할 용기가 필요하다. 사실을 받아들여야 한다. 디비아시, 아마리오, 톰슨은 돼지고기 산업이 맥도날드에 악감정을 품게 될 것이라 생각했지만 암퇘지 우리를 단계적으로 철수하겠다는 결정을 내렸다(10장 참고).

➜ 확신

지속 가능성을 이끌기 위해서는 강해져야 한다. 다른 이들을 끌어들이려면 전염성 있는 도약대로써 확신이 필요하다. 존슨은 어류 공급업체의 반발에도 불구하고 그들이 CI와 협력해야 한다고 강력하게 주장했다(6장 참고).

➔ 현명함

지속 가능성을 이끌기 위해서는 현명하고 독창적이며 혁신적이어야 한다. 지속 가능성 문제를 해결하기 위해서는 새로운 방법과 접근법이 필요하다. 야스트로는 그의 창의적인 사고방식으로 EDF나 그랜딘 같은 범상치 않은 파트너와 협력했다(1장과 2장 참고).

➔ 반대

지속 가능성은 현 상황의 변화를 의미한다. 우드로 윌슨은 "적을 만들고 싶거든 무언가를 바꿔라."라고 말했다. 반대가 예상되는 상황에서도 반 베르겐은 아마존 콩 경작을 일시 중단하는 데 앞장섰다. 맥도날드가 미치는 영향이 미미했기에 기존의 방법대로라면 관여하지 않았을 테지만 그녀는 변화를 이끄는 데 주저하지 않았다. 지속 가능한 변화를 꾀하기 위한 투쟁에는 수많은 용기와 확신, 현명함, 반대가 필요하다. 훌륭한 지도자는 그 방법을 잘 알고 있으며 반대하는 이들을 설득해 미션과 대의에 끌어들일 줄 안다(9장 참고).

➔ 협력

지속 가능성을 이끄는 이들은 타인의 말을 경청하며 변화와 적응에 개방적이어야 한다. 해피밀의 변화를 이끈 잔 필드는 전국 귀 기울이기 투어를 주최할 정도로 경청의 힘을 믿었다(5장 참고).

➔ 쾌활

지속 가능성은 무거운 사안이지만 밝은 분위기를 유지해야 한다. 쾌활함은 지원을 얻는 가장 훌륭한 도구다. 조 벡위드는 맥도날드의 안전 문제라는 무거운 사안을 이끌었지만 웃음과 농담, 유미 감각을 잃지 않았다(4장 참고).

➜ 카리스마

카리스마가 반드시 매혹적인 성격을 의미하는 것은 아니다. 내가 말하는 카리스마는 개인의 성격이라기보다는 주위의 관심과 경탄, 신뢰를 받는 능력이다. 결국, 다른 이들에게 영향을 미치는 기술인 셈이다. WWF의 제이슨 클레이가 대표적인 예다. 그는 맥도날드의 공급망 지도자들이 지속 가능한 소고기의 가능성을 깨닫는 데 큰 영향을 미쳤다(11장 참고).

PART 12

The Battle to Lead Both Business and Society

사업과 사회 모두를 이끌기 위한 투쟁

The Profits of Sustainability

지속 가능성의 수익

위험 회피에 맞서다

2013년 4월, 마침내 맥도날드 경영진을 상대로 2020 지속 가능성 체계의 초안을 발표할 시간이 다가왔다. 돈 톰슨이 나와 프란체스카 디비아시, 혁신 센터 관장 제리 수스에게 대담한 지속 가능성 계획 개발에 앞장서 달라고 요청한 지 2년이 지난 시점이었다.

전 세계 다양한 지역의 내부 이해관계자들과 팀을 형성하고 초안을 작성했다. 체계를 점검하며 피드백을 받는 과정은 더디게 진행되었다. 2012년 8월, 스키너가 은퇴하고 톰슨이 CEO로 취임하면서 지속 가능성 체계 정리에 박차를 가했다. 톰슨이 취임하자마자 발표한 성명서는 지속 가능성 체계를 깊은 수면 상태에서 깨어나게 만들 촉매제였다.

맥도날드의 브랜드와 사업은 긴밀히 연결되어 있습니다. 사회에 긍정적인 변화를 끼침으로써 사업의 전반적인 성장에 기여할 수 있습니다. 이런 입장인 기업은 많지 않습니다. 우리에게는 이 세상을 풍요롭게 만들며, 사업의 성장을 촉진할 훌륭한 브랜드가 있습니다. 우리는 그 어느 때보다도 집중적이고 야심 찬 방법으로 이 일을 수행할 것입니다.

톰슨은 RMHC와 다양성, 커뮤니티 업무, 지속 가능성을 합쳐 CSR 및 지속 가능성이라는 새로운 부서를 창설했다. 그는 자신에게 보고할 새로운 상무직을 만들어 J. C. 곤살레스 멘데즈를 승진시켰다. 이로써 맥도날드 역사상 최초로 CSR의 광범위한 역할을 책임질 임원이 탄생한 것이다.

톰슨이 곤살레스 멘데즈를 CSR 및 지속 가능성 책임자 자리에 앉힌 것은 직원들에게 이 역할이 미국, 유럽, 아시아, 라틴 아메리카 사업을 이끄는 일과 비슷하다는 사실을 전하고 싶었기 때문이었다. 톰슨은 자신이 CEO로 있을 때 브랜드 인지도를 확실히 개선하고자 했다. 곤살레스 멘데즈는 최근 라틴 아메리카 사업의 회장이었으며 그전에는 미국 공급망의 주요 공급망 책임자였다. 맥도날드 사업 내에서 두루두루 경험이 풍부한 그는 CSR 업무를 책임질 가장 완벽한 지도자였다.

나는 맥도날드 내에서 CSR 및 지속 가능성이 주류 업무로 자리 잡았다는 사실이 그 누구보다도 기뻤다. 이러한 맥도날드의 변화는 내 경력의 변화와도 비슷했다. 25년 전 나는 임시로 환경 업무를 맡았다. 맥도날드가 당면한 최초의 뜨거운 감자였던 쓰레기 문제를 해결하기 위해서였다. 그 후로 지금까지 나와 내가 몸담은 기업은 주위에서 벌어지는 온갖 사건에 대응해왔다. 이 과정이 맥도날드를 형성했다고 해도 과언이 아니다. 때로 맥도날드의 브랜드는 더럽혀졌고 명성에 금이 가기도 했다. 하지만 우리는 사람들이 생각하는 것보다 훨씬 더 책임 있는 기업이었다. 이제 지속 가능성을 고려하는 책임 있는 기업으로서 맥도날드의 운명을 규정하고 형성할 시간이었다. 새로운 지속 가능성 계획은 과거의 모습에서 벗어나 새로운 모습으로 거듭나는 일이었다.

◆ 단순히 올바른 일을 한다는 생각에서 벗어나 지속 가능성을 사업과 브랜드를 성장시키기 위한 노력의 핵심으로 삼는다.

◆ 일관성 없는 선행에서 벗어나 맥도날드 시스템 내 합의를 추구한다.

◆ 산발적인 활동에서 벗어나 집중적인 비전과 전 세계적인 체제를 구축한다.

◆ 낮은 신용도에서 벗어나 우리의 이야기를 공유하고 신용을 쌓는다.

2014년 4월, 퍼스트 룩 회의에서 2020 지속 가능성 계획을 처음 공개했다. 지속 가능성 소고기를 전면으로 내세우던 그날이었다(11장 참고). 40여 명의 경영진은 우리의 열망과 목표에 관한 설명에 귀 기울였다. 시작은 괜찮았다. 우리의 핵심 비전을 담은 단순한 내용을 시작으로 "사업을 성장시키고 세상에 변화를 준다."는 계획을 설명했다. 약간의 반발도 있었는데, 덕분에 더 나은 결과가 도출되었다. 몇몇 경영진이 "세상에 긍정적인 변화를 줌으로써 사업을 성장시키자."로 바꾸자고 제안한 것이다. 선행과 사업의 성장을 연결한 훌륭한 아이디어였다. '긍정적인'이라는 단어를 추가한 것 역시 탁월한 선택이었다. 수많은 비평가가 맥도날드를 사회의 부정적인 요소로 보았기 때문이다.

다음으로 식품, 구매, 환경을 위해 제안한 목표를 점검했다. 그때부터 임원들은 조심스러운 태도를 보였다. 많은 이들이 2020년 목표를 달성할 확률이 얼마나 되는지 물었다. 구매와 관련된 열망은 '식품과 포장 용기를 전부 입증된 지속 가능한 출처에서 구매하는 것'이었다. 구체적인 목표에는 100% 지속 가능한 어류, 야자유, 커피, 포장이 포함되었다. 맥도날드 매장이 위치한, 각기 다른 기반시설과 119개 국가에서 정말 이 목표를 달성할 수 있을까? 우리가 목표를 달성하지 못했을 때 무슨 일이 일어날지 의문을 제기하며 위험 회피 분위기가 회의실을 점령하기 시작했다.

실패를 우려하는 것은 합리적인 일이다. 더군다나 가맹점들의 참여에 따라 결과가 달라지는 목표였다. 예컨대 초기 목표 중 하나는 2020년까지 매장별 에너지 효율을 20% 향상하는 것이었다. 전 세계적으로 에너지 청구서의 비용이 20억 달러에 달하는 점을 고려할 때 꼭 필요한 일이었다. 에너지 효율성을 높이면 자그마치 4억 달러를 절약할 수 있었다. 비용을 떠나 사회적으로도 좋은 영향을 미치는 바람직한 목표였다. 에너지 사용은 온실가스GHG를 직접적으로 줄일 수 있는 가장 좋은 방법이고, 이는 가축에게까지 영향을 미친다. 물론 우리의 직접적인 통제 영역에서 벗어나는 범위지만 말이다.

경영진은 이 목표에 의문을 제기했다. 전 세계 사업장의 85%를 독립적인 가맹주가 소유 및 운영하기 때문이었다. 우리는 그들에게 명령할 수 없었으며, 5천 명의 가맹주에게 이것이 좋은 생각임을 설득해야 했다. 경영진을 우려하게 만든 또 다른 원인은 TFA 소동이었다.

맥도날드 미국은 2002년 9월, 건강 문제 때문에 TFA 식용유 사용을 단계적으로 철수하겠다고 선언했다. 우리는 6개월이라는 목표 기한을 정했다. AIM 절차의 일환으로 진행된 이 같은 노력은 좋은 평가를 받았지만, 해당 기한 안에 목표를 달성할 수 없었다. 공급망은 우리가 예상한 것보다 훨씬 복잡했기에 계획한 것보다 오랜 시간이 걸렸고, 2008년 5월이 되어서야 목표를 완수했다. 마감을 지키지 못하자 공익단체가 맥도날드를 상대로 집단 소송을 제기했다. 대중에게 목표 기한이 연장된 사실을 알리지 않았다는 이유에서였다. 맥도날드는 소송을 제기한 브랜드트랜스팻닷컴Brand-sTransFat.com과 다음과 같은 사항에 합의해야 했다.

◆ 미국심장협회American Heart Association에 700만 달러를 기부한다. 돈은 트랜스지방과 관련된 공교육에 사용한다. 맥도날드는 또한 150만 달러를 써서 대중에게 트랜스지방 프로그램의 진행 상태를 알린다.

◆ 부분 경화유의 대체품을 장려한다.

◆ 트랜스지방, 부분 경화유의 대체품과 관련된 건강 문제를 다룬 콘퍼런스를 주최한다.

우리는 좋은 일을 하려고 했는데 왜 고소를 당했을까? 우리의 동기와 노력은 진심이었지만 돌아온 것은 합의금이었다. 2020 지속 가능성체제를 수립하는 과정에 TFA 소동이 미치는 영향은 실로 컸다. 일부 경영진은 계획 수위를 낮춰 덜 대담하고 달성 확률이 높은 계획으로 만들자고 제안했다. 나는 최소한 해당 회의에서 대담한 목표를 설득하는 데실패했음을 깨달았다. 몇 분 남지 않은 상황에서 어떻게든 해보려고 안간힘을 쓰는 대신 다음 회의에서 기회를 만들고자 했다.

나는 경영진의 위험 회피 수준이 생각보다 높다는 사실에 놀랐다. 톰슨은 이 목표를 보다 실질적인 측면에서 생각하길 원하며 달성 가능한 목표를 원했다. 그는 "기업 문화에서 지속 가능한 변화를 추진하려면 사람들이 할 수 있다고 믿게 만들어야 합니다."라고 말했다.[128] 기업이 높은 목표를 달성하지 못하면 사람들, 특히 직원, 가맹주, 공급업체가 노력에 환멸을 느낄까 봐 염려했다. 톰슨은 "정말로 대담하고 훌륭한 목표를 세우기를 원합니다. 하지만 달성할 수 있는 목표여야 합니다. 고객들에게 '우리가 함께 이 목표를 달성했습니다.'라고 말할 수 있어야 합니다."라며 신중한 행동이 필요하다고 덧붙였다.

나와 함께 지속 가능성 체제를 수립한 디비아시 역시 내부적으로 신중히 처리하려는 태도를 목격했다. 그녀는 "그들은 재정적인 목표를 바라보듯 했어요. 2020년 목표를 수립하는 건데도 3년 안에 달성할 수 있을지 알고 싶어 했죠."[129]라고 말했다. 디

128
돈 톰슨과의 개인적인 인터뷰, 2017년 6월 28일.

비아시는 지속 가능성과 관련해 신뢰할 만한 목표 수립 공식을 다음과 같이 요약했다.

◆ 정말로 대담한 계획을 세운다. 달성 방법을 모를지라도 목표를 달성하기 위해 할 수 있는 모든 일을 한다.

◆ 필요한 곳에 투자한다.

◆ 최고의 공급업체를 참여시킨다.

◆ 목표를 달성하기 위한 최고의 혁신을 마련한다.

◆ 우리는 달성 방법을 모를 수 있고, 이 때문에 관련자들이 매우 불안해할 수 있다. 그러나 목표를 달성하지 못하더라도 우리가 무엇을 했으며 왜 그랬는지 투명하게 밝힌다. 그것만이 큰 변화를 가져올 수 있는 유일한 길이다.

그녀는 "안타깝게도 이 개념은 맥도날드 경영진 대부분에게 생소했죠."라고 덧붙였다. 맥도날드의 거대한 공급망을 이끈 디비아시는 뿌리 깊은 위험 회피 문화에 맞서 도전적인 목표를 밀어붙였다. 나는 경영진이 디비아시와 같은 입장을 갖게 만들 방법을 찾아야했다. 경영진은 나에게 달성하기 쉬운 목표를 수립하라고 요청했다. 그들의 말을 받아들여야 할까? 아니면 대담한 목표를 고수한 채 이것이 왜 기업에 가장 좋은지 임원들을 다시 설득해야 할까? 나는 선택을 해야만 했다.

임원들을 설득할 기회는 2주 후에

프라체스카 디비아시와의 개인적인 인터뷰,
2016년 2월 17일과 2017년 4월 5일.

찾아왔다. 주요 팀과 사업장을 책임지는 16명의 핵심 경영진 앞에 섰다. 팀을 대표해 그 자리에 선 나는 굴복하지 않겠다고, 평범하고 안전한 계획을 만들지는 않겠다고 다짐했다. 경영진은 맥도날드가 CSR 분야에서 최고의 지도자가 되기를 바랐다. 하지만 또 다른 한편으로는 위험을 최소화하고자 했다. 어떻게 해야 이 진퇴양난의 상황에서 벗어날 수 있을까?

나는 다른 기업이 이 사안을 어떻게 다루는지 연구자료를 보여주기로 했다. '리더십 스펙트럼과 현명한 위험 취하기 모델'을 만들었다. 낮은 위험을 취해 문제에서 벗어나는 것, 사회와 사업에 큰 영향을 미치는 대담한 리더십과 기회를 추구하는 것 사이의 균형에 관해 토론하는 것이 목표였다.

신뢰할 만한 전문가인 NGO, 사회적 책임 사업BSR과 협력한 다른 대기업들을 매트릭스에 그려 넣었다. 맥도날드를 다른 포춘지 500대 기업과 비교함으로써 우리가 얼마나 뒤처져있는지 보여주었다. 예를 들어, 유니레버는 지속 가능성 분야에서 전 세계적으로 유명한 리더였다. 고위험을 추구한 유니레버는 자그마치 100개가 넘는 대담한 목표를 수립했다. 2020년까지 수십억 명의 건강과 웰빙을 개선하는 것, 환경 발자국을 절반으로 낮추는 것 등이었다. 유니레버는 이 목표를 달성하는 방법을 아직 파악하지 못했다고 솔직하게 말했다. 나는 코카-콜라나 월마트, 스타벅스, 프록터 앤드 갬블P&G 같은 다른 기업 역시 이 표에 그려 넣었다.

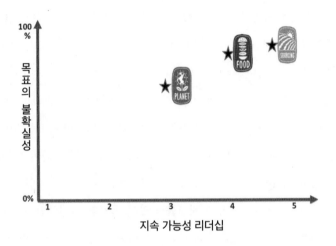

리더십 스펙트럼과 현명한 위험 취하기 모델

맥도날드는 식품, 구매, 환경에서 얼마나 앞장서 나가기를 바라는가?(가로축)와 우리는 현명한 위험을 얼마나 취할 생각인가?(세로축)를 기준으로 삼았는데, 이 방법은 효과적이었다. 위험을 거부하는 임원들의 태도가 조금씩 누그러지는 것이 느껴졌다. 내가 사용한 두 번째 도구는 간략한 조사였다. 포춘지 상위 50대 브랜드를 연구해 그들이 지속 가능성 목표를 수립했는지, 그랬다면 얼마나 많이 수립했는지 분석했다. 목표를 수립하지 않은 기업은 6개에 불과했다. 대부분의 기업이 4개에서 6개의 대담한 목표를 갖고 있었다. 직접적인 언급을 하지 않고도 맥도날드가 평균보다 뒤처졌다는 것을 보여주있나.

다음으로 얼마나 많은 대형 기업이 목표를 달성하지 못하더라도 문제없이 성장하는지 설명했다. 맥도날드 경영진은 목표를 달성하지 못할 경우 대중이나 NGO의 비난과 소송 문제에 직면할까 염려했다. TFA 소동 같은 사건이 또 일어날 수 있다고 말이다. 나는 스타벅스에서부터 P&G에 이르기까지 몇몇 기업을 언급한 뒤 명시한 목표를 달성하지 못한 사례를 보여주었다. 각 기업은 홍보팀을 통해 그들이 왜 목표를 달성하지 못했는지, 어떻게 목표를 조정했는지 설명했다. 실패한 이들도 계속해서 NGO 단체의 지지를 받았다. 목표를 달성하진 못했지만 모든 것을 투명하게 공개했고 열심히 노력했으며 발전을 이루었기 때문이었다. 외부 이해관계자들은 결과보다 의미 있는 목표를 수립하고 집중적인 노력을 쏟으며 문제나 난관, 발전 사항을 솔직히 밝히는 태도를 바란다고 설명했다.

예를 들어 스타벅스는 2012년에 '2015년까지 5%의 커피를 재활용 가능한 컵에 제공하겠다'는 대담한 목표를 수립했다. 하지만 그들이 달성한 비율은 1.8%에 불과했다.[130] 약간의 비난도 있었지만, 이해관계자 대부분은 노력하고 나름의 발전을 이루었으며 문제를 솔직히 밝힌 스타벅스에 박수를 보내주었다. 내가 경영진에게 말하고 싶은 부분이었다. 이 같은 사례는 CSR과 관련해 수립된 목표가 지키지 않으면 벌금을 물거나 심지어 투옥되는 법이나 규제와는 다르다는 사실을 보여주었다.

130
2014년 스타벅스의 글로벌 책임 보고서, 8~9페이지 참고

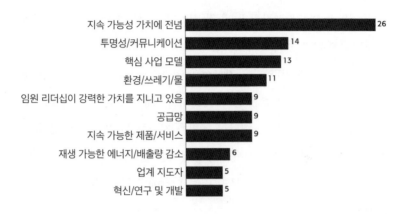

기업이 지속 가능성 지도자로 여겨지는 이유

지속 가능성 가치에 전념	26
투명성/커뮤니케이션	14
핵심 사업 모델	13
환경/쓰레기/물	11
임원 리더십이 강력한 가치를 지니고 있음	9
공급망	9
지속 가능한 제품/서비스	9
재생 가능한 에너지/배출량 감소	6
업계 지도자	5
혁신/연구 및 개발	5

글로브스캔의 지속 가능성 리더십 특징 연구

　　마지막으로 사회적, 환경적 리더십에 대한 기대를 담은 글로브스캔GlobeScan의 지속 가능성 리더십 특징 연구[131] 결과를 보여주었다. 이 보고서를 통해 리더십은 우리가 하는 일(What)과 하는 방법(How)의 결합을 의미한다고 강조했다. 경영진은 CSR이나 지속 가능성 분야의 지도자라는 것을 입증하는 유일한 방법이 일(What)이라고 생각했다. 그러나 방법(How)도 그에 못지 않게 중요하다. 연구의 목록을 보면 방법에 관한 항목이 나와 있는데 여기에는 가치, 투명성, 핵심 사업, 업계 리더십, 혁신이 포함되어 있다. 이해관계자는 성과 뿐아니라 기업이 왜 그런 일을 하는지, 얼마만큼 솔직하고 개방적인지, 어떻게 이해관계자의 말에 귀 기울이고 그들에게서 배우는지, 발전 사항뿐 아니라 문제도 보고하는지 알고 싶어 한다.

리더십 스펙트럼과 지속 가능성 벤치마킹, 지속 가능성 리더십 특징 연구는 아드레날린 같은 효과가 있었고 덕분에 토론은 활기를 띠었다. 경영진은 결국 우리의 대담한 계획을 지지하게 되었다. 몇 가지 보충 사항이 있었지만 우리가 사회에 긍정적인 변화를 가져올 미래를 위한 지속 가능성 로드맵을 마무리 짓는 단계에 있다는 것을 확신할 수 있었다.

공통의 가치 목표 수립하기

맥도날드 경영진을 설득할 방법을 고심하던 당시 나에게 가장 큰 영향을 미친 것은 '공통의 가치' 개념이었다. 기업 경영 전문가 마이클 포터와 마크 크레이머가 2011년 〈하버드 비즈니스 리뷰〉 1월/2월 호에서 소개한 내용이었다. '공통의 가치 창조하기: 자본주의를 재창조하고 혁신과 성장의 물결 낳기'[132]라는 제목의 기사는 기업 내 CSR을 뿌리내리는 가장 확실한 방법을 가르쳐주었다. '공통의 가치'는 'CSR과 지속 가능성'을 부수적인 업무로 취급해 자선활동처럼 선행에 초점을 맞추는 대신 기업의 가치와 사회적 가치를 연결함으로써 또 다른 성장의 장으로 마련해주는 '핵심 사업 분야'로 재창조해준다.

**사회에 긍정적인 영향을 미침으로써
사업 성장시키기**

BUSINESS
VALUE
사업적 가치

SOCIAL
VALUE
사회적 가치

OUR JOURNEY TOGETHER.
FOR GOOD.
선을 위해 함께하는 여정

맥도날드 2020 지속 가능성 체계의 주요 근거로 사용한 공통의 가치 모델

공통의 가치 모델은 맥도날드의 지속 가능성 계획을 공고히 하는 데 필요한 결정적 한 방이었다. 맥도날드의 사고방식을 바꿔야 했다. 그동안 우리는 CSR을 선행으로만 보아왔고, 재정적인 이득이 되지 않는 요소로 파악했다. 하지만 경영진이 CSR에 적극적이도록 만들려면 CSR이 사업의 성장과 번영에 도움이 되는 확실한 전략임을 보여주어야 했다. 맥도날드에서 일하면서 "CSR은 우리가 빅맥을 파는 데 도움이 되지 않는다."는 식의 말을 수없이 들어왔다. 하지만 이제 나에게는 이 깊은 분위기를

마이클 포터와 마크 크레이머, "공통의 가치 창조하기", 〈하버드 비즈니스 리뷰〉, 2011년 1/2월호

바꿀 전략이 있었다. 바로 공통의 가치였다. CSR을 재고하는 근본적인 방법으로 공통의 가치를 채택하고, 기회가 될 때마다 모든 회의에서 맥도날드의 공통 가치 체제를 언급했다.

내부 이해관계자가 특정 목표를 추구할지 의문을 제기하면 공통의 가치 체제를 이용해 사업에 가장 중요하면서도 사회에 영향을 미치는 사안에 집중할 거라고 말했다. 이는 사회에 가치를 제공할 뿐 아니라 판매, 비용 절감, 브랜드 강화를 비롯한 사업적 이득을 맥도날드에 가져다줄 것이다. 맥도날드의 공통 가치로 무장한 나는 CSR팀과 협력해 십수 개의 광범위한 지속 가능성 계획을 수립했다.

구매 기둥

지속 가능성에 있어 식품은 가장 중요한 요소였다. 지속 가능한 방식으로 식품을 조달하는 방법은 영향력이나 파급 효과 면에서 우리에게 가장 중요한 기둥이었다.

디비아시가 이끄는 공급망팀은 인증받은 지속 가능한 출처에서 모든 식품과 포장 용기를 구매한다는 대담한 목표를 세웠다. 9장과 10장에서 살펴본 것처럼 맥도날드는 2016년까지 지속 가능한 소고기를, 2020년까지 지속 가능한 어류, 커피, 야자유, 포장 용기만을 구매하겠다는 목표를 세웠다.

환경 기둥

지속 가능성 계획을 실행하기 위해 리더십 체제를 만들었다. 경영진이 각 기둥을 이끌도록 할 생각이었다. 환경 기둥은 매장 운영과 관련된 사안이었기에 오랜 친구이자 동료인 켄 코지올을 찾아갔다. 그는 글로벌 업무 담당 최고 책임자이자 부사장이었다. 이전에 협력한 경험 덕분에 그에게 지속 가능성 개념을 또다시 소개할 필요가 없었다. 코지올은 나의 제안을 받아들였고 우리는 환경에 이로운 에너지 및 재활용 목표를 수립했다.

에너지는 쉽고도 어려운 문제였다. 맥도날드는 전 세계적으로 연간 20억 달러에 해당하는 에너지를 사용했다. 맥도날드 같은 식품 서비스 매장은 단위 면적 당 에너지 사용량이 상당히 높다. 매장에는 조리시설, HVAC 시스템, 조명, 냉장/냉동고 등이 넘쳐나고, 좁은 공간에 놓인 이 시설들은 동시에 가동된다. 오늘날 맥도날드가 전 세계 36,000개 매장을 운영하는 데 필요한 에너지는 250만 명의 거주민에게 필요한 양과 맞먹는다.

우리는 새로운 매장에서 20% 이상의 에너지를 절약하겠다는 목표를 세웠다. 하지만 예산과 실질적인 한계를 고려하면 얼마나 많은 개보수를 실행할 수 있을지 알 수 없었다. 투자를 위해 자본을 이용하는 문제가 난관이었다. 재정적 보상은 보통 3년에서 5년 후에 이뤄진다. 에너지에 투자하려면 더 나은 수익을 가져오거나 다른 사업 기회에 사용될 자본을 희생해야 했다. 하지만 에너지 문제를 해결하면 가 매장은 향후 연간 6천 달러에서 1만 달러를 절약할 수 있기 때문에 포기할 수 없는 문제였다.

또 다른 문제는 가맹점을 이 목표에 포함할지 여부였다. 냉정하게 말하면 가맹주는 독립적인 사업자였다. 우리는 그들에게 이 목표를 받아들이라고 강요할 수 없었다. 결국 맥도날드 직영 매장만을 목표 대상으로 한정해 2020년까지 에너지 효율성을 20% 향상한다는 내용을 담았다. 에너지 효율성을 높임으로써 맥도날드는 가장 큰 사회 문제(가령 기후 변화)를 해결하고 탄소발자국을 줄이고자 했다.

기후 변화

환경 및 구매 관련 목표를 수립하는 데 참여한 모든 팀은 맥도날드가 기후 변화에 있어 진보적이기를 바랐다. 나는 기후 변화와 관련해 선제적인 정책을 수립하기 위해 지난 10년 동안 꾸준히 노력했고, 이를 2020 지속 가능성 체제에 포함하기로 했다.

맥도날드에서 막 일을 시작한 제프 호그는 맥도날드 내부 팀을 비롯해 핵심 외부 고문인 WWF와 협력해 목표를 작성했다. 나는 최대한 정치적으로 중립적인 언어를 사용하라고 조언했다. 이 논의가 정치적인 논쟁으로 번지기를 바라지 않았다. 호그는 모두가 만족할 만한 초안을 완성했는데, 다른 팀에서 추가 의견이 나왔다. 공급망 최고 책임자 호세 아마리오가 한발 더 나아가 온실가스 방출량 경감 목표를 세우라고 한 것이다. 수년 동안 내부의 저항만을 겪었던 터라 그의 제안이 꽤 고무적이었다. 하지만 고위 경영진을 설득할 수 있을지 확신이 들지 않았다. 중간 정도만 해도 큰 발전일 때가 있다. 또한 더 큰 발전을 위해서 중간 단계를 거쳐야 할 필요가 있다. 내 목표는 그 지점이었다.

십수 번 더 다듬고 법무팀과 공사팀의 승인을 받은 뒤에야 최종 버전이 완성되었다. 최종 버전을 작성하는 데 도움을 준 WWF는 이 목표를 대형 브랜드치고는 '평범한 수준'이지만 퀵 서비스 매장 산업의 지도자다운 목표라고 평가했다. 이 목표를 승인받은 것이 내가 맥도날드에서 수행한 업무 중 가장 뿌듯한 일이었다. 우리가 마주할 장기적인 저항을 고려할 때 마지막 단락이 특히 만족스러웠다.

맥도날드와 자회사는 기후 변화가 미래 세대에 미칠 광범위한 영향을 전 세계적인 문제라고 생각합니다. 우리는 제5차 기후 변화에 관한 정부 간 협의체IPCC(Intergovernmental Panel on Climate Change)의 결과를 인정합니다. "인간이 기후 시스템에 미치는 영향이 자명하며 기후 변화를 줄이기 위해서는 온실가스 배출량을 계속해서 줄여야 한다."는 결과 말입니다. …… 맥도날드는 기후 변화가 사업적, 사회적으로 중요한 사안이라고 생각합니다. 책임 있는 기업이자 대표적인 글로벌 브랜드로서 우리의 규모와 위치를 이용해 사업이 기후 변화에 미치는 영향을 줄일 것입니다.

나는 더 대담한 계획을 세우도록 나를 밀어붙여 준 아마리오에게 고마운 마음이다. 우리의 계획이 승인받을 수 있었던 것은 고위 경영진인 그의 지지 덕분이었다.

재활용: 생각보다 힘든 과제

재활용 관련 목표를 수립하는 일은 에너지 절감 목표를 수립하는 일과 달랐다. 에너지 효율을 꾀하기 위한 해결책은 있었지만, 맥도날드의 식품과 포장 용기를 처리하기 위한 방법은 거의 없었다. 케첩, 시럽, 남은 음식 등으로 악취가 풍기는 맥도날드의 온갖 쓰레기는 재활용업체에서 환영받지 못했다.

게다가 맥도날드의 포장 용기는 80% 이상이 종이였지만, 그 안에도 플라스틱이나 왁스 합판을 비롯해 다른 비 유기물이 포함되어 있었다. 가령 고객 대부분이 종이컵을 '종이'라고 생각하지만, 여기에는 플라스틱 합판이 10% 함유되어 있다. 식품이나 음료의 온도를 보존하기 위해서이다. 하지만 재활용업체가 원하는 것은 신문 같은 순수한 종이였다. 재활용 가능한 물질은 주로 두 가지였다. 맥도날드 매장에 식품과 종이 제품을 배송하기 위해 공급업체가 사용하는 골판지 용기가 가장 높은 비율을 차지했다. 그다음은 사용하고 남은 식용유로, 가공업체는 이를 바이오디젤유로 바꾸었다.

재활용을 통해 경제적인 이득을 취할 수 있을 거라고 생각하지만,

맥도날드의 쓰레기 청구 비용은 비교적 낮다. 이해관계자에게 맥도날드 매장이 쓰레기 처리에 평균적으로 얼마의 비용을 사용할지 묻곤 한다. 보통 1년에 10억 달러 정도를 추정하는데, 미국 내 맥도날드 매장이 매년 생산하는 20억 파운드가 넘는 쓰레기를 처리하는 데에는 2억 달러밖에 들지 않는다. 매장 한곳의 에너지 청구서가 75,000달러였던 것과 비교하면 경미한 금액이다.

2014년, 전 세계적으로 맥도날드 매장의 쓰레기 재활용 비율은 평균 35%였다. 맥도날드 유럽은 이미 매장 쓰레기의 50% 이상을 재활용하고 있었으며 2020년까지 이 비율을 70%로 높이겠다는 계획이 있었다. 우리 팀은 2020년까지 전 세계 매장 내 쓰레기의 재활용 비율을 평균 50%로 높인다는 목표를 세웠다. 재활용 비율을 높이기 위한 기술이 아직 마련되지 않은 상태이며 소비자 참여가 필요한 점(우리의 생각과는 달리 소비자들은 식사를 마친 뒤 굳이 분리수거를 하려 하지 않았다)을 고려할 때 지나치게 높은 비율일지도 모른다.

식품 기둥

영양학적인 우려를 잠식시키는 문제는 맥도날드가 10년 동안 겪고 있는 딜레마다. 맥도날드 제품을 아동 비만의 원인으로 몰아세우는 공격에 대해서는 5장에서 구체적으로 살펴보았다.

나는 내 선상을 비롯해 내중의 진깅에 관심이 많다. 미민은 이 시대의 가장 심각한 문제 중 하나다. 중요한 것은 이 문제를 해결하는 데 있어 맥도날드가 해야 하는 역할이다. '건강한 음식'이라는 개념은 복잡하다. 건강한 식습관은 자신의 삶을 위해 좋은 음식을 선택하는 생활방식이기 때문이다. 건강한 생활방식은 식품 섭취, 신체 활동, 유전적 요인, 감정적 요인 등 수많은 요소로 이루어진다.

나는 우리가 판매하는 주요 제품에 아무런 문제가 없다고 생각했다. 누가 빅맥을 먹을 수 없는 음식이라고 말할 수 있겠는가? 이 같은 사실을 염두에 둔 채 나는 맥도날드가 다양한 열량과 영양학적 선택사항을 갖춘 여러 메뉴를 제공함으로써 식품을 균형있게 제공할 책임이 있다고 주장했다. 설탕이나 소금, 열량, 우리가 내부적으로 '죄악의 재료'라 부르는 지방 함유량 등을 줄이되 맛에는 변함이 없도록 하려면 어떻게 해야 할지 논의했다. 이는 여전히 일회용 용기를 사용하지만 작고 가벼우며 환경에 이로운 용기를 만들기 위해 계속해서 노력 중인 포장 용기 사안과 비슷하다.

우리가 더욱 균형 잡힌 선택과 영양학적 개선을 추구하려고 노력하는 것은 고객이 맥도날드를 더 자주 방문하기를 바라기 때문이다. 고객은 한 달에 평균 두, 세 번 맥도날드를 찾는다. 영양학적으로 나은 메뉴를 추가한다면 고객의 방문율을 높일 수 있을 것이다. 우리는 2020 지속 가능성 체제에 과일과 야채 판매량을 두 배로 높이고 죄악의 재료를 더욱더 줄이겠다는 목표를 포함했다.

사람 기둥

사람과 관련해서는 구체적인 목표를 수립하지 않기로 했다. 맥도날드는 5천 명의 자영업자가 90%의 매장과 그곳에서 일하는 사람을 관리하는 프랜차이즈 기업이기 때문이다. 우리는 그들에게 인력 정책을 명령할 수 없기 때문에 사람과 관련된 사안에 있어서 크게 관여하지 않았다. 하지만 다양한 청중을 대상으로 CSR을 설명하는 등 대중과 만나는 시간이 많을수록 맥도날드의 낮은 임금에 이의를 제기하는 경우도 늘어났다. 나는 그때나 지금이나 이렇게 변호한다.

맥도날드의 사업 모델은 단시간 근무 노동자를 위한 것이다. 그들의 업무는 초보적인 수준이며, 고도의 기술이나 교육을 필요로 하지 않는다. 첫 근무치고 맥도날드는 최고의 일자리를 제공한다. 직원들은 규율과 성실, 협력, 팀워크 등을 배우며, 아무런 기술 없이 일자리에 뛰어든 이들에게 승진 기회도 준다. 수천 명이 감독관이나 관리자, 심지어 가맹주로 승진할 수 있고 그에 따라 충분한 임금을 받을 수 있다.

맥도날드의 프랜차이즈 부사장 코디 티츠는 2012년《황금 기회: 맥도날드에서 시작하는 화려한 경력Golden Opportunity: Remarkable Careers that Began at MacDonald's》이라는 책을 썼다. 그녀는 이 책에서 유명 인물이 어떻게 맥도날드에서 일을 시작했으며 그곳에서 배운 교훈이 경력을 쌓는 데 어떠한 도움이 되었는지 수많은 사례를 전한다. 나는 맥도날드가 사회에서 맡은 역할을 티츠가 정확히 기술했다고 본다. 우리는 직원들에게 배우고 성장할 기회를 준다.

커뮤니티 기둥

커뮤니티 기둥의 공식 지원자, J. C. 곤살레스 멘데즈는 이 분야의 목표 수립이 식은 죽 먹기라고 생각했다. 그는 "커뮤니티 문제는 어렵지 않을 거로 생각했죠. RMHC에 집중적으로 투자할 테니까요."[133]라고 말했다. 하지만 내 생각은 조금 달랐다.

RMHC는 필라델피아에서 시작되었다. 필라델피아 이글스에서 뛰던 프레드 힐에게 백혈병을 앓는 딸이 있었다. 팀원들은 10만 달러가 넘는 기금을 모아 필라델피아 아동 병원의 종양학자 오드리 에번스 박사 팀에 전달했다. 병원은 이 기금을 시작으로 입원한 자녀가 있는 가족들이 병동 아닌 곳에서 적절한 휴식을 취할 수 있도록 집을 지으려고 했는데 이를 위해서 32,000달러가 더 필요했다.

맥도날드의 지역 관리자이자 훗날 회장이 된 에드 렌시가 선뜻 병원에 손을 내밀었다. 맥도날드는 이글스 선수들을 광고 캠페인에 활용하고 샴록 쉐이크(맥도날드에서 세인트 패트릭 데이가 있는 3월에만 한정적으로 파는 초록색 밀크 쉐이크. 샴록은 아일랜드어로 토끼풀이라는 뜻임-옮긴이) 판매 수익을 기부하겠다고 제안했다. 대신 지어진 집을 로널드 맥도날드 하우스라 불러 달라고 요청했다. 병원은 제안을 수락했고 1974년 10월 15일, 로널드 맥도날드 하우스가 처음 문을 열었다. 그후 로널드 맥도날드 하우스는 계속해

133
J. C. 곤살레스 멘데즈와의 개인적인 인터뷰, 2017년 6월 6일.

134
맥도날드 영국 웹사이트, "RMHC의 역사", http://www.rmhc.org.uk/who-we-are/history-of-rmhc/.

서 전국으로 퍼져나갔다.[134]

나는 수년 동안 RMHC에서 국가 보조금을 나눠주는 일 등 다양한 업무를 수행했다. 맥도날드는 RMHC를 통해 훌륭한 업적을 달성했는데, 단순히 홍보 차원에서 지원한 것은 아니었다. 이는 전 세계 수많은 사람을 향한 진정한 열정에서 우러나온 행동이었다. 맥도날드는 자선단체를 운영할 직원을 제공하지만, 그들은 맥도날드 매장 사업과는 의도적으로 격리된다. 모두가 RMHC를 맥도날드가 소유하고 있다고 믿지만, 맥도날드와 RMHC의 관계는 보여지는 것과 전혀 다르다. RMHC는 독립적인 비영리 단체로 맥도날드와 RMHC 사이에는 엄격한 벽이 있다. 곤살레스 멘데즈는 "맥도날드가 RMHC를 통해 추구하려는 목표를 설정하기가 쉽지 않았습니다. 방화벽이 너무 크고 높아서 침투가 불가능했죠."라고 말했다.

하지만 2013년 10월 말 상황은 이상하게 흘러갔다. '맥도날드, 로널드 맥도날드 하우스를 이용하다'라는 기사가 나온 것이다. 기사는 기업의 책임Corporate Accountability이라는 NGO가 작성한 '자선단체에 아부하다: 맥도날드는 어떻게 자선활동을 남용하고 아이들을 겨냥하는가'라는 보고서 내용을 요약했다. 보고서의 주된 주장은 맥도날드가 자선단체에 제공하는 액수가 보잘 것 없다는 사실이었다. 전 세계적인 기업이 충분한 돈을 기부하지 않는다고 했으며,[135] 〈포브스지〉 역시 이와 비슷한 내용의 기사를 실었다.

2011년, 맥도날드는 RMHC를 비롯한 기타 자선단체에 3,400만 달러의 현금과 현물(햄버거, 프렌치프라이, 직원 자원봉사 활동)을 기부했다. 보고서에 따르면 이 금액은 맥도날드의 순수입인 55억 달러의 0.08%에 불과하다. 이는 얌 브랜드(타코벨과 KFC)나 코카-콜라 같은 비슷한 기업의 기부액에 훨씬 못 미치는 액수다. 반면 2012년, 맥도날드의 고객은 기부 상자를 통해 5천만 달러가 넘는 금액을 기부했다. 기업이 기부한 금액보다 고객이 기부한 금액이 1.5배나 높았다.[136]

자선 활동의 성공을 어떻게 측정해야 할까? 재정적인 기부만 측정한다면 맥도날드는 평균에 미치지 못한다. 하지만 사회에 미치는 실질적인 영향을 측정한다면 맥도날드의 RMHC 지지 활동은 그 무엇보다도 훌륭하다. 곤살레스 멘데즈는 이렇게 말했다.

저는 RMHC보다 많은 선행을 베푼 곳은 없다고 생각합니다. 음료 판매 수익의 89%가 이 프로그램에 기부됩니다. 2016년, RMHC는 360개 하우스와 200개 로널드 룸

135
C. 자라, "해당 보고서, 맥도날드가 약소한 재정 지원으로 로널드 맥도날드 하우스를 이용한다고 주장", 〈인터내셔널 비즈니스 타임스〉, 2013년 10월 29, http://www.ibtimes.com/mcdonalds-corp-mcd-exploits-ronald-mcdonald-house-despite-giving-scant-financial-support-report.

136
B. 호프만, "해당 보고서, 맥도날드가 기부금에 인색하다고 주장", 〈포브스지〉, 2013년 10월 30일, https://www.forbes.com/sites/bethhoffman/2013/10/30/report-finds-mcdonalds/skimps-on-charity-donations/#7ae49b7228b3.

을 통해 7백만 명의 아이들에게 도움을 주었습니다. RMHC에는 347,000명의 자원봉사자가 있습니다. 이들은 아이들과 가족들에게 가장 필요한, 유대감이라는 약을 제공하죠.

다른 기업도 자선활동 재단을 만들고 자선단체에 수많은 돈을 기부한다. 이 역시 좋은 일이다. 하지만 맥도날드는 우리가 선택한 특정 자선단체를 집중 지원함으로써 자선 활동의 모델이 되고 있다. 나는 공급업체나 가맹주를 포함한 모든 맥도날드인이 돈으로는 측정할 수 없는 훨씬 많은 것을 RMHC에 전한다고 믿는다.

보고서에서 더욱 모욕적이었던 것은 맥도날드가 자선단체를 이용해 브랜드를 강화한다는 주장이었다. 보고서는 맥도날드를 자선활동에 연결함으로써 "맥도날드가 감정적인 마케팅 전략을 이용하는 한편 비평가로부터 자사를 보호하고 있다."[137]고 했다. 맥도날드는 이 같은 주장을 반박했다. ABC 뉴스에 제공한 보도자료에서 맥도날드의 기업 관계 상무 브리겟 코핑은 이렇게 말했다.

[137] 기업의 책임 웹사이트, "자선단체에 아부하다: 맥도날드는 어떻게 자선활동을 남용하고 아이들을 겨냥하는가", https://www.corporateaccountability.org/resources/clowning-around-with-charity-how-mcdonalds-exploits-philanthropy-and-targets-children/.

보고서는 진실을 오도하고 있다. 우리는 이 같은 주장이 반박할 가치조차 없다고 생각했으나 이는 RMHC를 계속해서 지원하는 맥도날드 직원, 프랜자이스 가맹주, 공급업체, 고객에게 해

를 끼치는 일이다. 보고서는 우리 브랜드를 향한 공격이며, 이 과정
의 희생양은 RMHC의 도움을 받는 수백만 명의 가족이다. 맥도날
드는 자기 잇속만 차리는 편향적인 보고서를 부인하는 바이며 우
리가 RMHC를 비롯한 전 세계 다른 자선단체에 해왔으며 앞으로
도 계속해서 수행할 재정적인 지원과 봉사활동 시간을 자랑스럽게
여긴다.[138]

나는 코핑의 주장에 전적으로 공감한다. RMHC를 순수하고 깨끗
한 미국 내 최고의 자선단체로 유지해야 한다. 나는 RMHC를 대상으로
특정한 커뮤니티 목표를 수립하지 않은 것에 낙담하지 않는다. 사회에
환원하는 일은 보편적인 접근법을 취할 수 있는 활동이 아니다. 커뮤니
티마다 요구 사항이 각기 다르기 때문이다.

전 세계 컨벤션에서 소개된 지속 가능성

맥도날드의 2020년 지속 가능성 체제는 2014년 초에 완료됐다. 우리
가 이 임무를 완수하는 데에는 제프 호
그의 공이 컸다. 그는 2년 동안 137개
버전의 지속 가능성 체제를 작성했다.
오랜 시간 내외부적으로 관여한 수많
은 이해관계자와 그로 인한 온갖 변화

[138]
S. 킴, "맥도날드, 인색한 자선기금으로
비난받다", 〈ABC 뉴스〉, 2013년 10월
31일, http://abcnews.go.com/Business/
mcdonalds-accused-stiffing-
ronald-mcdonald-house-charities/
stroy?id=20720859.

를 고려할 때 이 절차가 관료주의적이라 생각할지도 모르겠다. 하지만 이는 정반대의 과정이었다. 호그는 이렇게 말했다.

정말 힘들었습니다. 하지만 그것만이 유일한 방법이었죠. 사람들이 직접 나서서 발전을 꾀하고 변화를 이끌도록 만들기 위해 한층 더 노력해야 했지만 그럴 만한 가치가 있었습니다.[139]

톰슨은 2년에 한 번씩 열리는 전 세계 컨벤션에서 맥도날드의 관계자에게 지속 가능성 체제를 소개하고 싶어 했다. 그는 WWF의 CEO 카터 로버트가 도와주기를 바랐다. 톰슨과 로버트는 여러 번 만난 뒤 의견의 일치를 봤다. 2014년 5월 1일, 수많은 맥도날드 관계자가 모였다. 12년 전 코지올이 공급업체의 차디찬 침묵 속에 지속 가능성을 소개했던 곳이었다. 이날 로버트가 제일 먼저 연사로 나섰다. 그의 앞에는 15,000명의 맥도날드 지도자, 공급업체, 가맹주가 있었다.

나는 흥분한 마음으로 무대가 잘 보이는 앞줄에 자리를 잡고 앉았다. 지속 가능성이 집중 조명을 받기는 처음이었다. 여기에 오기까지 걸린 시간을 생각했다. 지그재그로 놓인 길을 따라 마라톤 경주를 마친 기분이었다. 이제 우리는 도착점에 서 있었다. 선제적인 지속 가능성 전략이 우리를 새로운 길과 여정으로 이끌 터였다.

139
제프 호그와의 개인적인 인터뷰, 2017년 5월 22일.

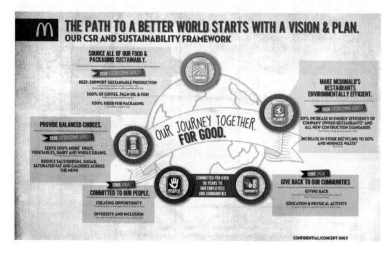

맥도날드의 2020 CSR 및 지속 가능성 체제

로버트가 무대에 올랐다. 로버트는 "톰슨, 초대해주셔서 감사합니다. 발표한 지속 가능성 목표와 체제에 대해 축하드리고요. 이 목표와 체제는 정말 중요합니다."[140]라는 말로 연설을 시작했다. 나는 '선행을 위해 함께 하는 길'을 만들기 위한 대담한 여정을 생각했다. 로버트는 계속해서 이렇게 말했다.

맥도날드는 제품의 올바른 구매와 에너지의 올바른 사용으로 대양과 삼림의 파괴를 줄이는데 일조했습니다. 이런 노력 안에서 WWF는 맥도날드의 파트너임을 감사하

[140] 카터 로버트와의 이메일 서신, 2018년 6월 18일.

게 생각합니다. 물론 쉬운 일은 아닐 것입니다. 하지만 끝까지 해내기를 바랍니다. 결국, 고객들은 자신들의 터전인 이 지구를 보호하기 위해 맥도날드의 노력에 보답할 것입니다.

마지막으로 로버트는 딸의 건강에 관한 개인적인 이야기를 꺼냈다. 집에서 멀리 떨어진 미니애폴리스 RMHC에서 그의 가족들이 얼마나 위안을 받았는지 전했다. 로버트는 목이 메는지 말을 잠시 멈춘 후 이제 건강해진 열두 살 된 딸아이와 아내를 소개했다. 15,000명의 관객 모두가 기립박수를 쳤다. 로버트는 감사의 표시로 목례한 뒤 다음과 같은 말로 연설을 마쳤다.

우리 가족과 WWF를 대신해 감사의 인사를 전하고 싶습니다. 지속 가능성을 위해 끝까지 노력해 우리의 터전을 보호하는 데 기여했을 뿐 아니라 저에게, 제 아내와 딸 그리고 우리 시대에 절실한 집을 제공해준 맥도날드에 정말로 감사합니다. 신의 축복이 있기를.

맥도날드에서의 나의 업무는 2015년 3월 1일에 끝났다. 새로운 지속 가능성 체제가 실행되자 난 은퇴를 결심했다. 화려한 순간에 떠나고 싶었다. 이미 맥도날드에서의 내 여정이 정점에 달했다고 생각했다.

글로벌 공급망 최고 책임자 자리에 오른 디비아시가 내 뒤를 이었나. 맥노날느는 시속 가능성에 관해 세속 노릭하고 있나. 케이시 프리 달걀에 관한 새로운 사항을 공표했으며 2025년까지 모든 매장에서 재활용이 가능하도록 계획을 세우고 있다. 또한, 지속 가능한 소고기에 관해 추가 목표를 수립하고 해피밀 메뉴 개선에 집중하고 있으며 기후 변화에 관해 더욱 공격적인 입장을 취하고 있다.

지속 가능성은 끝나지 않는 여행이다. 사안과 사회, 기대는 계속 변하기 마련이다. 내가 걸으며 만들어간 체제 역시 계속해서 바뀌고 진화할 것이다.

좋은 사업의 미래는 지속 가능성에 있다

오늘날의 지도자는 맥도날드의 지속 가능성 여정을 교훈으로 삼아야 한다. 발전을 위한 변화는 늘 가능하며 지도자라면 재정적인 수완과 비 재정적인 수완 둘 다 지녀야 한다. 지도자는 공통의 가치를 사업 성장의 핵심 요소에 통합해야 한다. 기업의 성공 모델은 수익과 목적 간에 균형을 이루는 것이다. 사업에 좋은 일과 사회에 좋은 일을 하는 것, 이 둘은 반대가 아니다. 올바른 사업을 위해서는 이 두 가지 모두가 필요하다.

좋은 일을 하려는 투쟁은 여전히 진화 중이며, 이제는 투쟁이라기보다는 성공적인 사업의 기본적인 요소에 가까워지고 있다. 업계 지도자가 이해관계자의 참여를 장려하고 민감한 사회 문제 해결을 두려워하지 않게 되면서 투쟁은 기회가 되고 있다. 과거 선제적이고 전략적인 지속 가능성 체제를 개발하면서 많은 기업이 경험한 것처럼 내외부적으로 전쟁을 펼칠 필요는 없다.

〈포춘지〉 500대 기업 대부분이 CSR 보고서를 작성하고 담당자를 두고 있지만 그렇다고 해서 이 개념이 온전히 통합된 것은 아니다. CSR, 지속 가능성, 공통의 가치 체제를 핵심 사업에 통합하는 기업, 즉 경영진이 나서서 이를 주요 안건으로 논의하는 사례는 여전히 극소수다. 하지만 지금이야말로 실행에 나설 때다. 이제 기업은 사업과 사회에 좋은 일을 위해 지속 가능성 전략을 개발해야 한다.

역경 끝에 얻은 너겟
Hard Knock Nuggets

지속 가능성 체제의 본보기

CSR과 지속 가능성 사안은 기업을 번성 또는 마비시킬 수 있다. 이 같은 사안과 관련해서는 활동가나 소비자를 비롯한 기타 이해관계자의 공격에 굴복하는 대신 선제적인 입장을 취하는 편이 좋다. 그러기 위해서는 기업의 CSR, 지속 가능성 전략을 개발해야 한다. 콘텍스트 네트워크Context Network와의 협력으로 개발한 이 체제는 훌륭한 본보기가 될 것이다. 비전, 원칙, 기둥, 참여, 목표, 책임이라는 여섯 가지 요소로 이루어져 있는 체제를 하나씩 살펴보도록 하자.

➡ 비전 : 고무적인 비전 수립하기
- 직원과 공급업체, 고객, 핵심 외부 이해관계자에게 동기부여하고 그들을 고무시킬 수 있는 비전을 수립한다.
- 이 비전을 수익 이외의 목적에 결부시킨다.
- 비전을 사업 목표로 만들지 않는다. 비전은 사업적, 사회적 열망이 되어야 한다.

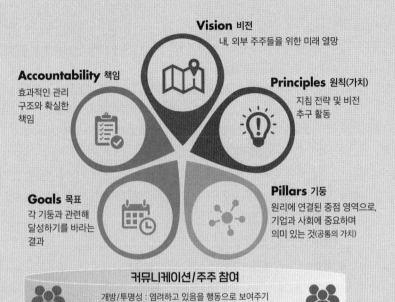

Vision 비전
내, 외부 주주들을 위한 미래 열망

Accountability 책임
효과적인 관리
구조와 확실한
책임

Principles 원칙(가치)
지침 전략 및 비전
추구 활동

Goals 목표
각 기둥과 관련해
달성하기를 바라는
결과

Pillars 기둥
원리에 연결된 중점 영역으로,
기업과 사회에 중요하며
의미 있는 것(공통의 가치)

커뮤니케이션/주주 참여
개방/투명성 : 염려하고 있음을 행동으로 보여주기
듣기/배우기/적응하기/변하기

콘텍스트 네트워크와 협력해 개발한
지속 가능성 전략 체제

➔ **원칙(가치) : 기반 다지기**

- 기업의 가치를 지속 가능성 체제의 기본에 둔다. 가치는 기업의 문화와 사업 수
  행 방식을 규정한다.
- 지속 가능성을 특정한 틀 안에 가둔 채 부수적인 요소로 취급하지 않는다. 좋을
  때나 나쁠 때나 가치는 늘 사업에 꾸준한 영향을 미치는 힘이 되어야 한다.

➜ **기둥 : 초점 대상 수립하기**

- 3개에서 5개 정도 주요 과제를 수립한다. 각 기둥을 이끌 지도자(공급망, 마케팅, 운영 책임자)를 임명한다.
- 각 기둥에서 추구하고자 하는 열망을 수립한다. 맥도날드 공급망은 '우리는 모든 식품과 포장 용기를 인증받은 지속 가능한 출처에서 구매할 것이다.'라는 열망을 수립했다. 열망은 모든 관계자가 같은 마음을 가지고 같은 방향으로 나아갈 수 있도록 해주는 장기적인 목표다.
- 기둥을 재설정하지 않는다. 기업 대부분에는 비슷한 기둥이 있다. 물론 행동 방침은 사업의 성격에 따라 각기 다르지만 많은 기업이 사람, 커뮤니티, 다양성/포괄, 구매, 환경과 관련된 기둥을 갖고 있다.

➜ **목표 : 활동을 추동하기 위한 효과적인 목표 수립하기**

- 각 기둥별로 몇 가지 목표를 수립한다. 구체적이고 측정 및 수행 가능하며 시기적절한(SMART) 목표여야 한다.
- 도전적인 목표를 수립한다. 도전적인 목표가 없으면 혁신을 꾀할 수 없다.
- 이해관계자와 협력해 유형물 매트릭스를 그린다. 사회와 사업의 성공에 가장 중요한 사항을 기술한 공통의 가치 매트릭스다.
- 지나치게 많은 목표를 수립하지 않으며, 모든 사람을 모든 목표에 참여시키려 하지 않는다. 목표 대상을 줄이면 더 많은 일을 수행할 수 있다.

➜ **책임 : 책임을 지우면 지속 가능성은 현실이 된다**

- 확실한 책임을 위한 내부 관리 방법을 구축한다.
- 평가하고 최소한 내부적으로 계속 보고할 방법을 개발한다.
- 사업 결과와 사회적 혜택을 구체적으로 기술한 점수표를 만든다.
- 책임 관련 목표를 개인 및 부서 업무 성과 평가에 통합한다.
- 금융 부서를 참여시킨다. 자료와 지표의 내부 통제는 필수다.

➜ 참여 : 발전 사항 공유 및 이해관계자 참여

- 주요 이해관계자와 소통한다. 사안에 변동이 생기거나 새로운 사안이 발생하면 그들에게 공지한다.
- 발전 사항이나 발전하지 못한 사항을 정기적으로 알린다. 신용을 확보하는 게 중요하다.
- 다음의 세 가지 특징을 업무에 적용한다 : 겸손, 정직, 개방
- 좋을 때나 나쁠 때나 이해관계자를 참여시킨다. 실수했을 때 애매한 태도 대신 곧바로 실수를 인정한다.

THANCS TO
감사의 글

우선 트럭 운전사를 관리하던 나에게 새로운 업무를 준 조지 맥코에게 감사의 인사를 전한다. 1991년 맥도날드에 입사 후 나를 이끌어준 셸비 야스트로에게는 그 어떤 감사의 말로도 부족하다. 맥도날드에서 온갖 모험을 하며 더 나은 세상을 만드는 데 기여할 수 있었던 것은 모두 야스트로 덕분이다.

맥도날드에도 감사를 전하고 싶다. 나는 직원, 가맹주, 공급업체 등 윤리적이고 재능 있으며 창의적인 맥도날드인과 함께 했다. 특히 훌륭한 팀원들에게 고맙다는 인사를 전한다. 모두 열정을 갖고 변화를 이끄는 데 일조했다.

이 책에 등장하거나 내가 인터뷰한 이들에게도 감사를 표한다. 이들 모두는 열정과 인내, 끈기를 지닌 한 사람이 보다 친환경적인 포장 용기를 만들고, 동물 복지 기준을 수립하고, 열대우림과 야생 어류를 보존하고, 맥도날드가 지속 가능한 소고기를 사야 한다고 주장하게 해준 산 증인이다.

편집자 켈리 크리스티안센에게도 감사를 전한다. 그녀의 조언과 통찰력, 뛰어난 편집 능력 덕분에 내 글이 한층 살아났다. 에메랄드 출판사의 편집장 페트 베이커에게도 감사하다. 그는 업계 지도자들이 오늘날과 내일의 새로운 규범을 받아들이도록, 즉 '지속 가능성'을 사업 성공의 기본 요소로 생각하도록 나의 이야기를 공유해 주었다.

또한, 책을 쓰는 동안 훌륭한 배우자이자 친구, 파트너인 다이엔의 도움이 컸다. 아내는 내게 책을 쓸 시간과 공간을 제공해주었으며 가장 먼저 읽고 평가해 주었다. 나의 딸 제니와 로라, 사위 그레그와 마이클에게도 고맙다. 여섯 명의 손주가 기업의 사회적 책임과 지속 가능성 덕분에 더욱 깨끗하고 밝고 안전한 세상에서 살기를 바란다.

약어 정리

A

ABIOVE Brazilian Association of Vegetable Oil Industries
브라질 식물성 기름 산업 협회

AFL-CIO The American Federation of Labor and Congress
of Industrial Organizations
미국노동연맹-산별노조협의회

AHG Alliance for a Healthier Generation
건강한 세대를 위한 동맹

AIM Anticipatory Issues Management
예상 사안 관리

AMI American Meat Institute
미국 고기 협회

AWC Animal Welfare Counci
동물 복지 위원회

B

BAL Balanced Active Lifestyles
활동적이고 균형 잡힌 생활양식

BMPs Best Management Practices
최고의 관리 관행

BSR Business for Social Responsibility
사회적 책임 사업

BTT Brand Trust Team
브랜드 신뢰팀

C

CCHW Citizen's Clearinghouse for Hazardous Wastes
유해 폐기물에 관한 시민의 정보교환소

CFCs Chlorofluorocarbons
프레온가스

CI Conservation International
국제보호협회

CIW Coalition of Immokalee Workers
이모칼리 노동자 연대

CREA Center for Reflection, Education and Action
생각·교육·활동 센터

CPSC Consumer Product Safety Commission
소비자 제품 안전 위원회

CSR Corporate Social Responsibility
기업의 사회적 책임

D

DEQ The Virginia Department of Environmental Quality
버지니아 환경부

E

EDF Environmental Defense Fund
환경보호기금

EPA Environmental Protection Agency
환경보호청

G

GHG Greenhouse Gas
온실가스

GI Greenpeace International
그린피스

GRSB Global Roundtable for Sustainable Beef
지속 가능한 소고기를 위한 글로벌 라운드테이블

H

HACCP   Hazard Analysis and Critical Control Points
         식품안전관리인증기준

HSUS   Humane Society of the United States
         미국 동물 애호 협회

HU   Hamburger University
         햄버거 대학

I

ICCR   Interfaith Center on Corporate Responsibility
         기업의 사회적 책임에 대한 종교 간 센터

IEHN   Investor Environmental Health Network
         환경위생 네트워크

IOM   Institute of Medicine
         미국 의학원

IP   Identity Preservation
         구분 유통

IPCC   Intergovernmental Panel on Climate Change
         기후 변화에 관한 정부 간 협의체

ISAR   International Society for Animal Rights
         국제 동물 권리 협회

K

KAP   Kids Against Pollution
         오염에 반대하는 아이들

M

MSC   Marine Stewardship Council
         해양관리협의회

MSP   My Sustainability Plan
         지속 가능한 계획

N

NASA   National Aeronautics and Space Administration
미국 항공 우주국

NGO   Non-Governmental Organization
비정부기구

Non-GE Non Genetically Engineered
비유전자공학

NPPC   National Pork Producers Council
국립 돼지고기 생산자 위원회

NWF   National Wildlife Federation
국립야생동물연합

O

OSHA   Occupational Safety and Health Administration
직업 안전 건강 관리청

P

PETA   People for the Ethical Treatment of Animals
동물을 윤리적으로 대하는 사람들

PEW   The Pew Charitable Trusts
퓨자선기금

PSF   Polystyrene Foam
발포폴리스타이렌

PSI   Potato Sustainable Initiative
지속 가능성 있는 감자 프로젝트

Q

QA   Quality Assurance
품질 보증

QSC&V Quality, service, cleanliness and value
품질, 서비스, 청결과 가치

R

RMHC   Ronald McDonald House Charities
로널드 맥도날드 하우스 자선단체

ROIP   Restaurant Operations Improvement Performance
매장 운영 개선 성과

RSPO   Roundtable for Sustainable Palm Oil
지속 가능한 야자유를 위한 라운드테이블

S

SAFE   Socially Accountable Farm Employers
사회적 책임 있는 농장 근로자

SLB   Supply Chain Leadership Board
공급망 지도자 이사회

SLMC   Sustainable Land Management Commitment
지속 가능한 토지 관리 약속

SMART   Specific, measurable, achievable relevant and time-bound goals
구체적이고, 측정할 수 있고, 달성할 수 있고, 관련 있고, 시간 한정적인 목표

SRA   Supply Risk Analysis
공급 위험 분석

SRI   Socially Responsible Investment
사회적책임투자

SSSC   Sustainable Supply Steering Committee
지속 가능한 공급 추구 위원회

SWAT   Strengths, weaknesses, opportunities and threats
강점, 약점, 기회와 위협

T

TFA   Trans-Fatty Acid
트랜스지방산

TNS   The Natural Step
더 내추럴 스텝

U

UEP   United Egg Producers
달걀 생산자 조합

UN   FAO Food and Agriculture Organization of the United Nations
국제연합식량농업기구

UPC   United Poultry Concerns
가금류 관심협회

UVB   Ultraviolet B
자외선 B

V

VAC   Values Activation Council
가치 활성화 위원회

W

WWCRC   Worldwide Corporate Relations Council
전 세계 기업 관계 위원회

WWF   World Wildlife Fund
세계 자연 기금

햄버거 하나로 시작한 기업이 어떻게
세계 최대 프랜차이즈로 성장했을까?

2020년 11월 17일 1판 1쇄 인쇄
2020년 11월 25일 1판 1쇄 발행

지은이 | 밥 랭거트
옮긴이 | 이지민
펴낸이 | 이종춘
펴낸곳 | **BM** (주)도서출판 **성안당**
주소 | 04032 서울시 마포구 양화로 127 첨단빌딩 3층(출판기획 R&D 센터)
　　　 10881 경기도 파주시 문발로 112 파주 출판 문화도시(제작 및 물류)
전화 | 02)3142-0036
　　　 031)950-6300
팩스 | 031)955-0510
등록 | 1973.2.1. 제406-2005-000046호
출판사 홈페이지 | www.cyber.co.kr
ISBN | 978-89-315-9060-9 03320
정가 | 18,000원

이 책을 만든 사람들
책임 | 최옥현
기획·편집 | 김수연, 이보람
디자인 | 엘리펀트스위밍
국제부 | 이선민, 조혜란, 김혜숙
마케팅 | 조광환
영업 | 구본철, 차정욱, 나진호, 이동후, 강호묵
홍보 | 김계향, 유미나
제작 | 김유석

www.cyber.co.kr
성안당 ★★★ Web 사이트

■도서 A/S 안내

성안당에서 발행하는 모든 도서는 저자와 출판사, 그리고 독자가 함께 만들어 나갑니다.
좋은 책을 펴내기 위해 많은 노력을 기울이고 있습니다. 혹시라도 내용상의 오류나 오탈자 등이 발견되면 **"좋은 책은 나라의 보배"**로서 우리 모두가 함께 만들어 간다는 마음으로 연락주시기 바랍니다. 수정 보완하여 더 나은 책이 되도록 최선을 다하겠습니다.
성안당은 늘 독자 여러분들의 소중한 의견을 기다리고 있습니다. 좋은 의견을 보내주시는 분께는 성안당 쇼핑몰의 포인트(3,000포인트)를 적립해 드립니다.
잘못 만들어진 책이나 부록 등이 파손된 경우에는 교환해 드립니다.